面向21世纪课程教材
Textbook Series for 21st Century

普通高等学校社会工作专业主干课系列教材

社区工作

中国社会工作教育协会 组编
徐永祥 主 编
孙 莹 副主编

编者（按所写章序排名）：
徐永祥 刘 东 张明锁 高鉴国 郭伟和
孙 莹 田玉荣 陈钟林 刘继同

高等教育出版社·北京

内容简介

本书是中国社会工作教育协会组编的普通高等学校社会工作专业主干课系列教材之一。主要介绍了与个案工作和小组工作并列为社会工作直接服务的三大基本方法之一的社区工作的发展历程、定义、理论学说、过程与技巧，以及社区工作在中国的现状和发展及其引起的本土化探索等；旨在使学生掌握社区工作的基本原理、理论学说、基本工作方式和技巧等，并在学习过程中结合实践，运用理论知识解决实践问题，成为合格的专业社区工作者。本书主要用于高校社会工作专业教学使用，也适于社会福利部门和机构的行政人员、非营利机构中的管理者及各类社会工作者阅读。

图书在版编目（CIP）数据

社区工作/徐永祥主编；中国社会工作教育协会组编.
北京：高等教育出版社，2004.10（2023.12 重印）
ISBN 978-7-04-013856-6

Ⅰ.社... Ⅱ.①徐...②中... Ⅲ.社区-工作-中国-高等学校-教材 Ⅳ.D669.3

中国版本图书馆 CIP 数据核字（2004）第 094408 号

策划编辑 干咏昕 于健航　责任编辑 李 征　封面设计 于 涛
责任绘图 朱 静　版式设计 史新薇　责任校对 王 雨
责任印制 刘思涵

出版发行	高等教育出版社	咨询电话	400-810-0598
社　　址	北京市西城区德外大街4号	网　　址	http://www.hep.edu.cn
邮政编码	100120		http://www.hep.com.cn
印　　刷	佳兴达印刷（天津）有限公司	网上订购	http://www.landraco.com
开　　本	787×960　1/16		http://www.landraco.com.cn
印　　张	16.75	版　　次	2004 年 10 月第 1 版
字　　数	290 000	印　　次	2023 年 12 月第 35 次印刷
购书热线	010-58581118	定　　价	33.60 元

本书如有缺页、倒页、脱页等质量问题，请到所购图书销售部门联系调换

物 料 号　13856-00

本书编写获香港凯瑟克基金会
(Keswick Foundation Ltd., Hong Kong)资助

总　序

20世纪80年代中期，国家教委（现称教育部）决定在高等学校设立社会工作与管理专业（后改为社会工作专业），北京大学等几所高等学校在多方支持下开办了该专业。到90年代中期，社会工作专业获得了一定发展。近几年来，社会工作专业在规模上获得了快速增长，这与我国体制改革的深入和社会进步的要求，以及高等教育的发展密切相关。

教材建设是学科建设的重要组成部分。在社会工作专业建立之初，编写高水平的专业教材，对于我国社会工作教育学者来说是具有挑战性的，因为社会工作专业教育在我国高等学校中断了30多年，我国社会工作教育学者对国际社会工作专业理论和知识不甚熟悉，另外，学者们对我国本土的社会工作（社会服务）的理论和实践的深入研究也不够。十多年来，各校社会工作专业教育同仁在这方面做了积极的努力，也取得了一些成果，但总的来讲教材建设还相对滞后。

中国社会工作教育协会于1994年成立，并决定把教材建设和学科规范化作为其工作的重要内容。基于国内同行的知识积累和现实要求，中国社会工作教育协会决定着手组编社会工作专业教材。从1997年开始，经过5所高等学校14名有丰富教学经验的学者两年多的努力，由高等教育出版社出版了王思斌教授主编的《社会工作概论》，迈出了由协会统筹、各高等学校共同编写教材的第一步。该书出版之后得到了同行专家的好评，它不但被许多学校当作教材，而且在2002年获得教育部全国普通高等学校优秀教材二等奖。实践说明，集中各校有丰富教学经验的学者共同编写教材这条路是可行的。

随着高等教育的快速发展，教育部进一步提出了加强各专业主干课程建设的措施，其中包括确定各专业主干课程，编写和颁布"主干课程教学基本要求"。在这种情况下，受教育部委托，教育部高等学校社会学学科教学指导委员会几次召开会议，在各校系主任、专业负责人和资深教师的广泛参与下，确定了社会学专业和社会工作专业的主干课程，并协助教育部编制了"主干课程教学基本要求"。中国社会工作教育协会在组编《社会工作概论》经验的基础上，积极承担了组编社会工作专业主干课教材的任务。2002年7月中国社会工作教育协会召开教材编写研讨会，确定了专业主干课程的教学基本要求和各主干课教材的编写人选，同时决定教材编写实行主编负责制。协会计划在2至3年内出版全部专业主干课教材，并出版一批专业教育急需的其他教材和教学参考书，以及研究性学术期刊——《中国社会工作研究》。行内学者积极地参与了这一重要的学科建设过程，参加教材编写的学者在繁忙的教学、科学研究过程中，付出巨大努力精心编写教材。可以说，这些教材是当前我国社会工作专业教学和研究水平的展示。

应该特别提出的是，香港凯瑟克基金会对我国社会工作教育给予的重要支持。香港凯瑟克基金会是一个以支持社会服务为主的非营利组织，多年来，以亚太区社会工作教育协会香港中国小组为中介，该基金会对中国内地的社会工作教育给予了多方面的支持。在得知中国社会工作教育协会的上述发展计划之后，香港凯瑟克基金会决定无条件地给予经费方面的资助，这对我国内地社会工作教育学者是一个极大的激励。所以，这套主干课程系列教材的出版，要由衷地感谢香港凯瑟克基金会，当然也感谢为我们搭起桥梁的香港社会工作教育界的同仁。

编写高水平的专业教材谈何容易。虽然参与编写这套主干课程系列教材的都是有丰富教学经验、也有一定研究成果的教育学者，但是毕竟中国内地的社会工作专业教育恢复重建时间尚短，所以，这套教材肯定会有一些不尽如人意之处。一个学者是不愿意将自己不甚成熟的著述拿出来示众的，但是学无止境，社会工作专业的快速发展使得我们不能再等下去，因为大量新开办的社会工作专业的师生迫切需要既能介绍国外先进理论和知识，又对我国社会工作实践有一定理论总结和分析的教材。在这种情况下，也为了规范社会工作专业教育，这套教材将陆续面世，供大家使用并提出批评、改进的建议。教育部在制定“专业主干课程教学基本要求”时的指导思想是“一纲多本”，即在遵循上述“基本要求”的前提下，鼓励编写有不同特点的教材，相互比较、竞争发展。希望这套教材能在这方面发挥积极的作用。

在中国内地社会工作教育的发展过程中，本人受多方同仁的启发，曾指出学科建设既要遵循国际通则，又要注重我国社会实际，并对社会工作本土化提出某些看法。在编写专业主干课教材问题上，我也希望重申上述观点。我们必须充分尊重国际社会工作、社会福利学术界的研究成果，相信在诸多方面人类知识具有共同性，要客观地、全面地介绍那些有价值的理论和知识。另一方面，社会工作的务实特点要求必须将理论和中国实际尽可能紧密地结合起来。在这方面，必须强调社会工作研究，其中包括理论研究、实务研究、教学研究等。在这里，社会工作的本土化研究和本土社会工作经验的研究都是重要的，而二者的整合将使中国社会工作的理论和实践达到一个新的水平。显而易见，要做到这一点，需要社会工作教育学者积极而深入地参加社会工作实践。如果社会工作专业教材能达到这一水平，那么就可以说，我们对中国社会工作教育和社会工作实践的发展做出了更大贡献。

感谢教育部高等教育司、教育部高等学校社会学学科教学指导委员会、高等教育出版社对出版这套教材的支持。在研讨和设计这套教材的时候，教育部高等教育司给予了具体的指导和部分经费支持。教育部高等学校社会学学科教学指导委员会，特别是主任委员郑杭生教授、副主任委员宋林飞教授、谢遐龄教授对社会工作专业的发展和本套教材的编写给予了大力支持。高等教育出版社王方宪同志对这套教材的编写提出了参考意见，在教材编写过程中，高等教育出版社的编辑于健航、干咏昕等同志做了大量推动和建设性工作。

各方为社会工作专业在中国的发展做出了积极的努力，但愿它顺利成长并尽快成熟，并为中国人民的福祉做出自己的贡献。

中国社会工作教育协会会长

王思斌

2003 年 10 月

目　　录

导　　言

自20世纪90年代中期以来，随着改革开放的不断深入和社会主义市场经济体制的逐步建立，随着政府和企业、事业单位的一部分社会福利、社会服务及社会管理的职能逐步剥离并转交给社区，我国社区建设和社区工作在社会发展与社会管理中的地位与作用也日渐突出。与此同时，面对着经济与社会转型所产生的诸多社会问题，面对着社区居民日益增长的社区服务需求，传统的行政全能主义体制和粗放的工作方式愈益难以适应社区发展和社区工作的实际。因此，加快社会管理体制的改革，积极引进社会工作的制度、理念和方法，无疑已成为我国社会发展与社区建设的一项重要课题。

一、现阶段我国社区建设的背景及结构性缺陷

众所周知，我国曾经长期处于计划经济的时代。在这一时期，国家通过高度集中的行政权力体系控制着全部经济生活、政治生活和社会生活领域，企业、学校、医院等各类组织均成为国家权力的一个个下属"单位"，政府与企业、社会组织的功能目标高度一致。由此，现代意义上的市场、社会、社区以及企业和社会组织都难以发育起来。

1992年以后，我国开始明确了建立社会主义市场经济体制的目标，由此加快了以"政企分开"、"社企分开"、建立现代企业制度为核心的改革步伐。政企分开的实质是解决以往政府和企业之间职能混淆、政府习惯以行政权力随意干预企业自主经营活动的问题，旨在营造有利于生产力发展的市场经济体系。社企分开的实质则是，将企业过于沉重的社会服务、社会管理职能剥离出去，便于企业轻装上阵参与市场竞争。当时，这一改革基本上是在我国社会改革尚未起步、各类各种非政府组织（NGO）和非营利组织（NPO）尚未发育起来的条件下进行的。

可以说，上述条件正是90年代中期以来我国开展社区建设的基本历史背景。1995年，上海市率先在全国进行包括社区服务、社区管理、社区工作、社区自治等在内的全面的社区建设实践。紧接着，全国其他地方也积极开展了社区建设。通过社区建设，企业剥离出来的社会服务与社会管理职能转移到了社区。而市和区两级政府的部分管理权限下放给街道，则为发挥社区在城市建设与社会管理中的角色和作用提供了体制性的保证。应该说，这一时期的社区建设搞得轰轰烈烈，不仅为社会主义市场经济体制的确立创造了有利的条件，也使得社

区的卫生保洁、生态绿化、精神文明、社会保障、治安状况以及社区自治等获得了显著的进步。

但是,以往我国的社区建设模式也存在着明显的结构性缺陷。概而言之,这种缺陷主要表现在以下几个方面:

第一,行政全能主义的体制性弊端仍然非常突出。在社区这个平台上,政府与社会之间缺乏明确的分工,政府几乎包揽了社区建设与社区管理的事务。这样,不仅政府独自背负了极高的经济、道义和政治等方面的成本和风险,且客观上会抑制社区居民、各类社会组织主动参与社区建设和社区治理的机制的生成。

第二,社区的单位化倾向愈益严重,日益蜕变为一个什么都得管的"小而全"的、行政化色彩浓厚的"单位化社区",而社区外的有关社会服务组织则很难介入社区工作的进程。

第三,社区工作尚未成为一种专业化的、受人尊重的社会职业,难以吸引大批高素质的优秀人才加入社区工作者队伍。这就致使社区服务基本上停留在简单的劳务型活动上,无法提供或满足居民迫切需要的各种公益型、非营利或微利的专业社会服务。

如果说,在我国现代化建设和市场经济发展的初期,单一的行政全能主义体制尚可以维持社会管理和社区建设进程的话,那么,在我国现代化即将起飞的阶段,在社会发展的任务日趋重要、社会管理的难度日趋加大的情况下,这种具有结构性缺陷的体制和模式已难以为继。为此,必须用改革的精神,引入或创造与现代化进程相适应的现代社会和现代社区新体制、新模式,引入专业化、职业化的现代社会工作制度、理念和方法。

二、专业社会工作介入社区工作的现实意义

综观发达国家和地区的现代化经验,只有处理好国家、市场和社会三者之间的关系,才能有效地实现三者各自的功能和目标。因此,社会与社区的管理或治理主体,仅仅依赖政府是远远不够的;高效能的管理或治理有赖于政府、非政府机构和居民之间的分工合作及共同参与。就非营利的专业社会服务(如受虐儿童和妇女的保护及辅导、边缘青少年的帮教辅导、失业人群的社会支持网络构建、精神病患者的社会康复、孤寡老人的社会照顾、问题居民的社会矫正等等)而言,政府不可能直接在社区提供和从事这类服务,社区自身也不可能提供这类常规性的专业服务,而主要通过政府购买服务以及非政府组织(NGO)和非营利组织(NPO)提供服务的模式来实现。这些 NGO、NPO 则大都是"社区以外的"、具有社会工作专业资质的、专门从事社会服务的营利机构。

就我国社区建设的实践来看,引入现代社会工作制度有着十分重要的现实意义和深远的历史意义:

第一,社会工作将为基层社会的管理体制改革和NGO、NPO的培育提供有效的看得见的抓手。今后,我国社会管理体制改革的方向之一,就是按照"政社分开"的原则,切实转变政府的管理职能,进一步剥离政府承揽的直接从事社会服务的职能,积极培育和发展各类专门从事社会服务的组织。显然,专业社会工作机构可以有效地承接政府剥离或转移出来的那部分社会服务职能,并且成为政府可以放心和称心的合作伙伴。从上海市所建立的禁毒、矫正和青少年事务等三个市级专业社团以及浦东新区的多所专业社工机构的实践来看,引入社会工作制度,既有利于政府职能的转变,也有利于民间专业社会组织的培育和发展。

第二,专业社会工作介入社区建设,将促进政府逐步确立公共服务的理念和公共财政体系的建立。社区服务的发展,专业社会工作的发育和成长,都离不开政府购买服务的体制和政策。因此,引入社会工作制度,必将有力地促进公共政府理念的确立和公共财政体系的建立。

第三,专业社会工作介入社区建设,将为社区居民提供各类急需的专业性很强的包括社会福利、社会保障、社会支持、社会维权、社会辅导等在内的专业服务。这些服务在竞争日趋激烈、人际关系日益淡漠的现阶段,显得尤其重要和迫切。它们不仅可以直接满足居民的一些迫切需求,改善居民的生活方式,有效地帮助弱势群体、边缘群体实现自助自立,且可以用其特有的柔性方式预防和解决社会问题,化解社区矛盾与冲突,更好地维护社会的稳定。

第四,社会工作介入社区建设,将有助于社区工作队伍的职业化和专业化,有助于提高社区工作者的素质、工作能力和社会声望。

总之,专业社会工作是我国社区建设的制度性要件。搞好这项工作,既是建设现代社会管理体制和社区发展模式的必然要求,也是提升整个社会文明和社区服务水平的必由之路。正因为此,江苏、浙江等省市也已开始学习上海的经验,尝试引入社会工作制度。我们相信,随着各地经济水平的提高与社会的不断进步,专业化、职业化的社会工作制度必将在全国生根、开花并结出丰硕的果实。

三、本书的结构及学习要求

如前所述,社区建设的实践,客观上要求社区工作手段与方法的科学化和专业化,要求社区工作者能够掌握和运用专业社会工作的理念、知识、技能与方法。而"社区工作"作为社会工作专业的主干必修课程之一,实际上肩负着培养未来的专业社会工作者和培训第一线社区工作专业人才的双重责任。

本课程的目的在于,希望学生通过学习,了解社区工作在西方国家和我国的历史沿革,掌握社区工作的基本理论、方法、模式与技巧,并能够结合社区政策在社区工作实践中科学灵活地运用。为此,本课程按照理论与实际相结合的原则和逻辑起点与历史起点相统一的原则，在结构上设计了以下四个模块的内容：一是有关社区工作的基本概念、社区工作的历史与现状以及社区工作的价值观、基本原则和理论视野；二是社区工作的主要模式；三是社区工作的方法及技巧；四是社区工作的有关政策。

鉴于人类社会以及社区的变迁和发展，鉴于社区工作理论与实践模式的不断丰富和发展，也鉴于我国社会改革和社区建设的实际，我们认为，有必要特别强调以下五个观点。我们相信，这些观点对于同学们以及第一线的实际工作者不是没有帮助的。

第一，社区工作模式和技巧并不是封闭的、一成不变的体系，而是不断丰富和发展着的开放式体系。而且，在社区工作实践中，无论是微观层面还是宏观层面，都有一个如何选择与应用这些模式和技巧的问题，一个如何处理好规范化与本土化关系的问题。

第二，社区工作的方法和模式在社区建设、管理和服务的实践中，应该注意结合个案工作、小组工作的方法和模式综合地加以运用。实际上，三大方法和模式之间并不是相互排斥的关系，而是相互包容的一个整体。

第三，注重专业社区工作实务理论与中国实际的结合。专业社区工作的实务理论大多来自于西方国家。我国专业社会工作由于起步较晚，目前还缺乏将实务理论运用于社区工作的实践的经验积累。因此在学习过程中，应通过讨论、社区考察、社区工作实习等方式，积极探索和挖掘实务理论在解决中国社会问题中的运用价值，总结我国社区工作的成功经验。

第四，注重培养自己的实战能力。社区工作教学的重点之一在于提高学生实际解决社区问题的能力。因此，同学们在课堂教学中，应通过案例分析、技巧训练、播放音像资料等方式，尽可能去领会和掌握一些工作方法和技能。此外，也应利用课余时间积极地参与社区工作的实践，以期提高学习效果。

第五，注意学习和理解有关社区的各项社会政策。社会政策尤其有关社区的社会政策，是搞好社区工作的重要前提。对社会政策的学习，需要将理论与对社区建设的实际把握结合起来。当然，一线社区工作者也可以结合自己的工作实践，积极为社区政策的修订提出自己的建议。

第一章

社区和社区工作

第一节　社　　区

自19世纪末F.滕尼斯(Ferdinand Tönnies)的《共同体与社会》出版以来,“社区”(亦译“共同体”)愈益成为社会学、社会工作学、政治学等学科的重要概念。对政府、社会服务机构和社会工作者来说,科学把握社区的概念、基本要素及其类型,是搞好社区工作的前提条件。

一、社区的概念

应该说,在我国古代汉语中,并不存在“社区”这一词汇。社区与经济学、政治学等一系列现代学术概念,都是19世纪末开始的“西学东进”的产物。

(一)“社区”一词的由来

在西方语汇中,“社区”最早是由德国社会思想家F.滕尼斯提出的。1887年,他的代表作和成名作《共同体与社会——纯粹社会学的基本概念》出版。如果将德语Gemeinschaft und Gesellschaft译成英语,那就是Community and Society。需要注意的是,西语中的Community具有“社区”和“共同体”的双重涵义,其初始涵义就是指人们生活的共同体和亲密的伙伴关系。而在滕尼斯的眼中,社区和共同体两个概念的内涵是一致的。当然,他当时讲的共同体仅仅局限于或等同于农村社区,重点在于考察农村社会与近代工业化社会两类不同的组织与人际关系形态(徐永祥,2000)。

Community一词翻译为中文的“社区”,主要归功于费孝通先生。1948年10月16日,费孝通在学术期刊《社会研究》第77期上发表了论文《二十年来之中国社区研究》。在这篇论文当中,费孝通先生谈到了20世纪30年代初翻译滕尼斯的著作及汉译词汇“社区”的形成过程:“当初,Community这个词介绍到中国来的时候,那时的译法是‘地方社会’,而不是‘社区’。当我们翻译F.滕尼斯的

Community 和 Society 两个不同概念时,感到 Community 不是 Society,成了相互矛盾的不解之辞,因此,我们感到‘地方社会’一词的不恰当,那时,我还在燕京大学读书,大家谈到如何找一个确切的概念。偶然间,我就想到了‘社区’这么两个字样,最后大家援用了,慢慢流行。这就是‘社区’一词的由来。”(费孝通,1998)

应该说,“社区”这一译法是很贴切的,最接近西方人对 Community 原本意义上的理解。事实上,人们生活的共同体不仅是个地域性概念,同时也是一个文化的概念。因此。用“社区”去表达 Community,得以把共同体与地方两个基本要素有机结合起来。能够更准确地覆盖 Community 的原意,且符合汉语的表达习惯。

(二)社区概念的分歧

社区概念自滕尼斯首创以来,成了社会学中使用频繁、歧义最多的术语之一。一个多世纪以来,人们不断地想从各个方面对其作出科学的定义,但是结果却不尽如人意,分歧始终不断。然而,这个学术争议的过程本身,就是人们对“社区”认识不断深化、合理化和科学化的过程。

在 F. 滕尼斯看来,“社区”是指那些有着相同价值观、人口同质性较强的社会共同体,其体现的人际关系是一种亲密无间、守望相助、服从权威且具有共同信仰和共同风俗习惯的人际关系;这种共同体关系不是社会分工的结果,而是由传统的地缘、血缘、文化等自然造成的;这种共同体的外延主要限于传统的乡村社区。而“社会”的概念则不同于“社区”,它总是和劳动分工以及法理性的契约联系在一起,其体现的人际关系是一种自私自利的、缺乏感情交流与关怀照顾的人际关系,其外延则是指人口异质性特征鲜明、价值取向多元化的城市社会群体。F. 滕尼斯用二分法,从人类结合的现实中抽象出两种理想类型:共同体与社会,又称“礼俗社会”和“法理社会”。滕尼斯提出“社区”,主要是为了与城市社会作比较,来探讨人类社会发展趋势。

随着西方国家工业化和城市化的推进,大量的农村人口和外来移民涌入城市。由此,许多传统的东西被打破。而城市人口的高流动性和异质性,又导致人际关系的淡化和感情的淡漠。这就使得工业化的城市越来越远离滕尼斯原有意义上的社区。另外,工业化和大量的新增人口,也使得城市中逐步形成了各种功能的聚集区,如城市中心的商业区、富人区、贫民区、少数民族居住区,等等。而当代后工业社会和信息社会的来临,逆城市化运动的兴起,又造就了新的乡村社区。尽管如此,工业化、城市化时代的居民区也好,后工业时代和逆城市化过程中形成的新兴乡村社区也好,居民都无不渴望情感交流、人际关怀和社会支持。这就是说,“社区”的原初价值并不因工业化、城市化和信息化时代的到来而丧失。也正因为这样,重视社区研究,成为社会学界的一个传统。

1936 年，美国芝加哥大学社会学系教授 R. 帕克（Robert Ezra Park）在对社区的研究中，试图从基本特点上对社区下定义。他认为，“社区的基本特点可以概括为：一是有按区域组织起来的人口；二是这些人口不同程度地与他们赖以生息的土地有着密切的联系；三是生活在社区中的每个人都处于一种相互依赖的互动关系中”（拉里·莱恩，1987）。

1955 年，美国社会学家乔治·希勒里（G. A. Jr. Hillery）通过对社区有关文献的研究和统计，发现共有 94 种社区定义。在此基础上，他自己也给出了一个较为简单的定义，即“社区是指包含着那些具有一个或更多共同性要素以及在同一区域保持社会接触的人群”（乔治·希勒里，1955）。可以看出，乔治·希勒里的社区概念包括了社会互动、地理区域和共同关系三个特征。

1981 年，美籍华裔教授、社会学家杨庆堃统计发现，有关社区的定义已经增加到 140 多种。在这些定义中，界定社区的角度各不相同，如社会系统、社会功能、价值观、生活方式、归属感、认同感、社区参与以及地理区划等各种角度。这 140 多种定义，一方面反映了社会学界对社区重要性的关注程度，另一方面也说明了，在不同的历史阶段、不同的国家、不同的文化背景下，社区总是多元化发展的，没有单一的模式可寻，没有一成不变的社区。

综合西方社会学家有关社区的各种定义，结合中外社区的发展和现状，我们又该如何给社区下定义呢？

（三）“社区”的界定

任何概念的定义都是对事物本质属性及其基本特征的一种抽象。为了准确把握“社区”的本质属性和基本特征，先将它与国家、城市以及社会群体等概念作一区分是很有必要的。

首先，社区不同于国家。“国家”属于政治学范畴，是私有制和阶级斗争的产物，表达的是社会制度的特征和政治权利的运作。国家的空间地理要素始终是与“主权不可侵犯”的要件紧密联系在一起的。而“社区”属于社会学范畴，早在私有制出现之前人类就已经存在共同体即社区。社区的地理要素只是自然的、人文区位的和行政管理界限的反映。因此，“社区”和“国家”是完全不同的两个概念和范畴，两者不能画等号。

其次，社区不同于城市。城市是相对于“乡村”的一个概念。与“城市”概念不同的是，“社区”既可以坐落于农村，又可以坐落于城市，两者具有一定的交叉性。百万人口以上的大城市往往可以容纳几个甚至几十个不同的居民社区。因此，不能将“社区”的内涵与外延和“城市”等同起来。

再次，社区不同于社会群体。“社会群体”是指一定的社会关系联结起来的人类集体生活的共同体。具体类型有以血缘关系为纽带的家庭、家族等的社群，有以地缘关系为纽带的邻里等社群，有以业缘关系为纽带的社群。由于分工的细化,每个社会成员都可能属于多个不同地域不同类型的社群。社区内的社群是社会群体的组成部分,而社区是地域性鲜明的生活共同体。因此,人们在住宅、居住环境、卫生等方面的社区需求以及由此形成的社区关系,社会群体的概念是无法取代和覆盖的。

通过上述的比较和分析,可以发现,“社区”是一个具有自身特点的社会学概念,不同于“国家”、“城市”、“社会群体”等概念。随着经济的发展、社会的变迁、文明的进步,社区的内涵、外延、结构、功能及其形态将不断更新,并愈益丰富和复杂化。但无论如何,社区都离不开人口、地域、组织和人际互动等基本要素。因此,综合社区发展的历史进程和社区的相关理论,在博采众家之长的基础上,给“社区”作一比较宽泛的定义,既是必要的,也是可行的。

基于上述原则,我们给社区概念的定义是:所谓社区,是指一定数量居民组成的、具有内在互动关系和文化维系力的地域性的生活共同体;地域、人口、组织结构和文化是社区构成的基本要素。不难看出,这个定义具有下列五个特点:一是强调了居住在社区内的居民是社区人口的主体,这也是社区得以保持相对稳定的人力资源;二是强调居民之间在居住环境、卫生、文化活动、教育、治安和社区参与等方面的互动关系;三是强调了文化维系力的作用,即居民之间因相同的利益和社会分层而导致的对社区的认同感和归属感;四是强调了地域共同体和地缘关系的特征;五是明确指出了构成社区的四大要素。由于涵盖了以上五个特点,社区的本质属性及其基本特征也就一目了然并具体化了。

(四)社区的要素

社区作为居民生活的社会共同体,通常包括四个要素:地域、人口、组织结构和文化。在这四个要素中,地域是社区的自然地理位置与人文地理的空间载体,人口(居民)是社区运作与变迁的主体,组织结构是社区活动得以展开的社会组织形式,而文化则是社区范围内具有特质的精神纽带。

1. 地域要素

作为地域性的社会共同体,社区总是存在于特定的自然地理与人文空间中,有着一定的边界。这里的地域要素包括了两个方面,自然地理条件和人文地理条件。自然地理条件包括了所处方位、地貌特征、自然资源、空间形状等,而人文地理条件则包括了人文景观、建筑设施等。相对于一个国家、一个省、一个大中型城市来讲,社区是一个微观型的地域社会。现代社会学的社区研究,社会服务机构开展的社区工作,一般都是选择某个中小城镇或大中型城市中的某个居民区或农村的某个乡、村落等作为具体的对象。总之,社区的地域界限不能太大,应限制在居民日常生活能够发生互动的范围之内,或者限定在能够满足居民日常生活服务设施、组织机构可以发挥作用的范围之内。对应于我国目前的情况,农村中的一个乡、村落或城市中的一个街道、一个居民小区等,都可以界定为范围不一的社区。

2. 人口要素

人是社会的主体,也是社区生活的主体。一定数量的人口是一切社会群体所必需的构成要素,当然也是社区构成的要素。社区构成的人口要素是指居住在本区域内的居民,非居民人口(如商店营业员)应排除在外,而其他社会群体构成要素的人口划分则可以是跨区域的。

社区人口状况的子要素,主要包括人口的数量与质量、人口的结构、人口的分布与流动状况等。数量状况是指社区内居民人口的多少;质量状况是指社区内居民在素质方面的情况,如身体素质、文化素质、思想素质、道德修养等;人口结构亦称人口构成,是指社区内各个类型居民人口的数量比例关系,如科学家、教师、工程师等之间的数量构成以及不同性别与不同年龄的比例等等;人口分布是指社区内人口的密度大小,也指居民及居民的活动在社区范围内的空间分布状况;而人口流动是指社区内居民数量的进出与增减及其在空间分布上的变化。

3. 组织结构要素

社区组织结构主要指社区内部各种社会群体、社会组织之间的构成方式及其相互关系。社区内的社会群体和社会组织在不同的历史时期、不同的发展阶段,其种类及其相互关系总是不同的。一般而言,在经济与社会发展水平较低的阶段,由于社会分工程度不高,故人口的同质性较强,社区内社会群体的种类和功能相对简单,整合社区各种资源的社会组织的门类及功能也就相对简单。反之,经济与社会发展水平越高,社会分工越细,社区内人口的异质性就越强,功能性社会群体的种类也就愈趋多样化。这种情况必然要求整合社区资源的社会组织的门类及其组织功能的多样化。一个社区,如果其居住环境舒适安逸、管理有序、居民社区认同感强,则说明该社区有着良性的和完善的社会群体、社会组织及其互动关系。反之,则说明该社区的社群和组织出现了问题。

对于从事政府行政管理、公共事务服务、社会工作和社区研究的人来讲,加强社区组织研究是十分重要的。其研究至少应包括三个层面,即社会群体与组织内部的构成研究、社群与组织的运作架构的研究、居民社群与组织之间的互动关系的研究。

4. 文化要素

社区文化是一个较复杂、较难界定的概念,不同的学者对其解释各有差异,甚至大不相同。一般来讲,社区文化包括历史传统、风俗习惯、村规民约、生活方式、交际语言、精神状态、社区归属与社区认同感等(至于宗教信仰,可以构成一个社区文化的子要素,但不是一个必然的要素)。在现实的社区实践中,社区文化总是有形无形地为社区居民提供着比较系统的行为规范,不同程度地约束着社区居民的行为方式和道德实践,客观上对居民担负着社会化的功能以及对居民生活的某种心理支持。

社区文化也是区分不同社区的重要特征。由于受到不同历史传统、地理环境和人口构成的影响和作用,社区文化呈现出一定的地域性与特殊性。这种不同的文化,是不同社区的地理环境、人口状况以及居民共同生活的历史与现实的反映。

上述社区构成的四个基本要素,是社区形成的必要条件。任何一个地方只要拥有或具备这四个条件,就可以构成一个相对独立成形的社区。无论是从事社区研究还是从事社区发展,都必须科学地认识和把握社区的构成要素及相互关系。要看到,社区构成的基本要素之间是相互依赖、有机统一的辩证关系。不能将四个要素割裂开,片面地理解,而应该从它们的有机联系上综合地加以分析和把握。其中,地域是社区的地理环境要件,人口是社区生活的主体要件,组织与群体是社区居民交往和整合得以实现的客观机制,而文化则是社区居民交往与整合得以实现的精神要件,四者紧密相关,缺一不可。还应看到,社区构成的基本要素及其相互关系,其功能与模式的表现形态,在不同的历史背景下往往是不尽相同的,必然呈现出各个阶段的时代特征。

二、社区的类型

在人类历史中,社区的类型经历了一个从单一化到不断多样化的过程,人们的社区生活质量也经历了由低级向高级的演变过程。如今的社区,类型多种多样,并从不同的角度、以不同的方式影响着人们的生活。那么,社区类型又该怎么划分呢?

(一)社区类型划分的方法

社区类型及其特征之所以会呈现不同的性质和格局,从根本上讲,皆取决于其不同的自然与人文地理状况、人口状况及文化传统,取决于不同发展水平与发展阶段的经济、社会和文化条件。

关于社区类型的划分,可以采取多种角度、多种方法。概括起来,主要有以下两种区分角度和方法:

(1)地域型社区(Geographical Community)划分法。这是最常见、最通用的划分法,主要是根据地域条件和特征去比较、划分社区的类型。据此,可划分为农村社区、集镇社区和城市社区三大类型。进一步细分,农村社区又可区分为山村社区、平原社区、高原农村社区、江南农村社区等;城市社区也可细分为沿江沿海带社区、内陆型社区等。

(2)功能型社区(Functional Community)划分法。这种方法在第二次世界大战以后欧美一些学者以及当今我国部分学者中,都比较流行。这种方法的特点主要是注重或强调社区的某些功能性特征,如经济功能、社会功能、文化功能,并据此划分为经济型社区、文化型社区、旅游型社区等。进一步细分,又可将经济型社区分为农业型社区、林业型社区、牧业型社区等等,将旅游型社区细分为人文景观型社区、自然风光型社区等。

除了上述两种主要划分方法之外,还有一些其他的区分法,如"文化区分法",据此可划分为民族性社区、富人区、贫民区、黑人区、白人区,等等。过去,我国一些城市居民习惯将居民文化层次高且数量较多的社区称为"高尚区"、"上只角",将文化层次较低、住房较差的居民区称为"下只角"、"棚户区",实际上也是采取这种"文化区分法"。又如"社会变迁区分法",从历史进程的角度可划分为"部落型社区"、"传统型农业社区"、"传统型城市社区"、"新兴社区"、"现代型社区",等等。

上述多种划分方法,并无优劣之分。究竟采取何种方法为宜,应根据研究者或管理者、社会工作者自己需求而定。如有需要,多种划分方法兼用也可以。

(二)三种地域型社区

我们主要从地域型社区划分法角度,分别叙述和分析农村社区、集镇社区和城市社区三种社区类型。我们认为,功能划分法、文化区分法等,实际上都是从不同的角度突出了农村、集镇和城市三种社区类型的某些特征。而且这三种社区类型,也可理解为功能的区分和文化的区分。

1. 农村社区

农村社区是指居民以农业生产活动为主要生活来源的地域性共同体或区域性社会。迄今为止,农村社区一直是人类历史上古老而又十分重要的社会共同体。其基本特征可以从社区构成的四个基本要素加以叙述和分析。

(1)地域特征。最能表现农村社区地域特征的,一是土地,即农村社区居民赖以生息繁衍的基本资源。土地的多寡、肥沃与贫瘠等自然资源,直接影响到社区居民的生活水平及发展前景。二是地理位置,亦即农村社区功能实现程度大小的重要条件。其自然地理条件的优劣、交通条件的好坏及其与经济、文化中心距离的远近,直接制约着本社区的经济发展水平以及本社区与外社区的交往。三是地域范围。直接制约着社区规模的大小和容量。凡是地理条件较优越的地方,社区的范围和人口规模就有较大的张力;反之,则必然局限在狭小的范围之内,限制居民交往的空间。

(2)人口特征。由于自然地理条件和生产技术的限制,加之农民对土地极强的依附性,故农村社区人口的数量与密度要远低于城市社区。而这种规模意义上的数量与密度,使得农村社区又可分为散村社区与集村社区两种类型。那种在人烟稀少地区由十来户家庭形成的小村落就是散村社区,而由一个或数个规模较大、人口较多的村庄组成的社区,则称之为集村社区。由于依赖土地为生,不需要发达的社会分工,故农村社区人口的同质性高,异质性低,人口流动性远低于城镇，人际交往范围也就比较狭小。所有这些，一方面使得人际关系简单亲密，重感情，民风比较朴实；另一方面，必然影响、制约居民观念的更新和文化素质的提高，从而直接或间接地影响着农村经济与社会的进步。

(3) 组织特征。农村社区由于社会分工不发达、人口同质性高、异质性低及流动性小等特点，决定了整合居民人际交往的社会群体与组织在数量上和结构上的简单化。其中，家庭是社区群体或组织的最基本单位，承担着生产、消费和保障等多种社会功能。家庭成员间和邻里间的交往是农村社区居民最重要的交往渠道与交往模式。此种情况，决定了农村社区社会群体和组织种类的简单化。

(4) 文化特征。农村社区由于其特殊的地域状况、人口状况和组织状况，使得居民的文化素质、心理状态、思维模式、生活习惯等，明显地区别于城镇社区。传统的农业生产方式是较低层次的经验型的生产方式，人们凭借传统的日常经验即可保持原有的生活方式，因而维护和延续传统的经验自然成为农村社区文化规范的重要任务。注重家庭邻里关系、注重血缘与宗族关系、排外与保守型的心理、情感与行为方式等等，无不体现了农村社区文化的特征及其维护传统的文化本质。不过，农村社区文化并不是一成不变的。在通讯、广播、电视等传媒高度发达的今天，城乡和世界各地新的思想、先进的文化等必然对农村社区产生这样或那样的冲击。而人多地少，劳动力富余的农村地区，在传媒等各种因素的影响下，新的观念和行为方式也影响着、更新着农村社区的文化体系。

2. 集镇社区

集镇社区也称城镇社区，是兼具农村社区和城市社区某些成分与特征的社区类型，是农村和城市相互影响的一个中介。费孝通认为，它是一种“比农村社区高一层次的社会实体的存在，这种社会实体是以一批并不从事农业生产劳动的人口为主体组成的社区。无论从地域、人口、经济、环境等因素看，它们既具有与农村社区相异的特点，又都与周围的农村保持着不可缺少的联系”（费孝通，1999）。

集镇即英语 Town。在西方发达国家，由于高度的工业化和信息化，城乡之间的二元结构已基本消除，加之逆城市化的趋势，越来越多的富人和中产阶级将自己的居住地移至郊区和农村的集镇。这种集镇的概念完全不同于我国现阶段的集镇，实际上是高度现代化、生活极其方便、人口规模不大的新兴社区。

这里，我们主要结合我国的情况来讨论集镇社区的要素和特征。

(1) 地域要素和特征。对此，可从两个方面考察，一是集镇社区所处的自然地理位置和生态状况，决定了其特有的类型特征，如沿海集镇、内地集镇、边远集镇等；二是通过与城市和农村位置相比较而获得的地缘区位。与城市社区和农村社区相比，集镇社区因其独立的形态，故其范围较易辨别。此外，集镇社区由于位于农村社区与城市的中间地带，其生态环境的条件和质量一般要优于城市社区。

（2）人口要素和特征。从人口的规模及密度来讲,集镇社区明显大于和高于农村社区,明显小于和低于城市社区。从人口的质量来讲,集镇社区居民受教育程度和文化素质,明显优于农村而弱于城市居民;而身体素质则难以定出优劣,关键在于当地的医疗卫生保健体系水平。从人口结构来讲,由于分工程度不同,集镇社区从事不同职业的居民数量及比例关系,比之农村社区要复杂得多,比之城市社区则较简单化。从人口流动情况来讲,其流动数量和节奏要远大于农村社区。随着市场经济的发展和农村剩余劳动力的转移,集镇社区的人口流动必定会进一步加大,人口的异质性也会增强。

（3）组织要素和特征。与农村社区相比,集镇社区的社会群体和组织结构具有较新的内涵及构成。就社会群体来讲,除了家庭和邻里,还出现了因职业相同和爱好相同等而组成的如朋友圈等形式的社会群体。家庭和邻里,在集镇社区和农村社区的关系及表现形式也不尽相同。农村社区一般较看重家族、宗族和血缘关系,家庭成员之间和邻里之间的关系较为密切,不平等特征也较为明显。而集镇社区的家庭和邻里关系主要以地缘为基础,基本上摆脱了血缘与宗族关系的支配性,故比较讲究交往的平等性。就组织结构来讲,集镇社区由于经济发展水平和社会分工程度要高于农村社区,居民之间异质性互动明显,因而就需要一系列与经济发展相适应的政治、经济、社会、教育、文化等组织和团体及规章制度,凭借它们来有效整合居民及其社会群体的交往关系。

（4）文化要素和特征。集镇社区文化实际上是该类社区的地域状况、人口状况、社会群体和组织结构状况以及经济、政治等历史与现实的综合性反映。通过同农村社区文化和城市社区文化的对照、比较,集镇社区文化主要有三个方面的双重性特征:一是其价值体系,往往是感性成分与理性成分并存,当感性和理性发生碰撞和冲突时,理性的力量就会弱于和让位于感性的力量。二是其内容构成,既有现代城市文明及整个世界现代文化形态对其的影响,又保留了许多传统的东西,体现了现代性与传统性的交融和冲突。三是其社会心理的构成,呈现了开放性与保守性兼容的态势。在现代城市文明的冲击下,集镇居民模仿、学习和消化城市文明、现代文化的积极性大大提高,新事物、新观念越来越容易被居民所接受。同时,由于集镇社区的地理位置、居民的主体与农村有着天然的、紧密的联系,落后的小农意识和思维方式总是这样或那样地影响着集镇居民的社会心理,因而用保守狭隘的价值尺度去衡量国内外、城乡间的新人新事新风尚,往往又构成了集镇社区文化的一个特点。

综上所述,集镇社区是介于城市和农村之间的一种独特形态的社区,也是周边农村社区的经济、政治、文化、教育、卫生的中心以及城乡交流的中介环节和流通枢纽。加强集镇社区的建设与发展,对于促进我国广大农村剩余劳动力的有效转移,消除城乡二元结构,实现城乡之间的协调发展,有着极其重要的现实意义和历史意义。

3. 城市社区

相对于人口密度低并以农业产业为主的农村社区,城市是一种经济规模大、人口密度高的非农产业活动在一定地域空间的集聚形式。当一个国家进入工业化阶段以后,城市社区就会成为人们最重要的、影响力最大的一种居住地或生活共同体。

下面,依旧从地域、人口、组织和文化四个方面对城市社区加以认识和把握。

(1) 地域特征。从城市社会学视角来看,城市社区的地域特征是指坐落在城市地表上的位置、范围和特点。在一个相对稳定的时间段中,它表示一种静态的区位关系;较长的历史时期,它表示的是一种动态的地域演化过程。在古代和近代的城市中,由于城市规模不大,内部区域的功能分工不明显,故难以形成自身特色明显、界限清晰的社区。工业化以来,城市规模不断扩大,城市内部的地域分化愈显明显,不同程度地形成了一些界限明确的工业区、商业区、文化区、住宅区等功能性区域。另外,从城市的外部结构来看,现代城市由于中心区人口集中,地价及相关费用昂贵,出现了逆城市化趋势,从而在城市周围形成了大量的卫星城镇。这些城镇与中心城区紧密联系,成为现代城市社区的重要组成部分。

(2) 人口特征。城市各个社区的人口特征,既受制于整个城市人口的结构,又有本社区的自身特点。前者体现了城市型社区要素的一般特征,具有共性和普遍性的意义;后者则表现为城市型社区的个别特征,具有个性、特殊性的意义。

城市人口的结构即城市社区人口的普遍性特征,可以从以下几个方面加以概括:一是人口的数量多而且密度大。这是城市人口不同于农村村落、集镇的最直观的一个特点。二是人口质量普遍高于农村和集镇的人口。城市由于集中了各类大中专学校、科研院所和文化艺术机构,加之各行各业劳动就业的专业技术要求较高,促使城市人口的受教育程度和文化素质明显高于农村和集镇。另外,城市由于医疗卫生保健条件较好,故人口身体素质状况也较好。三是人口的流动性大。城市的人口流动频繁、迅速,这种流动包括垂直流动、水平流动和结构性流动等多种运动形式。四是人口增长以机械增长为主。由于外来移民总是通过不同途径不断加盟到城市,故城市人口的增长体现了自然增长与机械增长相结合但是以机械增长为主的特征。五是人口的异质性强且差别性大。由于城市人口来自四面八方,流动性大,从事的职业与所处的社会阶层、社会地位相异,文化程度、技术水平、收入水平与社会名望各不相同,所以相对于农村人口,城市人口的异质性强,差别性极大。

(3) 社群和组织特征。城市社区的社群和组织,都是社区居民赖以实现人际社会交往的两类不同的载体。这里首先要明确“城市中的人际关系”和“城市社区中的人际关系”两个不同的概念。“城市中的人际关系”，是指城市人口跨社区、匿名性与非个性化明显、以业缘关系为主的社会关系。而“城市社区中的人际关系”，则是指居住在同一城市社区内的、以共同利益与兴趣爱好为纽带的、以社区内的社群与组织为载体的、具有一定情感交流的人际社会交往关系。

作为城市社区内人际关系载体之一的社会群体，具有这样几个特征：主要以地缘和利益为基础；以利益或兴趣爱好等为纽带的社会群体种类，形式愈趋多样化；这些社会群体是居民增进情感交流、抵制人际关系淡化、加强社区凝聚力和归属感的重要载体；在解决居民间的矛盾、纠纷和冲突时，虽不排除情感要素的介入，但主要依赖理性契约和法律的力量。

而作为城市社区内人际关系另一重要载体的社会组织，具有这样三个特征：一是组织数量众多、类型复杂。由于社会分工精细、人口异质性强，就需要不同的社会组织去整合社区居民的人际关系，化解矛盾和冲突，组织社区发展，提供社区服务。二是组织功能的专业化。与传统社区社会组织稀少、功能未予分化的情况不同，立足市场经济和社会分工愈益细化的现代城市社区，各种组织依分工的原则而实现了功能的分化和专业化，大大提高了社区发展的效能。三是组织结构严密的科层制。科层制是一种具有职业化和专业化功能、严格规章和权力分等的正规社会组织的管理体制。这种制度按照职能分工的原则，将社会组织的权力和业务横向地分科管理，以求各司其职；纵向地上下分成层级，分级管理，每一层都有自己的权力和业务范围。总之，类型结构复杂化、组织功能专业化、组织结构科层化是现代城市社区组织的三大特征。

（4）文化特征。社区文化是一种特有的文化现象，既包括社区意识、社区心理、社区风尚、社区公德、社区教育、社区艺术活动、社区生活方式等精神层面的要素，也包括社区文艺活动场所、公益广告、艺术雕塑，标志性建筑以及环境绿化等物质层面的要素。

与农村社区文化和集镇社区文化相比，城市社区文化有以下几个特征：第一，具有城市文化的一般特质。城市社区文化是整个城市文化系统的一个组成部分，必然受到城市文化的普遍性和共性的制约。因此，它同样具有理性化和多元化等城市文化的一些基本特征。第二，具有城市社区文化自身的特征。尽管城市社区文化不可避免地打上了城市文化一般特征的烙印，但由于社区人口构成的差异、宗教与种族的差别及社会分层等历史与现实因素的不同，各个社区之间必然会产生“文化差异”，形成各自不同特色的社区文化。各个社区文化特色不仅可以从社区文化的精神层面表现出来，在社区的住宅风格、公共设施的状况等社区文化的物质层面，也有明显的区别。第三，城市社区居民从“住所认同”到“社区认同”，前提条件是社区环境与质量的状况。一般来说，农村居民由于土地的束缚和血缘的联系，其“住所认同”和“社区认同”是一致的。在城市，当居民们居住在一个环境优美、整洁卫生、管理到位、服务上乘、自由舒适的家园之时，其文化上的社区认同就是必然的了，并会催发其强烈的社区归属感和社区参与意识。反之，则会产生“社区冷漠”的文化现象。可见，与农村的社区认同相比，城市的社区认同是一种更高层次的文化认同。

综上所述，城市是人们经济、政治、文化、教育、科学、卫生医疗及社会发展等各项活动的中心。城市社区的地域要素、人口要素、组织要素和文化要素等，其构成的内容、机制、特征等，远比农村社区和集镇社区要复杂得多。随着各国城市化的发展，人口向城市的集聚，城市社区必将成为分类社区中占主导地位的居民生活区域。

三、社区的功能

现代社区，包括我国目前正在推动建设和发展的社区，都具有极其丰富的、多元化的社会功能。例如，在满足社区成员的需求方面，具有社会服务功能、社会保障功能、人的社会化功能、文化的功能，等等；在人际交往与人际互动方面，具有社会互助的功能、人际协调与社会整合的功能、社会参与功能，等等；在国家生活领域中，具有政府行政的功能、社会控制和社会稳定的功能、政治动员和政治参与的功能，等等。此外，我国目前的农村社区还具有组织和发展经济的功能。

下面，将重点分析社区在社会服务、人的社会化、社会参与和社会民主、社会控制与社会稳定四个方面的功能及其主要特征。

（一）社会服务功能

社区的社会服务，简称社区服务，是一个综合性概念，是指在政府的资助、政策的扶持下，根据居民的不同需求，由社区内或介入社区的各种法人社团和机构以及志愿者所提供的具有公益性质的社会服务。这种公益性质的社会服务，主要表现为无偿性的服务，以及不以盈利为目的的微利、微偿性的服务。狭义的社区服务，主要指面向诸如残障人士、老年群体、受虐妇女与儿童、处于困境中的外来人口等弱势群体以及社会边缘群体所提供的帮助和服务。广义的社区服务，除上述服务工作之外，还包括面向社区全体居民所提供的公益性服务，如计划生育和公共卫生、职业培训与就业指导、文化休闲的组织与指导，等等。

社区服务的形式和层次则有专业性服务与非专业性服务之分。专业性的社区服务，是指社会工作者、医护工作者、法律工作者等专业人士，用其专业性知识、方法和技能等向社区提供的专业化服务。非专业性的服务，则指社区内的一些组织和志愿者提供的大众化的知识含量较低的助人服务活动，如帮助孤老和残障人士打扫卫生，等等。

在社区的各项社会功能中，社区服务是现代社区最基础的也是最重要的社会功能。社区是居民居住生活和人际互动的共同体，以人为本、满足居民的各种生活需求总是第一位的任务。这种公益性的社会服务，受益者不仅是社区中的各类弱势群体和边缘群体，而且同样包括全体居民。对于社区居民来讲，公益性社区服务与自己的生活方式和生活水平有着最为直接的、感性的联系。所以，立足社区服务功能的开发，最大限度地满足社区居民的需求，为居民提供优质、完善的各类社会服务，应当成为社区建设和社区管理的中心任务。

（二）人的社会化功能

人的社会化，表达了个人与社会之间的关系，亦指作为生物体的自然人逐步成长为社会人的过程；通过这个过程，个人不断地学习和掌握社会生活的经验、技能和社会规范，扮演与自己成长阶段相适应的社会角色，而社会文化也得以承上启下、延续发展。人的社会化又大致可以区分为早期社会化和继续社会化两个阶段。早期社会化，亦称儿童和青少年时期的社会化，是个人学习社会生活、接受社会规范，健全个性与人格，融入社会关系体系的初始阶段。继续社会化，则是成人阶段不断社会化的过程，是成人适应社会生活变迁、调整社会关系、提高生存能力、扮演新的社会角色的过程。此外，还有一种仅限于特殊人群的社会化，即再社会化。再社会化通常指曾经违法、犯罪的社会成员重新融入社会、回归社会的过程。

尽管信息社会的大众传媒对人的社会化的影响越来越大，但是它们并不能取代社区在人的社会化过程中的基础地位和作用。社区仍然是现阶段人的社会化最重要的载体和场所。这是因为：第一，人的早期社会化的场所主要是在社区。人一来到世上，接触、面对和学习的社会经验及其知识、规范，首先是自己的父母以及其他家庭成员的语言和行为，其次是社区的文化环境以及亲戚、邻居传递的社会信息，再次就是社区内幼儿园和学校生活的学习。由此，社区对于每个人的早期社会化具有决定性的意义。第二，在人的继续社会化过程中，社区也是重要的载体和场所之一。社会的每一次进步、转型，必然要求人们与其相适应，要求人们主动自觉地实现继续社会化的任务。继续社会化的核心是学习和接受与社会进步相适应的新的生活方式和新的价值观，学习和掌握扮演新的社会角色所必需的社会生活知识与技能，不断调适自己与社会的关系。社会的进步，新的生活方式，新的价值观，新的社会生活知识和技能，必然不同程度地反映到人们社区生活中来，影响和改变着社区的组织、社群、家庭和文化，并通过社区的这些要素及其变化影响着人的继续社会化过程。第三，社区是人的再社会化过程不可或缺的重要场所。由于多种社会因素的作用，某些社会成员的社会化过程遭到失败或中断，成为违法分子和犯罪分子。当这些违法分子或犯罪分子从监禁机构出来后，他们都有一个回归社会、被社会重新接受的“过渡期”。在这个过渡期，社区无疑是再社会化的重要载体和场所，而社区帮教、社区矫治则是再社会化最有效的一些方法。

因此,要高度重视社区在人的社会化方面的功能,充分调动社区组织、社会群体、专业化机构等在社会化方面的积极作用。

（三）社会参与和社会民主功能

社区的社会参与和社会民主功能,其基本涵义是指,社区发展为人们参与社会事务提供了区域社会的场所以及民主建设与民主管理的机会,同时,社区发展也有赖于居民的社会参与和民主管理。社区是人们认识社会,参加社会生活的第一场所。人们参与公共事务无疑也从社区开始,而参与社区的公共事务正是参与全社会的公共事务和国家政治生活的前提。人们参与社区的公共事务,实际上就是在社会领域里从事民主建设、民主管理的实践。社会参与和社会民主是居民主动介入社区生活与社区管理实践的不同表述而已,两者缺一不可。

对政府来说,提倡和鼓励居民的社会参与和社会民主,一方面可以增强居民对政府的信任和支持,有利于实施政府制定的社区政策;另一方面,则可以将潜在的社区资源发掘出来,使之成为现实的人力资源和智力资源,转化为社区建设的动力。

对居民来说,积极参与和民主管理社区的公共性事务,一方面可以培养健康的社区意识和公益精神,增进居民相互间的关怀和情感交流;另一方面,可以发掘和发挥自己的潜能,更好地体现和实现自己的社会价值和人生意义。

（四）社会控制与社会稳定功能

社会控制、社会稳定是和社会秩序紧密相关的概念。社会控制的目的在于促使人们遵从通行公认的社会规范,维护已有的社会秩序。狭义的社会控制是指对不良行为、违法犯罪等反社会行为的控制;广义的社会控制则还包括对影响社会秩序、稳定的社会矛盾、社会冲突及其他非稳定因素的控制。至于社会稳定,表达的是社会秩序的维护以及对各种非稳定因素的化解和可控制状态。

社区的社会控制与社会稳定功能,是指社区在维护社会秩序、实现社会教化、解决社会问题、化解社会矛盾与社会冲突、控制各种非稳定因素等方面,具有自身特色的结构、地位和作用。社区的社会控制和稳定工作,是整个社会控制和稳定工作的基础,社区的这些工作搞好了,将有利于促进和维护全社会的秩序和稳定。

社区的社会控制和社会稳定功能的有效实现,有赖于三方面的条件:一是拥有一套政府行政管理与社区组织相结合的社会控制体系及运作机制;二是拥有一套社会帮困、社会救助和社会保障体系及运作机制;三是良好的社区文化和社区文明体系、社区参与和民主管理的机制、适合居民需求的社区服务项目。

第二节 社区工作

在现代社会中,不断涌现出来的社会问题,社区居民日益增长的社区服务需求,直接促进了现代社区工作的诞生。在解决社区社会问题,促进社会发展的过程中,社区工作已成为社会工作的一个重要领域。

一、社区工作的涵义

社区工作的概念是和社会工作的概念紧密相连的。社区工作的界定和社区的界定一样,存在很多分歧。社区工作在不同的国家,不同的历史时期,有着不同的内涵和形式。

(一) 社区工作与社会工作

从国际的视野来看,社会工作(Social Work)是一项专业性很强的工作。它是工业革命后,在慈善事业基础上发展起来的一种新的社会福利机制和社会管理制度,是运用科学知识和方法帮助社会成员预防和解决社会问题、协调社会成员与社会关系的社会服务工作。基于此,王思斌概括性地指出:"社会工作是以利他主义为指导,以科学的知识为基础,运用科学的方法进行的助人活动。"(王思斌,1999)

社区工作既是一项社会服务,又是一种专业方法。社区工作与个案工作、小组工作并称为社会工作的三大工作方法。相对于个案工作和小组工作,社区工作是较迟才获确认的一种介入方法。1962 年,美国的社会工作教育课程委员会正式认可社区工作为社会工作的基本方法之一。目前,专业社区工作的社会效能,社会工作者的奉献精神及其解决社会问题的科学知识和方法,已经获得越来越多国家的政府、社会服务机构和社区居民的认同。

(二) 社区工作的界定

世界各个国家的政府、社会团体、非政府组织等以各种不同的方式介入社区工作,从而使"社区工作"这个概念包含越来越多的内容。不同的个人或社会组织或社会团体,都认为自己正在从事社区工作,并以社区工作者自称。而从事社区工作研究的一些学者也注意到了这种现象,如香港大学社会工作与社会行政学系的梁祖彬所指出的,"社区工作是社会工作内最具争议的工作方法。多年来,社区工作对社会工作整个专业的思路及理论都有很大的冲击。然而,社区工作并没有清楚而被认同的定义、界限、思想、目标、工作手法、对象及领域。社区工作亦不是社会工作及社会福利的专利,不同类型及性质的组织及其工作者,如政党、工会、压力团体、政府部门、教会、商业机构等都可以从事社区工作"(梁祖彬,1994)。

那么,什么是社会工作视野下的社区工作呢?

这里,我们引用一些西方学者的定义。

美国学者罗斯(Murray G. Ross)认为,“社区社会工作是一种方法,一个社区用这个方法确定它的需要或目标,排列其先后缓急次序,鼓励其从事改造的信心与工作的意志,寻求内外可用的资源,而采取行动的过程。并在工作过程中,扩大和发展社区居民互助合作的态度和实践”(Ross,1967)。

兰尼(Robert P. Lane)认为,社区社会工作的目的,在于实现及保持社会福利资源与社会福利需要间的进步,有效的适应方法”(Lane,1939)。

英国的高本汉报告书给社区工作的定义是:“主要涉及影响社会转变,透过社会情况分析及不同群体建立关系的两个过程……其目的是让市民参与决策的制定,使市民对社区建立认同感及向市民提供所需服务”(甘炳光、梁祖彬,1994)。

布托(Bhutto)在《社区工作与社会工作》一书中,把社区工作视为“一项受薪工作人员所进行的工作,借以协助居民识别所面对的问题及机会,由居民共同作出实际决定,采取集体行动解决所面对的问题。居民将决定付诸行动时,社区工作者给予支持,以培养居民的能力及自我独立。”

从上述社区工作的不同定义中,可以发现各个定义都提到社区工作的一些方面。如,社区工作,是一种介入方法;一项有计划的行动;一个过程;集体行动的方法;解决社区问题,培养社区归属感和认同感,满足社区的需要;促进社区发展和社会发展,等等。

当然,要为社区工作确立一个完美并被所有人接受的定义是十分困难的。这里,我们不妨结合已有的理论和现实经验来界定社区工作。

总的来说,社区工作有广义和狭义之分。广义的社区工作是指在社区内开展的以提高社区福利、促进社区和社会协调发展的社会服务或社会管理。因此,任何人或组织,包括政府、政党、各种社团以及企业等,只要在社区内从事的助人活动和服务,都可视为社区工作。

狭义的社区工作则是社区社会工作的简称,特指专业社会工作机构及社会工作者关于社区工作的理论、方法、技能及其应用过程。作为专业社会工作的重要组成部分和基本方法之一,社区工作主要以社区和社区居民为工作对象或服务对象,通过专业社会工作者的介入,旨在确定社区的问题与需求,发掘社区资源,动员和组织社区居民实现自助、互助和社区自治,化解社区矛盾和社区冲突,预防和解决社会问题,从而促进社区服务质量、福利水平的提高和整个社会的进步。

在我国,由于社会及历史的原因,专业社会工作制度尚处于发育的初期。尽管如此,专业社会工作对介入社区工作的重要性,已愈益受到政府的重视。例如,上海市已经成立三支全市性的专业社会工作机构,负责在社区中开展对吸毒人员、边缘青少年和刑法执行对象及“两劳释放人员”的社会矫正工作;上海市民政局开始在社区服务机构设置专门的社会工作者岗位;浦东新区各个社区也已经引入社会工作理念和方法;北京市则开始用掌握了社会工作相关知识、技能和方法的“专职社区工作者”逐步取代传统的“居委会干部”。这些喜人的信息显示出,我国的社区工作正朝着专业化、制度化的方向发展,社会工作与社区工作的融合前景看好。

二、社区工作、社区发展与社区组织

社区工作、社区发展和社区组织三者是非常相近的概念。在此有必要对三者的相同之处和相异之处有一个清晰的认识。

(一) 社区发展

美国社会学家 F. 法林顿在研究社区问题时,最早提出了“社区发展”这个概念,在其 1915 年的著作《社区发展:将小城镇建成更适合生活和经营的地方》中使用了这个概念。1955 年,联合国发表了《通过社区发展促进社会进步》的专题报告,使“社区发展”成为了一个全球性的概念,并指出社区发展的目的是动员和教育社区内居民积极参与社区和国家建设,充分发挥创造性,与政府一起大力改变贫穷落后状况,促进经济的增长和社会的全面进步。经过 50 多年的社会发展,“社区发展”的外延已不再局限于发展中国家,已经覆盖了发展中国家、发达国家和新兴工业化国家,其内涵已不再仅仅是落后国家的扶病助弱工作,而是已拓展到社区的经济、政治、文化等各个方面。

一般认为,所谓社区发展,概指居民、政府和有关的社会组织整合社区资源、发现和解决社区问题、改善社区环境、提高社区生活质量的过程,是塑造居民社区归属感和共同体意识、加强社区参与、培育互助与自治精神的过程,是增强社区成员凝聚力、确立新型和谐人际关系的过程,也是推动社会全面进步的过程(徐永祥,2000)。

(二) 社区组织

社区组织与政府、企业等组织一样,都是社会组织的一种类型。社区组织的特定涵义是指在社区内开展工作或活动,执行一定的社会职能,完成特定的社会目标的社会组织。广义的社区组织,可以指在来自于社区外的,以从事社区公共事务或社区政治、经济、文化事业,参与社区活动为目标的各种社会组织及机构。狭义的社区组织,则是指由社区建立的以满足社区需要和促进社区发展为目标的,从事社区管理与服务的各种社会组织和机构。

社区组织的功能的发挥主要是限于本社区内,它的各项活动主要是针对本社区的。因此,社区组织有这样三个基本特点:一是社区组织是一种地域性组织,或者是在社区平台上开展工作的组织。社区组织的特定地域就是社区的地理界限。二是社区组织以兴办或管理一定社区的社会服务、政治活动、文化事业及经济活动为主要内容。三是社区组织的功能具有明显的地域性。

(三)社区工作、社区发展与社区组织的异同

就其广义而言,社区工作、社区发展和社区组织都可以被认为是相同的概念,在很多时候三者是可以互相换用的。有时,社区的一项服务计划,可以称为社区工作计划,也可称为社区发展计划或社区组织计划。

但是,三者实际上关注的重点,在工作方向和运用上都是不同的。不同的国家对三者的用法也是不同的。例如,"社区工作"在英国和中国的香港地区都被认为是社会工作的方法之一,而美国则较少使用该词,往往用"社区组织"来指称社区工作,"社区发展"则被视为社区工作过程中的具体模式。"社区发展"在英国被认为是第三世界的发展工作及发展中国家的自助计划;在美国,则被当作社会组织的一种工作模式;在中国的香港地区,一般将其等同于"社区工作"。至于"社区组织",在英国是指地区组织的联系统筹,合力为社区服务的模式与过程;在美国,则等同于社区工作,视为社会工作的方法之一;在中国的香港地区,却视其为社区工作中的一个具体工作模式(甘炳光、梁祖彬等,1994)。

总的来看,社区工作、社区发展与社区组织三个名词当中,社区工作一词涵义最为广泛,同时包括社会工作的一些元素。严格区分的话,社区发展及社区组织都可以视为社区工作的工作模式。

三、社区工作的目标和特征

在了解社区工作的涵义以及社区工作、社区发展与社区组织三者的异同后,需要进一步把握社区工作的目标和特征。

(一)社区工作目标的分类

社区工作目标的分类主要存在着两种类型:罗夫曼(Rothman)分类法和谭马士(D. N. Thomas)分类法(甘炳光、梁祖彬等,1994)。

罗夫曼分类法主要将社区工作的目标分为两大类别:

(1)事工目标:解决一些特定的社会问题,包括完成一件具体事工,达到一些社会福利的目标,满足社区需要,以至修桥铺路、安置无家可归者等。这些改善是具体而落实的。

(2)过程目标:促进社区居民一般能力的提高,建立社区内不同群体的合作关系,发掘及培育社区领袖参与社区事务,加强公民事务的了解,以期增强解决问题的能力、信心及技巧等。

20世纪80年代,谭马士提出了另一个社区工作的目标——二分法:

(1)分配资源(distributive dimension):社区工作在于组织居民,就市民日常

的切身事情,争取合理而平均的资源调配,从而令市民的权益得到保障。

(2) 发展市民(developmental dimension):

① 社区工作可促进公民权的发展,这包括培养基层市民的“政治责任感”,也即他们的“政治能力”及政治重要性。所谓政治能力,就是令市民对政治产生兴趣,掌握更多的政治知识及技巧去参与政治事务。所谓政治重要性,是令市民拥有信心及能力,借以影响政党及政客,觉得自己在政治参与上有着重要位置。社区工作者有责任培养政治意识成熟的选民,监察政府或政党的运作。

② 社区可促进社会发展,这里是指培养居民的“社区凝聚力”,增进居民间的交往,及对社区的归属感,令居民觉得可对整个社区作出贡献。

两种分类法中,谭马士分类法更加具体,更加切合实际。在我国目前的社区建设中,居民的政治需求、维权需求以及资源分配的要求等日趋增强。由此看来,谭马士的分类法似乎更加适合我国社区工作的情况。

(二) 社区工作的具体目标

满足社区需要是社区工作目标的核心内容。社区工作就是为满足包括个人、家庭、社区等各种工作对象的需要,提供专业服务、发掘和整合社会资源的过程。

进一步来看,社区工作的具体目标是:

(1) 促进居民参与解决自己的问题,改善生活素质。个体化的居民一般缺乏处理社区危机问题的知识和能力,但通过学习可以获得这种知识和能力。社区工作者要鼓励社区居民参与解决问题,帮助他们获得或提高自我解决问题的知识和能力。

(2) 改进社区关系,改变权利分配。社区工作者要鼓励受到问题影响的居民,主动地反映和表达自己的意见,从而使社区资源和权利达到比较合理的水平。

(3) 提升居民的社会意识。要使居民意识到表达自己意见是一种权利和义务,并使居民意识到面临的问题并不是个人的问题,而是和整个社会的经济、政治和文化等相关的社会问题。

(4) 发挥居民的潜能。社区工作在于促使社区居民的集体行动,以此来提高居民的自我解决能力,发挥居民的潜能,更好地实现自己应有的权益。

(5) 培养互相关怀及社区照顾的美德。社区工作要促使居民相互交往,从中体会到互相帮助与群体的力量,这样能够降低居民对社会的疏远感,最终促成一个相互关怀的社区,达到社区照顾和社区支持的目的。

(6) 加强居民对社区的归属感。社区工作在于增进居民对社区的关注和投入,使居民的生活更加丰富和幸福,以此增加居民的社区归属感。

(7) 善用社区资源,满足社区需要。社区工作在于将社区资源与社区需要协调匹配,使社区资源能够得到充分的利用,使受到帮助者得到有效和高质量的服务。

(三)社区工作的特征

作为社会工作的三大方法之一,社区工作与个案工作、小组工作两种方法有什么区别呢?社区工作又有哪些特征呢?

1. 以社区为对象

社区服务的对象是整个社区,不能局限在或等同于个人、家庭和小组。针对不同类型的社区,社区工作的重点也应有所不同。就地域性来看,社区工作的对象是社区中的每个居民,而不管其年龄、性别或收入的多寡,社区内居民可以共享社区的公共设施。就功能性而言,社区工作的对象是社区内群体性的问题,或居民所关注的共同事务。

2. 宏观的分析角度与较广的介入层面

社区工作分析问题的角度是宏观的,认为问题的产生不在于个人本身,而是与社区周围的环境、社会制度及整个社会有着密切的关系。因此,社区工作解决问题的方法不是纯粹地追求改变个人,而应着力去改善社区周围的环境,改变不合理的制度及政策。解决问题的责任也不应放在个人身上,政府、社区均有责任提供资源,协助处理和解决问题。因此,社区工作有责任把居民个人和居民群体及社会三者间的关系拉近,使居民更多地关注社会发展及其与自己的关系。

3. 居民的集体参与性

社区工作的目标并不是为居民提供一切所有的社会服务,也不可能提供所有的社会服务,而是鼓励居民一起参与,合力解决社区问题,为社区发展作出应有的贡献。通过居民的集体参与,让他们知道自己的责任,行使自己的权利,以及增强信心等。按照社会工作的观点,社区问题不是个人的问题,而是集体的问题;需要通过动员群众,大家组织起来,一起去解决问题。

4. 事工目标与过程目标并重

事工目标是改善社区生活环境,解决社区问题,争取居民应有的资源和权力。而过程目标是让居民在社区工作过程中得到成长,提高社会意识,积极参与社区。

在社区工作中,两个目标是并重的,假如只是改善了社区生活环境,改变了制度,居民并没有得到成长,那么社区工作是不成功的。两者应该同时得到发展,获取事工目标和过程目标的双重目的。

此外,社区工作还有充分运用社区资源以及具有政治性的特征。总之,社区工作具有双重的重点,针对社区内居民的需要,解决社区问题,改善社区环境,促进社区的生活素质。

第三节　社区工作的社会功能

社区和社区工作的发展表明,在工业社会以及后工业社会中,社区工作有着不可替代的社会功能。当然,这里的社区工作仅仅指专业意义上的社区社会工作。概括来说,社区工作主要体现在社会福利、社会服务、社会行动以及社会稳定等四个方面。

一、社会福利功能

社会福利的概念,广义上包括满足社会成员安全等基本生活需要的社会保障内容;狭义上专指对满足社会成员较高层次生活需求的服务。因此,社会保障是"雪中送炭",社会福利是"锦上添花"。而当社会服务具体指一些比较直接的特定的社会服务项目与措施时,又可视之为社会保障的一个部分。

社区工作的社会福利功能,是指立足社区居民的福利需求,开发和利用社区的社会福利资源,以解决社区的问题,改善社区的生活,促进社区的进步。诸如社区计划、社区组织、社区募捐、社区基金会、社区照顾、再就业辅导等,都是实现社区社会福利功能的重要工作或载体。而实现这些功能,社区工作者的努力是非常重要的。这就要求社区工作者努力去挖掘和充分运用社区内外的各种资源,解决社区居民面临的问题,提高社区的福利水平和社区居民的生活质量。此外,社区自身的发展也有助于社区工作社会福利功能的实现。社区的经济、政治、文化等方面的发展是实现社区工作社会福利功能的必要条件和基础。

二、社会服务功能

满足社区居民的需要,为社区居民提供各类公益性的社会服务,是社区工作最基本的社会功能。社区工作这一功能的实现,有赖于为社区居民提供包含福利服务在内的社会服务以及管理服务的过程。这里所讲的社会服务,是指国家无力满足或无法直接提供的、而企业又不愿意以非营利的途径去满足社区居民要求的那些非市场的、社会领域的服务。

需要指出的是,这一社会功能的实现有赖于社区工作者的努力,但不等于所有社会服务都由社区工作机构或社会工作者来提供。事实上,这也是不可能的事情。社区工作者的任务仅仅是提供专业的社会工作服务,以及指导和帮助社区建立所需要的社会服务组织、服务项目及服务机制。

还需指出的是,社会工作机构或社会工作者提供的社会服务,既可以是无偿性服务,也可以是微利的有偿性服务。无偿性服务的受益对象是整个社区或社区的居民,买单者或购买者则是政府、慈善组织及慈善人士。微利的有偿服务则是有能力购买这种服务的居民。当然,有偿服务获得的盈利部分,还得用于社会服务的再投入。

三、社会行动功能

社会行动是社区工作的一种介入方法或工作模式,也称为“社区行动”、“抗议行动”或“冲突模式”。虽然社会行动是社区工作的一种模式,但是并不是社区工作者的专利。不少压力集团、专业组织、工会等都会采用社会行动的手法争取本身的利益,表达对政府施政或冲突对象的不满。然而,社区工作者推动的社会行动并不同于上述组织的这些社会行动,只是有时形式相同而已。社区工作者推行的社会行动,主要的帮助对象是社区中的弱势群体。他们多数是无权无势的基层社区居民,得到的社会资源极为缺乏,拥有极少的权力及社会地位,不少人更是要面对生活的压迫,受到社会不公正政策的压制。此外,当整个社区的权益收到侵害时,社会行动的帮助对象则是社区的全体居民了。

社区工作的社会行动功能,在于达到合力解决社区问题,维权与增权,争取所需资源,改善社区环境及生活素质等目标。为此,社区工作者会与社区居民一起组织社会行动,向公众表达他们的问题及困境,并向政府或者侵权者(如开发商对拆迁居民利益的侵害)施加压力,要求它们回应居民的呼声,解决实际的问题。

此外,社区工作的社会行动功能不同于社会运动。社区工作并不具有社会运动功能。社区工作促使的社会行动通常是一个由下向上的参与过程,是由群众的集体不满而引起的、由群众从下而上带动起来维权或增权行动。社区工作者所促使的社会行动,只是在现存的体制下,谋求改变不公正的政策,达到有限度的社会改革,并提升居民的权利意识和维权能力。例如,要求政府重新制定住房拆迁条例,合理地制定拆迁赔款规则;要求侵权的企业停止侵权行为,合理地赔偿受害居民,等等。

四、社会稳定功能

社区社会工作的稳定功能,是指社区工作在维护社会秩序、解决社会问题、化解社会矛盾与社会冲突、控制各种非稳定因素等方面,具有特殊的地位和作用。社区工作通过运用各类方法,协调各要素之间的关系,缓和社会矛盾,解决社会问题,或者预防社会矛盾和社会问题的发生,实现社会稳定。

首先,社区社会工作的社会稳定功能,表现为社区管理与组织具有的社会控制作用及运作机制。社区依法进行自治管理,并发挥着管理职能,例如落实社会政策,维护社区治安,调解经济纠纷,推广社区文化等。所有这些社区层面进行的管理和组织活动,都发挥着社会控制和稳定作用,构成了整个社会秩序与稳定的重要组成部分。

其次,社区社会工作的社会稳定功能实现的好坏,有赖于社区是否拥有一套社区社会救助与社会福利服务的体系和解决社会问题的运作机制。完善的社区社会救助和社会福利体系及其相应的运作机制,使得社区工作者能够充分利用社区内外的人、财、物等资源,去协调社区内部的关系,缓解和解决社区内的矛盾和冲突。化解社会冲突,控制潜在和现实的非稳定因素,进而实现整个社区乃至整个社会的稳定。

最后,社区社会工作的社会稳定功能,还蕴涵在社区文化建设、社区服务、环境卫生等各项社区事业计划和社区生活中。积极的社会控制和社会稳定,是发展中的控制和稳定。社区工作通过促进社区的各项事业的完善和发展,居民的生活环境改善,生活的质量提高,社区居民的归属感增强,从而使得社区的控制和稳定有了坚实的基础和可靠的保证。

主要参考文献

1. 徐永祥:《社区发展论》,华东理工大学出版社 2000 年版。

2. 《费孝通文集》第 5 卷,群言出版社 1998 年版。

3. 费孝通:《小城镇,大问题》,载《费孝通文集》第 9 卷,群言出版社 1999 年版。

4. 王思斌主编:《社会工作概论》,高等教育出版社 1999 年版。

5. 梁祖彬:《社区工作方法》,载周永新主编:《社会工作学新论》,(香港)商务印书馆 1994 年版。

6. 甘炳光、梁祖彬等编:《社区工作:理论与实践》,香港中文大学出版社 1994 年版。

7. 拉里·莱恩:《都市社会中的社区》(英文版),(芝加哥)多塞出版社 1987 年版。

8. 乔治·希勒里:《社区的定义:一致的地方》,载《乡村社会学》1955 年第 6 期。

9. Lane, Robert P. 1939. *The Field of Community Organization*, *Proceedings of National Conference of Social Work*, *Buffalo*, 1939. New York: Columbia University.

10. Ross, Murray G. 1967. *Community Organization: Theory, Principles and Practice*. New York: Harperand Row.

第二章

社区工作发展的历程

了解社区工作本身发展的历史，对于全面把握社区工作的内涵是十分必要的。由于世界各国以及国内不同区域之间经济社会发展的不同步性，社区工作的内容和形式自然也是五花八门，缤纷杂陈。因此，要全面、概括地介绍世界范围的社区工作发展的历程，显然是非常困难的。为了克服这个困难，我们在表述社区工作发展史的过程中，采用以下两种方法：第一，历史与逻辑相统一的方法，即表述的内容不仅同客观现实的历史相一致，而且同人的认识的历史相一致，舍弃发展中出现的那些非本质的、支流的东西，集中反映发展中的本质的、主流的东西。第二，特殊性与普遍性统一的方法。既按照社会制度、国度和社会发展阶段的差异分别进行叙述，又注意在全球化趋势的背景下，各国各地区社区工作的趋同性。

第一节　社区工作的早期发展

一、关于社区工作的渊源

关于社区工作的起源，社会工作学界有不同的看法，有人认为起源于19世纪英美的慈善组织会社，有人认为最早起源于18世纪德国的汉堡制和爱尔伯福制。也有人否认上述看法，认为社区工作起源于19世纪80年代英美兴起的社区睦邻运动。苏景辉认为："如果视社区工作为一种解决问题的方法，则最直接的历史渊源是社区睦邻中心而非慈善组织协会。慈善组织协会主要是影响为社会福利的社区组织的发展。"（苏景辉，1996）隋王杰认为，社区睦邻运动首创了以特定社区为工作对象的社会工作方法，为社会工作向专业化发展奠定了基础。虽然在此之前已有德国的汉堡制和爱尔伯福制，但它们的侧重点都在于社区的行政管理，而不是以社区服务为主要内容的现代意义上的社区工作。形成这种分歧的主要原因在于对社区工作涵义的理解。隋王杰、苏景辉主要是从狭义上界定社区工作的，即“社区工作是以整个社区及社区中的居民为服务对象，提供助人的、利他的服务的一种社会工作专业方法；它与社会个案工作、社会小组工作并列，被称之为社会工作直接服务的三大基本方法”（王思斌，1999）。但是，广义的社区工作则不仅仅是一种方法，而是包括了社区服务、社区管理、社区发展等社区实务工作在内的专业工作领域和工作过程，并正在逐步发展成为一种从业者甚众的职业。最近几年中国出版的社会工作或社区工作专业书籍，基本上是从广义的角度界定社区工作的，这种认识反映了当代社区工作的发展趋势及综合属性。基于这种认识，我们认为，德国汉堡制和爱尔伯福制，英美的慈善组织会社和社区睦邻运动都是当代社区工作的渊源。

二、德国的汉堡制和爱尔伯福制

汉堡制是以社区为单位管理济贫事务的制度，因创立于德国的汉堡市而得名。

汉堡制源自于西班牙哲学家比维斯的理论，他在16世纪时已注意到各国的贫困问题，并拟定过一套贫民救济方案，汉堡制是其设想的具体化和实际应用。

1788年，汉堡市为解决乞丐列队街市并沿门乞讨的问题，委托布什教授拟定救助方案。然后由议会推选出来的志愿委员会开展工作，其宗旨是助人自助。具体措施是：将全市划分为60个区，每区设1名监督员，负责对该区贫民进行调查和救济。市政府设立一个中央办事机构，联络各社会救济机构协同工作，总理全市的济贫业务。包括为失业者介绍工作，给贫困者提供救济，将贫苦儿童送往工艺学校学习就业技能及语文，把患病而自己无钱诊治者送往医院治疗。同时，规定市民对沿门乞讨者不准任意施舍，以避免把一些乞讨者养成好逸恶劳的懒汉，这样也有助于城市的市容管理。汉堡制实施了13年，收到了积极的成效。

爱尔伯福制是德国爱尔伯福市于1852年开始实施的一项社区救助制度，该制度仿效汉堡制，但有不少改进。该制度将爱尔伯福市按人口数量平均分为564段，每段约300人，其中每段贫民不得超过4人，段为基层组织，每段设一名赈济员，赈济员是志愿工作者，由政府委派地方热心人士担任。赈济员主要负责对贫困家庭的调查，确认贫困后再予以救济，以后每两星期还要进行追踪调查。为防止受助者产生依赖心理，发给的救济款是法律规定的最低限度。

每14段为一赈济区，区设一名监察员，领导由14个段联合组成的赈济委员会，定期开会，指导各段的赈济工作。段为中层组织，上面还有负责全市济贫工作的中央委员会。中央委员会统一管理全市的济贫所、医院等救济机构，是全市济贫工作的最高管理机构，也定期开会。

爱尔伯福制通过建设有效的三级工作组织，上下协调，信息畅通，使济贫工作既深入细致又灵活高效，为当代的最低生活保障制度建设和社区社会保障工作,提供了宝贵的历史经验。

汉堡制和爱尔伯福制后来都因为城市人口增加,济贫事务增多且日趋复杂而渐渐不再适用。德国政府不得不将建立新的安全机制与保障机制提到重要位置来思考,从而使提供能够适应工业社会需要的各种社会保险制度成为新的政策选择。19 世纪 80 年代,德国成为世界上第一个建立起社会保险制度的国家,从此,德国的社区工作模式也发生了重大变化。1892 年"新汉堡制"问世,"新汉堡制"的特点是废除分段制度,由政府通过社会福利制度统一救助贫困者,社区负责社会福利制度的具体实施,同时发挥民间社会福利组织的作用。

三、英、美的慈善组织协会

慈善组织协会首先产生于 19 世纪 60 年代末的英国,是为了协调各类慈善机构活动而建立起来的一类组织的总称。当时英国慈善机构林立,这些组织虽然都以募集捐款、救济贫民为宗旨,但是相互之间缺乏沟通和协调,各自为政,造成了工作上的重复、冲突以及救助资源的浪费。鉴于此,英国牧师索理(Reverend Henry Solly)于 1868 年建议成立一个理事会,以协调政府和各民间慈善机构的活动。1869 年伦敦成立了"组织慈善救济与抑制行乞会社",后易名为"慈善组织会社"。

这一组织引入了德国爱尔伯福制对济贫事务的管理方法,将伦敦全市划分为若干个区,每一个区成立一个分支机构即志愿委员会,主持救济分配工作。志愿委员会特设咨询部,以方便济贫法监护人、各慈善会社以及个别慈善家搜集有关申请救济者的材料,并对申请救济者派"友善访问员"进行调查甄别。这样,就使同时向许多救济机构求助的"职业乞丐"无法浑水摸鱼。随后美国和苏格兰的其他大城市纷纷仿效伦敦的做法,也建立了慈善组织协会。

1877 年,美国牧师哥尔亭(Rev. S. Humphrey Gurteen)在美国的布法罗也建立起了一个慈善组织协会。哥尔亭曾对伦敦的慈善组织协会进行过考察。他效仿伦敦慈善组织协会的做法,将贫民划分为"值得救济的贫民"和"不值得救济的贫民"以区别对待。强调对个人和家庭的救济申请进行调查,力求避免慈善机构的救济资源的浪费。对于不值得救济的贫民,哥尔亭主张强迫他们在救济院或习艺所内改变他们的生活方式,促使他们做到自食其力。哥尔亭在理论上还发展了机构间的合作、社区教育、个别化、适当的救济、行乞的抑制、预防性博爱及个人服务等 7 个概念。

哥尔亭创办的慈善组织协会后来也迅速扩展到美国的其他城市。到 1892 年,美国已建立起 12 个慈善组织协会。

慈善组织协会对社会工作的发展作出了很大贡献。第一,它在调查甄别是否是"值得救济的贫民"方面的"个别化"做法,直接导致了社会个案工作方法的产生;另一方面,它促进各个救济机构、慈善组织协同努力解决社区问题的做法,为社区工作方法奠定了基础。

四、英、美的社区睦邻运动

社区睦邻运动发生在19世纪80年代,是由社会工作者组织发起的社区居民自助互助运动,前后持续近50年,是社区工作发展史上极富影响力的运动。

社区睦邻运动的发起人是英国牧师巴涅特(Samuel A. Barnett),他从牛津大学毕业后到伦敦东部的圣犹太教区任职。当时这一教区是伦敦最贫穷的教区之一,教区内又脏又乱,居民生活十分困苦。巴涅特决心改变教区的面貌,改善教区居民的生活。为了深入了解社区问题,他和妻子搬进了教区居住,与贫民共同生活。巴涅特夫妇还动员当时就读于牛津大学和剑桥大学的贵族子弟住进东伦敦教区,与贫民共同生活,为贫民提供服务,并寻求解决社区问题的方法。在这批志愿者中,有一位来自牛津大学的经济学讲师汤恩比(Toynbee)。他是一个虔诚的基督教徒,立誓消除贫困以彰显基督的博爱精神。他平日住在教区内,与贫民共同生活,尽心尽力地为贫民服务,深得巴涅特的爱戴。但是不幸的是,1883年,刚满31岁的汤恩比便因病去世,巴涅特十分悲痛。为纪念汤恩比的伟大献身精神,并激励更多的知识分子为贫民服务,巴涅特于1884年在东伦敦教区建立了一个大学社区睦邻服务中心,并命名为"汤恩比馆"(Toynbee Hall)。随后,许多类似的服务机构在英国及其殖民地相继成立,其他资本主义国家也竞相效仿,美国受这一运动的影响最大,开展得也最为广泛。

美国第一个社区睦邻中心建立于1886年,1889年由J.亚当斯(Jane Addams)和斯塔尔(Ellen Gates Starr)创办的社区睦邻中心——赫尔馆(Hull House)后来成为美国最著名的社区服务中心,亚当斯则成为美国最为著名的社会工作者。

赫尔馆的宗旨是改善和发展社区居民的福利,它与其他社会服务机构的区别在于,它所关注的不是单个的服务项目,而是要全面提升社区居民的生活质量。所以,它不仅帮助社区居民解决生活中的困难,还组织一批由律师、艺术家、音乐家、教师、商人、社会工作者等各方面人士所组成的志愿者队伍,为社区居民服务。赫尔馆还举办友谊俱乐部、研讨会、学习班、运动队以及各种业余爱好组,为社区居民学习、娱乐、健身以及发展友谊提供机会。对于比较复杂的个人、家庭或社会问题,赫尔馆还聘用个案社会工作者、心理学家、精神病医生、家政学家和职业顾问为之解决。

赫尔馆的社区服务对其所在地居民的生活改善有很大贡献,它的成功经验广为传播,社区睦邻中心如雨后春笋般出现,数十年内遍及美国各地。到1937年,美国已有500多所社区睦邻服务中心。其发展程度远远超过了英国,对其他国家也产生了重大影响,纷纷派人到美国参观学习。由于社区睦邻运动的推动。1922年,首次国际社会服务工作会议在伦敦举行,在这次会议的基础上,于1926年成立了国际服务所及邻里服务中心联合会,并在当时的国际联盟派有观察员。

五、专业社区工作的形成

1929—1933年,一场严重的经济危机席卷整个资本主义世界,工厂大量倒闭,工人失业率高达30%~50%,失业工人达3 000多万,几百万小农破产。面对如此庞大的困难群体,民间慈善团体和社区服务组织一筹莫展,无能为力。1933年美国罗斯福政府实施"新政","新政"的重大举措之一是1935年8月通过的《社会保险法》。它改变了过去由社区组织和慈善团体提供救助的传统,通过国民收入的再分配和转移支付,实施养老金制度和失业保险制度,并对残疾、无谋生能力者提供救济。与此同时,政府采用社区组织的服务方式实施公共福利服务,促进了社区组织的建设与发展。1939年,由美国学者罗伯特·兰尼领导的一个研究小组在美国社会工作会议上提交了一份报告,系统阐述了社区组织的理论和方法,使社区工作作为一种专业工作方法为大家所肯定,从此,社区工作与个案工作、小组工作一起列为社会工作的三大工作方法。1939—1945年间,社区组织课程在美国的社会工作学院中逐步推广。1946年,美国社会工作会议成立社区组织研究协会。这些都进一步促进了社区工作的专业化发展。

六、中国的乡村建设运动

20世纪二三十年代,在中国不少地区兴起了一场声势浩大的乡村建设运动。提倡和参加乡村建设的人员,既有一批进步的社会学家、经济学家、农业专家和有志青年,也有统治阶级中的改良派官员。他们希望通过改良主义的道路,挽救当时中国农村社会面临的深刻危机,进而挽救整个中国社会。正如乡村建设运动代表人物之一的梁漱溟所指出的:"国家宪政要以地方自治为基础,从基础做起,就是从最基层开始,搞乡村的自治,一村一乡的自治搞好了,宪政的基础也就有了。"(梁濑溟,1987)梁濑溟主持的乡村建设实验是以组织乡农学校为出发点的。他通过乡农学校把农民组织起来,培养农民形成关心并参与公共事务的新政治习惯与团体合作的精神,锻炼乡村自治组织的能力。同时,也推行了一些社会改良的工作,如禁烟、禁赌、兴办合作社、鼓励妇女放足,等等。乡农学校还向农民传授和推广农业技术,对农产品产量的增加和农民生活质量的改善起到了推动作用。

晏阳初也是乡村建设运动中的代表人物。他认为,中国社会的问题主要是农村问题,农村问题虽然纷繁复杂,但最根本的是人的素质问题。他们缺乏生存与发展所必需的知识力、生产力、强健力和团结力。因此,他要发动一场"平民教育运动”,来解决中国人的“愚”、“穷”、“弱”、“私”四大基本问题。30年代初,晏阳初举家迁往河北定县,并带动了一批知识分子在定县开展平民教育实验工作。定县平民教育实验成绩十分突出,自1927年开办平民教育学校开始到1937年抗日战争爆发结束,共计毕业学生10万人以上,这种减少文盲的工作,在当时全国1 900余县中,是首屈一指的。抗日战争期间,晏阳初又在湖南、四川等地继续开展平民教育工作,勤勤恳恳、勉力为之,其精神是十分可贵的。1943年5月,在美洲各国高等学术机关举办的纪念哥白尼逝世400周年大会上,晏阳初被选为“世界上为社会贡献最大、影响最广的十大名人”之一。

中国的乡村建设运动在第二次世界大战后得到了国际社会的重视,不少国家在社区发展中注意借鉴中国乡村建设实验中的一些具体做法。晏阳初在20世纪五六十年代还多次应邀到一些发展中国家介绍中国的乡村建设经验,并从事具体的指导工作,曾任在菲律宾创办的国际乡村改造学院院长,为世界社区发展运动做出了杰出贡献,被誉为“国际平民教育之父”。

第二节　战后社区工作内容的多元化

一、联合国倡导的社区发展运动

第二次世界大战后,当时一些前殖民地、半殖民地纷纷独立,但这些新兴国家在独立后都面临着贫穷、失业、疾病、教育落后、人口压力、经济发展缓慢等一系列问题,尤其是他们的乡村社区问题更为严重。有鉴于此,联合国经济社会理事会于1951年通过了390D号议案,倡导开展“社区发展运动”,就是以乡村社区为单位,由政府有关机构同社区内的居民团体、合作组织等通力合作,运用各种外部援助和内部资源,改善社区的物质、文化条件。主要目的是提倡互助合作精神,鼓励社区居民自力更生解决本社区的问题,培养社区成员的民主意识和自治、互助能力,发展社区居民的民间团体和组织,促使居民积极参与本社区的公共事务,通过共同行动提高社区居民的综合素质和生活质量,促进社区经济、社会的协调发展。

1952年,联合国成立了“社区组织与社区发展小组”,1954年更名为“联合国社会署社区发展组”。这一组织在亚洲、非洲、中东、南美等地区,推行社区发展运动,取得了一定成效。

1955年联合国社会局出版了《通过社区发展促进社会进步》一书,提出了社区发展的10条基本原则:(1)各项活动必须符合社区的基本需要,并根据居民的愿望制订首要的工作方案;(2)全面的社区发展必须建立多目标的计划,并组织各方面、各部门联合行动;(3)在推行社区发展的初期,改变居民的态度和物质建设同样重要;(4)社区发展的目的在于促进居民热心参与社区工作,从而改变地方行政机构的效能;(5)选拔、鼓励和训练社区领袖人才是社区发展计划中的主要工作;(6)社区发展工作应特别重视妇女和青年的参与,以扩大参与的基础并获取社区的长期发展;(7)社区自助计划的有效实现,有赖于政府积极而广泛的协助;(8)制定全国性的社区发展计划必须有完整的政策,行政机构的建立、工作人员的选拔与训练、地方和国家资源的研究、开发、社区发展的实验与考核机构的设立等等都应逐步配套进行;(9)在社区发展中应充分利用地方的、全国的和国际的民间自助资源;(10)地方性的社会经济进步,必须与全国性的发展计划互相结合、协调实施。

1957 年,联合国开始研究社区发展计划在发达国家的应用,试图通过社区发展解决工业化、城市化带来的一系列问题,并在美国、英国实施了这一计划。现在全世界有 70 多个国家在推行社区发展计划,形成一股世界潮流。

二、美国的社区发展合作组织

美国的“社区发展合作组织”(Community Development Corporation,简称 CDC),有时亦称“邻里发展组织”、“经济发展公司”等,萌芽于早期美国五月鲜花教徒的互助会和大萧条时期的合作社,但是现代社区发展合作组织运动则始于 1966 年 3 月。一天,罗伯特·F. 肯尼迪参议员考察了拜得思图衰败的商业街区后,决定以 CDC 的形式振兴社区。肯尼迪认为,仅仅依靠联邦政府的援助是不够的,简单地允许穷人参政也是不够的,必须创立新的经济组织以解决社区居民的实际困难。

1966 年,肯尼迪和他的伙伴——纽约参议员雅各布·杰维茨成功地发起了有关成立 CDC“特别行动”。这个行动是对 1964 年以“向贫穷开战”为基础的“创造经济机会行动”的补充。根据这个行动计划,在联邦政府的支持下,成立了几十个遍布乡村和城市社区的地方组织,即 CDC,这些组织的任务是将社会发展和经济发展计划结合起来,开办企业,创造就业机会,增加穷人收入。

对这一行动最先表示支持的是福特基金会。福特基金会制定了一个“灰色地区”策略。其思路是:穷人社区拥有巨大的发展潜力,如果我们给他们机会和信心,他们能够自己解决自己的社会经济问题。

经过了 25 年,成千上万个 CDC 应运而生,通过发展经济和社区管理,取得了较大的成绩。这一成绩大于 20 世纪 60 年代美国政府和社会服务机构共同实行的“向贫穷开战”计划的努力。

这些非营利的组织为穷人提供服务的领域十分广泛,从提供传统社会服务到为一些需要发展的群体组织提供服务,如帮助建立 CDC、合作社以及规划少数民族企业发展、社区住宅服务等,没有一定之规,但有三个特性是所有社区发展合作组织共同具备的。

第一个特征是，社区居民自治。社区委员会的领导成员始终由社区居民组成。大多数 CDC 相当活跃，在争取捐款、搞好社区关系、游说议员和社区建设方面，作出了重要的贡献。许多 CDC 成员在制定社区政策和社区发展计划的抉择上，甚至计划的实施上，都起主要作用。一些 CDC 还设有辅助机构和顾问团，其成员由地方工商界人士和政界领导人组成。

第二个特征是，发展社区经济。每一个社区发展合作组织都制定经济增长计划。大多数计划都有“硬”指标，例如建房或修缮民房、房地产开发、开办企业、为当地居民创造就业机会。大多数公司还有“软”指标，是一些直接针对人的服务，例如儿童保育、老人照顾、职业培训、家庭企业咨询、夏令营、健康检查、反酗酒计划，等等。无论发展计划的内容如何多种多样，其目标是一致的，那就是减少经济、社会问题，减轻个体所受的伤害，最终实现社区的“复兴”。

第三个特征是，确定工作目标。社区发展公司的主要目标是在低收入居民聚居区开展工作。如修缮危旧房，激发经济活力，驱散居民们的沮丧、孤独感，向社区外界发出社区衰退已达“谷底”的信号。其他 CDC 则把工作重点放在那些以蓝领阶层为主的社区，目标是进一步控制社区的衰退。它们经常将“硬”发展与 CDC 资助计划相结合，通过建设家庭企业来加强社区的稳定。如兴建了商业网点，酒店、快餐店、当铺和酒吧等。

CDC 并不仅仅出现在城区。事实上，规模最大、历史最悠久的社区发展合作组织都在乡村地区，它们带动和影响了周围地区的发展。例如位于阿拉斯加，有 19 年历史的社区发展公司，推动了美国最大的农业州的发展，它的“密西西比教育行动”涉及 40 个县。

绝大多数的社区发展合作组织仅拥有很少的付薪雇员和极少的经营资本。它们租用普通的办公室，拥有的是 2 名打字员，1 台电脑，1 台复印机和 1 个咖啡机，还有几把折叠椅。依靠会计师、律师和许多公司的免费服务，它们每年的预算可能不超过 20 万美元。

三、英国的社区照顾

社区照顾作为一种运动起源于 20 世纪 50 年代，是英国推行社会服务的一种方法，也是英国在福利国家政策变化下倡导的一种社会工作模式。其主旨是动用社区资源对有需要的人进行服务。主要包括：老年人服务、儿童服务、对学习有困难者服务和感化服务。

1. 老年人服务。为老年人服务，特别是为那些没依靠的、有特殊困难的老年人服务是英国社会福利政策的基本内容。英国的老年人服务有下面几种基本做法：(1)资金照顾。对那些有病残及生活上难以自理的老年人，将他们安置在政府和社会机构建立的院舍中集中照顾,并得到社区内社会资源,特别是人际关系资源的支持。这类服务的费用基本上是由政府开支的。(2)院舍服务。政府在社区内建立老人服务中心,吸收生活上能够自理,但缺乏密切人际关系支持的老人,日间到服务中心参加活动。这些服务中心有较齐备的文娱、体育等设施供老人使用。(3)日间照顾。向行动困难及生活上不能自理的老年人提供日间的生活服务,如送饭、送报等。

2. 儿童服务。英国的儿童受到政府的关注,所有儿童都享受津贴,对工作的父母也有津贴,以支持对儿童的养育。英国政府通过儿童法案,对儿童实行多方面援助、照顾、帮助和保护。在做法上既有对儿童的直接照顾也有通过援助家庭而施行的间接照顾。儿童服务大多是指为残疾、受虐待和有不良行为的少年儿童所提供的补救性服务。

3. 对学习有困难者服务。主要包括弱智人和精神上有病症的人。对于这些学习有困难者实施服务的一个重要方式是院舍服务,即开办服务机构使他们的学习能力有所提高,开发他们的智能,解脱他们家庭成员的负担和社会负担,注重启发他们的能力,尊重他们的选择,帮助而不是替他们做决定。

四、德国的"邻里之家"

"邻里之家"主要是为当地居民解决衣、食、住、行等日常生活问题和丰富业余文化生活的社区服务中心,它经营和服务的项目都根据当地居民需要,宗旨是为居民排忧解难,丰富居民的文化娱乐生活。参加的居民不分国籍、种族、宗教信仰、党派和政治倾向,都能在"邻里之家"内参加服务或得到服务。它把邻里之间传统的互相关心、互相帮助精神贯穿于各项活动之中,以联络邻里之间的感情。

"邻里之家"的服务内容是丰富多彩的。主要分为两大类:一是日常生活类。有病员护理、家庭服务、临时带小孩、烹调、家庭装修和家电器维修、上街购物、园艺、为残疾人与老年人推车、陪伴家人交谈、朗读作品等。二是文化娱乐类。活动内容有时装表演、儿童杂技、儿童戏剧、音乐会、化装舞会、各种讲座;有柔道、按摩、太极拳、排球、足球等健身活动;还有游市区、法律咨询、孕妇交流经验、如何当好母亲等知识交流。

"邻里之家"的经费来源主要是靠自己经营,政府给予一定的津贴,及有关团体的资助。活动经费有临时收取的,有捐助性付给的。其中主要收入是社会服务站的家庭服务、护理等。"邻里之家"的组织机构,在全国设"德国社会福利、文化工作协会联合会",它是"邻里之家"全国性的最高机构,从属于"德国独立福利协会联合会"。

五、其他国家的社区矫正

第二次世界大战以后，犯罪日益增长，监狱人满为患，日益严重的监狱暴力冲突等问题，使人们不得不对监狱制度进行新一轮的改革。于是，社区矫正模式便应运而生。

社区矫正(Community Correction)，亦称之为"社区矫治"，是一种不使罪犯与社会隔离并利用社区资源改造罪犯的方法，是所有在社区环境中管理教育罪犯方式的总称。西方学者认为，由于几乎所有的犯人最终都将回到原来的社区，所以，他们应该早日得到社区的帮助。所有的社会力量应联合起来，帮助犯人恢复家庭联系，获得就业和受教育的机会，找到自己在社会上的合适位置。如今社区矫正这种刑罚执行方式已在世界各国被广泛使用。根据我国司法部预防犯罪研究所统计的数字，就缓刑和假释两项，2000 年加拿大使用社区矫正的比例最高，达到 79.76%，澳大利亚达到 77.48%，美国为 70.25%，韩国、俄罗斯较低，但也分别达到 45.9% 和 44.48%。这些数据说明，世界主要国家处于社区矫正中的罪犯人数已经超过了监禁人数。

社区矫正的方式方法在西方国家可以说是多种多样的，其中主要的有如下几种。

1. 家中监禁制。实际上是一种限制罪犯人身自由的监外软禁措施，即在一定期限内，将罪犯限制在自己的居所范围之内，不得随意外出。但经过一段时间后，允许符合条件的罪犯到外面去工作或从事其他的正当活动，不过，要求在晚上和周末呆在家中。家中监禁适用于危险较小并有相对稳定的居住条件的罪犯。对接受家中监禁的犯人的监督，一般由缓刑工作人员负责。

2. 周末拘禁制。这是一种让犯人星期六和星期日在监狱服刑的制度。周末拘禁制开始只适用于少年犯，以后逐渐扩大适用于成年犯。主要做法是对那些犯罪性质和情节轻微、所判刑期很短(一般为几个月以下)、无再犯之虞的犯人实行周末到监狱服刑，其他时间仍留在家庭和社区过正常生活的制度。其目的在于：一方面，减少犯人的监禁时间，使其与社会和家庭保持正常联系，并减轻监狱负担；另一方面，通过一定的监禁又给犯人一定的惩罚，促其反省，既达到惩罚的目的，又收到教育之功效。

3. 劳动释放制。这是一种让犯人到监狱外劳动的制度。接受这种处遇的犯人，白天到监狱外面的劳动场所与社会上一般工人共同劳动，除了雇主以外无人知道其是犯人，晚上下班后回到监狱报到。被允许劳动释放的犯人，通常收容于开放式监狱。这类监狱无高墙铁栅，犯人享有高度自由，房锁也由犯人自己管理。监狱的设置位置也不像一般监狱选择郊外地区，而是以能够使犯人与一般公民接触，便于犯人劳动为原则。

4. 学习释放制。这是一种犯人到监狱外学习的制度。接受这种处遇的犯人,白天到监狱外面的学校读书,晚上回到监狱。学习释放制的目的在于使罪犯逐步接触社会,并通过学习提高技能和增长知识。美国从 20 世纪 60 年代开始实行学习释放制,目前,绝大多数州和联邦监狱系统都实行该制度。人们总体的反应是对此给予肯定的评价。

5. 归假制。这是一种给予正在服刑的犯人一定的假期,让其回家度假的制度。自由刑本来是对犯罪人本人的惩罚,然而在执行过程中往往使犯人家庭也遭受物质上、精神上的沉重打击。归假制度就是为减少自由刑的这种弊端而产生的。适用归假制度最广泛的是瑞典,但是在美国、英国和其他西方国家也得到广泛的适用。

社区矫正的矫正机构一般都设置有专业人员,如缓刑官、假释官、劝教员等,并配备非专业人员(如志愿帮助矫正的技术人员、教员等)。矫正机构一般都进行以下服务或活动:作业和职业或专门技术训练、社会知识或道德教育、娱乐、体育活动、宗教服务等。

社区矫正这种对犯人开放式的执行刑罚方式与封闭式监狱相比,是人类文明的一大进步。社区矫正不仅可以避免与世隔绝的监狱执行刑罚所产生的种种弊端,而且更有利于犯罪人回归社会,其所起的预防重新犯罪作用,是应该予以充分肯定的。

六、世界卫生组织提倡的社区康复

为解决世界上所有残疾人的康复需要,实现“2000 年人人健康”的全球目标,1976 年,世界卫生组织提出了一种有效的、可接受的、经济的、新的康复途径,即社区康复(Community - Based Rehabilitation,简称 CBR)。它顺应了全球残疾人的康复需要,更适应于解决发展中国家残疾人的需要,因而得到迅速发展。1979 年,联合国儿童基金会开始支持在发展中国家开展社区康复,重点开展了残疾儿童的康复,促进残疾儿童与非残疾儿童医疗卫生服务的密切结合,以使全部儿童享有保健康复服务。1981 年是国际残疾人年,社区康复的全球计划得到进一步的重视。世界卫生组织康复专家委员会把社区康复定义为“在社区的层次上采取的康复措施,这些措施是利用和依靠社区的人力资源而进行的,包括依靠有残损、残疾、残障的人员本身,以及他们的家庭和社会”。世界卫生组织还制定了“1983—1992 年国际残疾人十年”社区康复全球发展总规划。1983 年,该组织正式管理社区康复事业,并得到世界上许多国家、地区政府、非政府组织的响应与积极参与。同年,修订再版了《社区残疾人训练》一书。1985 年,世界卫生组织委托英国伦敦大学儿童卫生研究所,为发展中国家培养社区康复的教学与管理的高级专业人才,首次开设“社区康复工作的培训与计划”专业课程。

由于社区康复是以社区为基础的综合性康复模式,需要各方面合作共同负责,于是不同组织、机构之间的合作得到了进一步的加强。1994 年联合国的国际劳工组织(ILO)、联合国教科文组织(UNESCO)、世界卫生组织(WHO)联合发表了《关于社区康复的联合意见书》,总结了过去十多年的经验,规范了社区康复的组织、方法与目标,使社区康复进入了一个新的阶段。

第三节　中国的社区建设

一、20 世纪 80 年代的社区服务

在 20 世纪 80 年代,中国的社区工作常被称为社区服务。社区服务的定义是指在特定的区域内,受人民政府的指导和资助,依赖街道办事处和居民委员会有组织地动员社会各方面的力量,包括动员居民群众,发扬扶弱助贫、尊老爱幼及互相帮助的精神,因地制宜兴办各种小型福利、设施,开展各种服务活动,为居民群众,特别是有困难的家庭和居民,提供各种服务。

这个定义十分强调政府的领导及控制,看重在社区内由官方及居民组织共同参与,运用社区本身的资源,提倡居民自力更生,解决社区问题,更强调居民的互助关怀,为社区内的群体提供照顾。

1986 年,民政部从探索建立社会保障制度的高度,第一次提出了社区服务的任务和建立、完善社区服务系统的概念,并于 1987 年 9 月在武汉市召开了全国城市社区服务工作座谈会,揭开了发展中国社区服务的序幕。由于社区服务适应了社会发展的需要,符合居民生活的愿望,因而,在全国大中城市获得了较快的发展。所谓社区服务,就是在政府倡导和组织下社区居民所进行的自助服务。从工作类型看,它属于社会服务范畴。但是,又不是一般的社会服务,是以社区为单位开展的社会服务,具有区域性、就近性、互助性等明显特征;从工作性质看,它是一种公益事业,属于福利服务,但又不是传统的小福利,而是内容更丰富、对象更广泛、形式更多样的福利服务。它离不开政府的倡导和组织,但经费来源、项目组建、服务管理不是由政府包办,而主要是依靠社会,坚持社区服务社会办的原则,是公共福利事业社会化的重要途径。

此后,社区服务工作迅速在全国展开,服务对象、服务内容、服务范围不断拓展。由于它在为党和政府分忧、为居民群众解难方面发挥了积极作用,不仅深受社区居民欢迎,而且得到了党和政府的高度重视和支持。1989 年 12 月 26 日全国人大通过的《城市居民委员会组织法》第一次将“社区服务”的概念以法律条文的形式固定下来。

随着社会的发展和改革开放的不断深化,城市社区人口的构成出现了新的

情况,从而给城市管理带来了一些新的矛盾,也为城市社区工作提出了新的课题。

一是城市外来流动人口骤增,给基层政权工作带来了不可回避的问题。

人口的地域转移和流动,是伴随着改革开放和建立社会主义市场经济体制的一种必然现象,人口流动给城市的经济和社会发展注入了活力。但同时,也带来了不利于城市社会发展的一系列负面效应,特别是在市容环境、卫生防疫、劳动就业、社会治安、计划生育等方面引发了诸多社会问题,对这些社会问题靠单纯的整治、处罚、拆除、遣送是行不通的。要搞好外来流动人口的管理,只能遵循事物发展的内在规律,因势利导、兴利除弊,积极发挥城市基层政权的组织作用,加强对外来流动人口的日常管理。

二是城市社区下岗待业群体初步形成,给基层政权工作提出了更高的要求。

企业破产和深化企业改革以后,下岗待业人员逐步增多。他们在再就业之前,大多数都滞留在社区内,并逐步在社区中形成新的活动群体。下岗待业者由于经济收入降低,对改革、对社会抱有一定的不满情绪,迫切需要政府、社会去关心、引导、教育和培训,以便重新就业。对此,如果城市基层政权机关坐视不管,他们将长期脱离组织,极易在社区中形成消极力量,甚至走上歧途,影响社会的稳定和基层政权的巩固。

三是城市的人口老龄化迅速发展,加大了基层政权组织的工作量。

我国城市人口老龄化发展迅速,城市的人口老龄化意味着社区里的老年人增多,基层政权工作量将要加大。

四是每周实行五天工作制后,加宽了基层政权组织的工作面。

职工八小时以内由单位管理,八小时以外则生活在社区。实行每周五天工作制以后,在单位工作的时间缩短,而相对在社区活动的时间加长,基层政权的工作对象事实上已变为社区内的全体成员。因此,基层政权在本地域内的管理已成为全员额、全方位、全时空的管理。

五是合资、独资企业和外籍人员不断增多,给基层政权工作提出了新的课题。

随着对外开放和吸引外资力度的持续加大,外籍人员在我国城市从事经济等活动的人数不断增多,他们中长期从事经济活动的外籍人员绝大多数集中居住在涉外的公寓或别墅区域,目前主要由城市物业、保安公司提供服务和管理。这种以物业管理代替基层政权管理的外籍人居住区,使街道、居委会发挥不了作用,也是城市社区管理和建设的"盲区"。各级政府和民政部门对此应予以重视和研究。

以上这些城市社区人口新情况以及引发的一系列社会问题,已成为城市社区管理和建设的当务之急,如何正视这些新情况,如何正确对待和处理由此而带来的一系列问题，是摆在城市基层政权面前的艰巨任务。同时，随着市场经济的发展和实行党政分开、政企分开、政事分开，原来单位、企业所承担的社会职能已逐步转向政府并交由社区来承担，人们对社会的依赖程度大大增强，城市的市、区两级政府管理显然已难以适应，需要将管理重心向下转移，更贴近群众。让城市的基层政权应义不容辞地逐步担负起社区的管理、监督、协调和服务四个责任，以弥补当前城市社区管理上的缺陷。

二、20世纪90年代以来社区建设的历程

1991年5月，针对当时城市基层政权和基层组织职能弱化，难以承担教育市民、提高市民素质的任务，以及社区服务范围过宽，仅仅依靠民政部门管理力不从心等状况，从改变政府传统的思维方式和管理模式，适应政治和经济体制改革的现实出发，民政部在社区服务的基础上，又提出在城市调动社会各方面的力量，共同开展"社区建设"的工作思路。1991年5月31日，当时担任民政部部长的崔乃夫同志在听取了基层政权建设司关于城市基层组织建设工作情况和今后工作设想的汇报后指出：城市居民委员会与农村村民委员会虽然都是群众性自治组织，但在功能方面有很大区别。其中最关键的一条就是农村的"村"既是生活单位又是生产单位，而城市的居民区，只是居民的生活单位，绝大多数居民不在居民区工作，这就决定了居民对城市基层组织的依赖程度要低于农村。但是，城市居民仍有很多事情希望居委会解决。这些事情解决得好，就会增加活力，增加凝聚力。你们搞基层政权和基层组织建设可以抓总，抓社区建设，调动各方面的积极性，共同搞好社区建设，如社区文化由文化部门来抓，社区医疗由卫生部门来抓，社区服务由民政部门来抓等等。并且要求街道、居委会开展社区建设活动。自此，社区建设工作就是我国城市的社区工作。

社区建设的思路提出之后，民政部专门下发了《关于听取对"社区建设"思路的意见的通知》，征求各地对开展社区建设的意见和建议。随之确立天津市河北区、杭州市下城区为全国社区建设试点单位，开展社区建设工作实验。并在1991—1992年间，先后召开了三次全国性的社区建设理论研讨会。

在我国城市社区建设逐渐展开的过程中，上海市发挥了带动作用，培育了一批社区建设的先进典型，积累了宝贵的经验。随后，石家庄、青岛、沈阳、北京、天津、重庆、南京等城市也开始了全市性的城市管理体制改革和社区建设工作。

1998年7月，配合国家政治体制改革与政府机构调整，国务院正式赋予新组建的民政部"指导社区管理工作，推动社区建设"的职能，从而使我国社区建设有了制度上的保证。1999年，民政部为了探讨并逐步完善城市社区建设思路，研究、总结适合中国国情的社区建设管理体制和运行机制，根据"分类指导、循序渐进、试点引路、逐步推广"的原则，在全国的直辖市、计划单列市和省会城

市中选择了经济条件好、工作经验多和创新精神强的北京西城区等 17 个城市的 21 个城区作为首批“社区建设实验区”(它们是南京市鼓楼区、南京市玄武区、青岛市市南区、青岛市四方区、杭州市下城区、海口市振东区、重庆市江北区、北京市西城区、石家庄市长安区、沈阳市沈河区、沈阳市和平区、上海市卢湾区、天津市河西区、天津市和平区、合肥市西市区、哈尔滨市南岗区、哈尔滨市道里区、本溪市西湖区、漯河市源汇区、西安市新城区、厦门市开元区),后来又扩展到 26 个城区,以期探索中国式社区建设模式,并为其他城区提供经验。有些省份,例如辽宁、湖北等等,还确定了一批省级社区建设实验区。从地方社区建设的实践看,许多大中城市都在积极探索适合本地情况的社区建设管理组织模式,并形成了以“两级政府、三级管理、四级落实”为主要特征,兼具各地特色的社区建设管理组织模式。

在社区建设逐步展开的过程中,中央领导同志对此给予了高度关注和积极推动。

早在 1996 年 3 月,江泽民同志作为出席八届全国人大四次会议的代表,在人民大会堂同上海代表团一起共商改革和发展的大计时指出:要大力加强城市社区建设,充分发挥街道办事处、居委会的作用。五六十年代,它们曾做出过很大贡献,在新时期要进一步发挥它们在加强城市管理、维护城市秩序中的重要作用。1999 年 9 月 25 日,他在视察上海市社区党建工作时指出,我们党一直重视街道、居委会的工作,几十年来积累了很好的经验。情况在不断变化,我们要适应这种变化,不断探索做好基层群众工作的新路子。目前居民的结构和活动特点跟过去不一样,很多事情要靠街道、居委会的基层党组织来做。同年 10 月 10 日,他在视察天津市社区建设情况时强调,加强社区建设,是新形势下坚持党的群众路线,做好群众工作和加强基层政权建设的重要内容。要通过加强社区建设,充分发挥街道、居委会和群众的力量,不断提高为群众服务的水平和城市管理水平,提高居民素质和文明程度,加强社会治安综合治理,保证人民安居乐业,促进社会稳定和发展。他还强调,社区服务直接关系千家万户的利益,也是发展第三产业的重要方面,前景十分广阔。

朱镕基同志也十分重视城市社区工作。他在 1998 年 2 月视察天津下岗职工再就业工程时,就明确肯定了社区服务对于解决下岗职工再就业问题的重要性,认为社区服务是实施再就业工程的一个大方向。2000 年 3 月,他在九届全国人大三次会议上所作的《政府工作报告》中明确指出:“要加强对社区的领导和管理,强化社区服务功能”,“积极开展退休人员由社区管理服务的试点”。同年 4 月,他赴辽宁调研如何构建独立于企业之外的统一、规范、完善的社会保障问题时指出:保持社会稳定,居委会担负着很多重要的工作。在新型社会保障体系的建立中,居委会要起很大的作用,也是能够发挥重要作用的。因为它天天跟居民接触,谁有什么收入,谁隐性就业,他们都清楚。这就是新型社会保障体系的基础。

几年来,胡锦涛同志不仅视察了青岛、上海、北京、天津等地的社区建设情况,而且还对开展这方面工作作了一系列重要论述。1997年11月,他在视察上海市临汾街道时指出,在改革开放、经济发展的新形势下,城市两个文明建设的工作重点在社区,企业人员要分流,社会职能要分离出来,这两个工作不能悬在空中,需要社区承担起来。而且随着人民生活水平的提高,对社区工作提出了更高的要求,也为社区发展提供了机遇。他认为,开展社区建设是很有意义的工作。做好这方面工作,首先就要把党组织建设好,这是各项工作的核心。第二,要动员社区内各方面的力量共同搞好社区工作。第三,社区工作的出发点和立足点,是心系群众、服务群众,依靠群众。2000年"五四"青年节到来之际,胡锦涛同志在视察北京市朝阳区和平街道青年文明社区建设情况时指出:随着改革的深入发展和人们就业方式、生活方式的深刻变化,城市居民与所居住社区的关系越来越密切,社区的地位和作用也显得越来越重要。搞好社区建设,对于促进经济发展,满足群众的物质文化需要,巩固基层政权,维护社会稳定,都具有十分重要的意义。他再次强调,加强社区建设,首先要进一步把社区党组织建设好,充分发挥党组织在社区工作中的领导核心作用。其次,要进一步动员社会各方面力量参与社区建设,优化配置和利用社区各类资源,实现社区工作的社会化。第三,要进一步推进基层民主建设,注重发挥群众自治组织和各类群众团体的作用,探索群众自我管理、自我服务、自我教育的新形式。6月18—20日,他又在视察天津市社区建设工作时说,随着改革的深化、经济的发展和城市化进程的加快,城市基层社会结构正在发生深刻的变化,城市社区的工作对象扩大了,职能增加了,其地位和作用显得越来越重要,加强城市社区建设已经成为我国城市改革和发展面临的一项重要而紧迫的任务。做好这项工作,对于深化改革,促进经济发展,提高群众生活质量,维护社会稳定,巩固党的执政基础,都具有重要意义。他指出,社区工作千头万绪,说到底是要服务于人民,造福于人民,这是社区建设的基本立足点,是党的全心全意为人民服务的宗旨和"三个代表"重要思想在社区建设中的集中体现。要健全服务设施,完善服务功能,进一步做好社区服务、社区卫生、社区文化、社区环境、社区治安等等工作,以满足群众多方面的需求,推动社区建设全面发展。他强调,在社区建设中要突出抓好以党组织为核心的社区组织建设。社区党组织在社区各种组织中处于领导核心地位。只有坚持以党组织为核心,才能协调各方形成建设社区的合力,才能保证社区工作的健康发展。加强社区党的建设当前最主要的就是要解决好扩大覆盖面、增强凝聚力的问题。一是要紧紧围绕搞好社区管理和服务开展党的建设,通过充分发挥党组织的战斗堡垒作用和党员的先锋模范作用,确保社区各项任务的顺利完成。

二是要进一步建立健全社区党的组织，按照党章的有关规定，结合社区党员分布的实际情况，及时调整社区党的基层组织的设置，努力做到凡是有党员的地方就有党的组织，凡是有党组织的地方就有党的工作和活动，通过党的工作和活动把广大群众团结凝聚起来。三是要努力建设一支高素质的社区工作者队伍，在充分发挥现有社区干部作用的同时，采取有效措施，及时充实社区干部队伍，尤其要把那些政治素质好、文化程度较高、工作能力较强，热爱社区工作的优秀年轻干部选拔到社区领导岗位上来，以增强社区领导班子的生机和活力。四是要切实改进领导方法，既要发挥社区党组织的领导核心作用，又要积极支持和保障居民自治组织依法开展活动。同时还要注意搞好配套建设，进一步把社区群团组织和其他中介组织建设好。他要求各级党委、政府，以“三个代表”重要思想为指导，进一步解放思想，勇于实践，以改革创新的精神做好社区建设工作。

中共十四届六中全会决议和十五大文件提出要深入持久地开展群众性文化、卫生、体育和科学普及活动，倡导文明健康的生活方式，建设社区文明。强调改善社会治安和环境脏、乱、差的状况，围绕实现优美环境、优良秩序、优质服务，推动城市的精神文明建设。从而要求基层社区进一步开展社区治安、社区卫生、社区服务等等活动。所有这一切都不仅要求基层社区深入持久地开展精神文明建设，而且要求进一步搞好经济建设，壮大社区经济。因为只有如此，才能为建设社会主义精神文明提供可靠的物质保障。这也就是说，社会主义精神文明建设的深入，迫切要求城市社区全方位发展，迫切要求城市社区两个文明一起抓。2000 年 9 月 5 日至 7 日，中央文明办在南京召开了全国创建文明社区工作座谈会。这次会议的主要任务是，贯彻落实江泽民同志在中央思想政治工作会议上的重要讲话精神和关于加强城市社区工作的重要指示，总结交流创建文明社区的工作经验，具体部署下一步创建文明社区工作。中共中央政治局委员、书记处书记、中央文明委主任丁关根在座谈会上指出，创建文明社区是创建文明城市活动中蓬勃兴起的新生事物，是人民群众在党的领导下创造美好生活的生动实践，是把精神文明建设任务落实到基层的有效载体。丁关根要求，各级党委和政府要把创建文明社区摆上重要日程，把创建文明社区纳入城市和城区经济社会发展的总体规划，统筹安排，循序渐进，持续发展。中宣部常务副部长、中央文明办主任刘云山在会上也作了总结讲话。他指出，深入开展创建文明社区活动，必须突出重点，抓好重点，带动创建工作全面开展。一要抓教育，重点抓好思想道德教育、科普教育和民主法制教育。二要抓活动，重点抓好“讲文明树新风”活动、“倡导文明新风，共建美好家园”活动、创建文明家庭、文明楼院、文明小区活动和各种形式的共建活动。三要抓阵地，重点抓好社区教育阵地建设、社区文化阵地建设和休闲娱乐阵地建设。四要抓管理，重点抓好社区环境的综合治理、社区物业管理的规范服务和社区规章制度的建设。在工作中，要加强调查研究，着重解决好创建文明社区活动中一些带根本性、原则性的问题。要制定规划，增强创建工作的前瞻性；完善机制，增强创建工作的主动性；分类指导，增强创建工作的针对性；创新方法，增强创建工作的实效性。

在中央领导同志的肯定和重视，中央文明办和民政及其相关部门的努力推动，上述各城市和各实验区的示范、带动下，我国城市社区建设蓬勃展开，并很快进入全局性整体推进的新阶段。2000 年 11 月 19 日，中共中央办公厅、国务院办公厅下发了《关于转发〈民政部关于在全国推进社区建设的意见〉的通知》，文件明确了社区的定位和推进社区建设的指导思想、基本原则及主要内容，强调了社区建设的重大意义："大力推进城市社区建设，是新形势下坚持党的群众路线，做好群众工作和加强基层政权建设的重要内容，是面向新世纪我国城市现代化建设的重要途径。切实加强城市社区建设，对于促进经济和社会协调发展，提高人民的生活水平和生活质量，扩大基层民主，维护社会稳定，推动城市改革与发展，具有十分重要的意义。"要求各级党委和各级政府高度重视城市社区建设，把社区建设工作摆上重要议事日程，切实帮助解决城市社区建设中的困难和问题。政府各有关部门和人民团体也要充分发挥各自的作用，结合本地区、本部门实际情况，认真贯彻执行《民政部关于在全国推进社区建设的意见》，共同推动城市社区建设向前发展。文件下发后，得到各地的积极响应，城市社区建设开始进入一个新的发展时期。九届全国人大四次会议审议通过的《国民经济和社会发展第十个五年计划纲要》，又将社区建设列为我国社会发展的重要内容和目标。在第六篇第十九章第四节，明确提出了推进社区建设的目标和要求。《纲要》指出："推进社区建设是新时期我国经济和社会发展的重要内容。要坚持政府指导与社会参与相结合，建立与社会主义市场经济体制相适应的社区管理体制和运行机制。加强社区组织和队伍建设，扩充社区管理职能，承接企业事业单位、政府机关剥离的部分社会职能和服务职能。以拓展社区服务为龙头，不断丰富社区建设的内容，发展社区卫生，繁荣社区文化，美化社区环境，加强社区治安，完善社区功能。努力建设管理有序、服务完善、环境优美、治安良好、生活便利、人际关系和谐的新型现代化社区。"国家五年计划纲要用一个完整的章节提出社区建设的发展目标，在我国还是第一次。这是保证国民经济和社会协调发展的一项重要举措。这一举措为全面推进社区建设提供了有力保证。以贯彻落实中办发[2001]23 号文件和"十五"计划纲要为契机，各地掀起了社区建设的热潮。各省、自治区、直辖市结合本地实际，下发了贯彻实施中办发[2000]23 号文件的通知，部署推进社区建设工作。社区建设正在由点到面，由大城市向中、小城市延伸，由东部发达地区向中、西部地区拓展。经过几年的探索实践，社区建设取得了可喜的成绩，产生了良好的效果，在社区的体制创新、机制创新、组织建设、内涵和外延建设以及队伍建设等方面，都创造了新的经验。全面推进城市社区建设的热潮正在全国兴起。

主要参考文献

1. 苏景辉:《社区工作——理论与实务》,巨流图书公司 1996 年版。
2.《中国社会工作百科全书》,中国社会出版社 1994 年版。
3. 王思斌:《社会工作概论》,高等教育出版社 1999 年版。
4. 徐永祥:《社区发展论》,华东理工大学出版社 2000 年版。
5. 周沛:《社区社会工作》,社会科学文献出版社 2002 年版。
6. 吴亦明:《现代社区工作》,上海人民出版社 2003 年版。
7. 侯玉兰、侯亚非:《国外社区发展的理论与实践》,中国经济出版社 1998 年版。
8. 杨益萍、孙金富:《社区服务工作》,中国社会出版社 1996 年版。
9. 聂鹏、贺立平:《港台及国外社会工作》,中国社会出版社 1996 年版。
10. 康树华:《社区矫正的历史、现状与重大理论价值》,载《法学杂志》2003 年第 9 期。
11. 梁漱溟:《忆往谈旧录》,中国文史出版社 1987 年版。

第三章

社区工作的价值观、基本原则和理论基础

作为社会工作的重要组成部分,社区工作的价值观、基本原则和理论有宏观、中观和微观以及特定的类别之区分。它们是社区工作者必备的素质要求和知识基础。在社区社会工作理论中,也包括一些与政治运动和社会政策相关系的理论,这些理论学说的重要特点是在揭示事物主客体因果关系的同时,又带有明显的价值取向,构成广泛的政治参与和社会实践的思想工具。

第一节　社区工作的价值观

一、社会工作的基本价值

价值观指主体(个体、群体、社会)看待客体(认识或实践对象)及评价其重要性或社会意义所依据的观念系统。人们在认识事物及其属性的基础上,从自身需要的尺度出发,确定各种事物是否有价值及其价值大小,从而确定人们活动的取向。价值观是推动并指引人们采取决定和行动的原则、标准。

社会工作是一项充满价值取向,致力于公共利益和社会服务的事业。社会工作的价值主要分为基本价值和实务价值两个层次。社会工作基本价值是在既有的社会价值体系中选择出的与社会工作事业密切相关的重要社会价值,居于社会工作专业价值体系的最高层次;社会工作实务价值则是工作实践过程中根据基本价值而衍生的具体价值观念,居于中间层次。社会工作专业价值(基本价值和实务价值)又体现在职业道德和工作守则中。因此社会工作者职业道德和工作守则也构成社会工作价值体系的一个有机部分。例如,美国社会工作者协会最新修订的《伦理守则》(1999 年)由价值、伦理原则、伦理标准三个方面的内容组成。它首先总结了社会工作的 6 个价值——服务、社会正义、人的尊严和价值、人类关系的重要性、廉正、能力;同时根据 6 个价值分别提出 6 项伦理原则:(1)社会工作者的主要目标是帮助有需要的人,解决社会问题;(2)社会工作

者向社会不公平挑战;(3)社会工作者尊重与生俱来的尊严和人的价值;(4)社会工作者承认人际关系的至关重要性;(5)社会工作者以一种值得信任的方式行为;(6)社会工作者在自己的能力领域中工作,发展和增进其专业技术。《伦理守则》还以4/5的篇幅规定了有关“伦理标准”,具体说明了社会工作者在处理与案主、同事、就业机构关系中应当遵循的标准,以及作为专业人员对自己、专业界和整个社会应当负有的责任义务(弗雷德里克·G.雷默,2000)。

现代社会工作产生于西方工业化国家,其价值体系“代表着西方社会主流文化的价值观”(王思斌,1999)。人道主义以及信仰科学、民主、自由、平等是西方文化中占据核心地位的价值观念。经过历史和现实考察不难发现,这些价值观念是人类社会普遍存在的价值观念。虽然不同的社会文化对人类诸基本价值的理解以及表述方式存在差异,社会价值也会随着历史进步而不断变化,但共同的社会生活和需要为人类社会共同的基本价值的产生奠定了基础。在社会工作实践以及诸多教科书中,以下基本价值占据优先地位:

(一)人的价值与尊严

“人的价值与尊严”的价值概念反映了特定的人类观,它与人道主义和基督教对人类的基本观念一脉相承。社会工作者相信人都有与生俱来价值和尊严,每个人的价值和尊严都是不可剥夺的,因此在工作实务中对案主个人或群体的价值和尊严给予尊重、支持。简单而言,人的“价值”指人的生命权,人的“尊严”指生存权和发展权。保护人的生命是社会工作者最基本、最重要的原则,假如案主流露出想伤人、杀人或自伤、自杀时,社会工作者首先应当立即采取的行动是保护生命,预防和阻止对生命的伤害。人的尊严意味着人的平等权利和基本需要应得到尊重和满足。社会工作者坚信,人们不应当因为民族、性别、年龄、阶级以及相貌或能力而受到歧视;所有的人都有某些基本需要——衣食、住所、健康、教育,人们应当有平等的机会满足这些需要。在人的价值和尊严这样一个价值基础上,社会工作者形成一些具体的专业价值观:如关怀需要受助者、尊重他们的个性等。社会工作者应以“人”、“处于困难的人”、“需要救助的人”来看待和接纳案主,而不是将一些固定的标签附着于某些案主,如懒惰、低能、无责任心,或罪犯、酗酒者、妓女等。许多案主经历过不同形式的被剥夺,在重要的人生发展时期没有得到持续的关心和帮助,使其自我价值受到伤害,因此社会工作者需要自觉地意识到人的价值和尊严,协助案主重新得到自尊和他尊。

(二)社会正义

正义包含有公正、公平、平等的涵义,指社会成员享有基本相同的权利、机会、义务和社会福利的理想状态。正义可分为报应性正义(Retributive justice)和分配性正义(Distributive justice)两类。前者指违反法律和公理的行为与其后果是否相应,如违背法规者必须受到相应的惩罚,便是伸张正义;后者指社会制度或组织是否有合理的秩序达致平等利益或负担的分配,包括按人均、才能或功绩、具体需要等不同准则的分配(甘炳光、梁祖彬等,1994)。D. 塞立比(D. Saleebey)认为社会工作的社会正义价值内涵是:(1)社会资源根据需要原则进行分配,因为这些社会资源是个人资源发展的基础,获得这些资源是一种公民权利;(2)个人和社会发展的机会是完全开放的,那些并非个人过错而遇到不公平障碍的人应得到适当的补偿;(3)建立以人类发展和丰富人类经验为目标的社会机构和政策,并使其居于比其他机构和政策更优先的位置;(4)社会和政治权力的专制运作遭到革除;(5)作为建立特权、发展和分配社会与自然资源,以及解决社会问题的手段的压制政策被放弃(Karla Krogsrud Miley, Michael O'Melia & Brenda L. DuBois,1998)。社会正义意味着保证人们的平等机会和权利,保证人的价值和尊严。而社会工作者的责任就是通过扩展机会和资源来实现社会正义的理想,尤其是通过推动建立公正的社会和经济政策来提供充分的教育、扩大政治参与、实现经济自给、扩大福利保障。

(三) 助人自助

"助人的价值是社会工作者的第一面旗帜。"(王思斌,1995)助人即提供利他服务,这种利他服务的特征是非营利性服务。社会工作者帮助或协助受压迫和危机中的人,增进这些人改变自己和社会的能力,也是为了社会正义和人类价值、尊严。助人通常被看作是社会工作的一个职业特征,而不是被自觉地认识为社会工作最重要的基本价值之一。社会工作的价值观实质上是社会工作者所持有的助人观念,它包括对助人活动的看法、对受助者及自己的看法。按照中国社会发展的时代要求,社会工作者应当全心全意为人民服务,为满足社会成员自我发展、自我实现的合理要求而努力工作,并不因其出身、种族、性别、年龄、信仰、社会经济地位或社会贡献不同而有所区别。美国社会工作者协会《伦理守则》将"服务"作为社会工作者的重要价值,指出:"社会工作者将服务他人看作高于自身利益;社会工作者运用自己的知识、价值和技能帮助有需要的人,解决社会问题;社会工作者被鼓励在不谋求大的经济回报条件下,志愿奉献他们的部分专业技能。"社会工作者除了对案主(个人、家庭和团体)提供面对面的直接服务外,也协同其他人士、机构或团体,通过社会行动和立法方式,促进社会变迁,增进弱势群体的权利和福利。

按照理想达到的目的和实现的手段,价值观可分为终极性和工具性价值观两类。社会工作的核心价值观除了评价社会工作目标或意义的观念外(终极性价值观),也包括对社会工作者自身行为准则的评判(工具性价值观)。例如,将"廉正"和"能力"视为社会工作者的核心价值便是重要的价值补充。"廉正"指社会工作者始终意识到专业的使命、价值、伦理原则和伦理标准,按照其规定性诚实和负责任地进行实践,并促进其所属组织的实践符合社会工作的价值伦理。

"能力"则强调社会工作者始终致力于增进自己的专业知识和技能,并争取对专业知识的发展有所贡献。

社会工作是最具价值取向的专业和职业之一。然而在社会工作实践中,无论对基本价值的理解还是具体的操作性价值取向,都会发生相互的矛盾和冲突。社会工作者需要熟悉有关价值伦理的两难对立,以对具体工作过程中优先考虑哪种价值伦理有成熟的判断。

二、社区工作的专业价值特征

在社会工作领域,不同的学者提出的社会工作基本价值或核心价值存在着差异,但是却有相当的一致性,如人的价值和尊严、社会正义、助人或服务等。不少学者也指出,社会工作的价值分为不同的层次或类别,如将社会工作的价值体系分为以核心价值为内容的宏观层次、以阶层和组织价值为内容的中介层次、以工具性或操作性价值为内容的微观层次;或区分为社会价值、目标价值、手段价值和职业道德,以及社会价值、组织和制度价值、专业价值、人类服务价值等类别(周永新,1994;王思斌,1998;弗雷德里克·G. 雷默,2000)。在社会工作基本价值的基础上形成的诸多具体价值,本书统称为"实务价值"(一些学者则称其为"专业价值的实践原则")。通常被引用的这类社会工作价值观包括对人的尊重、接纳他人、重视个人改变的潜能、案主自我决定权、提供个人发挥潜能的机会、寻求满足共同的需要、寻求提供个人足够的资源与服务以满足其基本需要、赋予案主权利、平等的机会、没有歧视、尊重多元性、对社会改革与社会正义的承诺、保密与隐私权、愿意将专业知识与技巧提供给他人等(弗雷德克·G. 雷默,2000;周永新,1994)。

从现代社会工作的出现直到20世纪60年代,社会工作的主要方法是个案工作,社会工作几乎等于个案工作或临床诊疗,有关对社会工作价值观的解释也多以个案工作为例。第二次世界大战后,工业化国家的重建以及社会福利政策,大大推动了社区社会工作的发展。联合国也积极倡导发展中国家的社区建设,为社区社会工作提供了广阔空间。社区社会工作在60年代被人们承认为社会工作的三大方法之一。然而,社会工作的价值观是如何渗透到社区社会工作实践中的呢?社区社会工作的专业价值具有哪些特点呢?

第一,以集体取向的人的价值和尊严。人的价值和尊严以及个人自我选择和自我实现的权利是社会工作包括社区工作的核心价值。然而,社区工作以"社区"为介入单位和对象,它所关注的始终是社区共同体和人的环境,通过社区组织来实现人的价值和尊严。不同于个案工作所达到的"个人增权"的目标,社区工作的价值目标是实现"集体增权"。当个体感到满足和成功时,只是实现了个人价值和尊严;当居民群体认识到他们相互负有责任,并由此创造了未来发展的“社会资本”时,他们取得了“集体增权”——提升了每一个人的价值和尊严。

第二,以制度取向的社会正义。社区工作重视社会制度对社会成员提供的平等机会和福利责任。所谓制度取向,就是指把健全的公共政策视为在现代社会中帮助个体自我实现的合理的社会功能,将机会平等和社会福利看作公民的基本权利,如消除社会歧视、实行初中级义务教育和低收费的公共医疗服务等。制度取向基本上视个人的生活处境而并非个人本身所能控制,个人、家庭、社区所面临的问题是社会不平等制度的产物,或是社会变迁中的某些负面因素的后果;同时认为获得一些基本的生活品(食物、住房、教育、医疗和社会参与等)是每个有需要公民的基本权利,需要国家或社会通过再分配途径加以保证。社区工作者不赞同“依靠自由市场力量来创造‘谋求私利’和‘谋求集体福利’间的和谐”;“社区工作和社会工作两者都有制度化的福利取向,而前者比后者更为强烈”(甘炳光、梁祖彬等,1994)。

第三,以民主取向的社会参与。民主和参与是社区工作价值体系中一对密切联系的概念。民主是一种社会关系,既存在于政府与人民之间,也存在于社会群体和组织内外部成员之间,反映了一种平等、有序的权力和责任关系。在今天中国社会重建基层社区民主制度已经取得初步成果的时期,强化民主参与的观念具有重大政治价值和社会价值。民主参与体现了人的尊严和社会正义,也是实现人的尊严和社会正义的途径。社区工作者坚信,人民的民主权利需要通过社会参与来实现,参与制订涉及其切身利益的政策措施是不同社区成员的基本权利。民主参与本身具有丰富的社会功能,能提升个人、团体乃至整个社区的政治意识、合作意识和解决问题的能力。

第四,以互助取向的助人服务。社区工作作为社会工作的一种特定服务,也是一种间接服务。它注重社区成员、团体和组织之间的互动交往,强调居民建立邻里关系、强化互相照顾、建立和谐的社区的重要性。社会工作者认为,当人的社会角色(如选民、邻居、组织成员、公共活动参与者等)萎缩时,便对他人和社区公共事务态度冷淡,出现了社会解体、越轨和个体异化现象。而建立社区内的互助网络是社区发展的重要环节,通过文化教育和社会活动,促进居民对他人的正面态度,提高对他人和社区环境的关心,从而使居民获得更大的归属感和安全感。

第五,以社会行动取向的工作策略。对制度化的歧视、剥夺行为采取某种社会行动是社区工作的重要操作性价值或工具性价值之一。社会工作者应当挑战社会的不公正,适当运用组织和行政的动员过程维护社区居民的正当利益。这种价值观认为社会工作者应成为弱势群体的代言人,只有通过积极的行动策略,才能有效地达到目的。在法制化国家,申诉、呼吁等行动方式都有正常的程序。

西方社区实务工作者发现,“当所要解决的问题十分严重和迫切时,一些美国式的抗争形式(纠察、联合抵制、静坐)被认为是适当的”;“问题越严重,公共越能接受挑战性战术”(Herbert J. Rubin & Irene S. Rubin,2001)。对于是否采取合法的行动策略,社区工作者仍然需要得到一种价值观的支持或精神上的合法化。在解决利益冲突时,有些社会工作者则相信彼此合作的价值,主张通过对话沟通解决矛盾。然而,在工具性价值上的分歧或两难选择,不意味着社会工作者对社会工作使命本质的认识存在对立和分歧。

社区工作者在介入工作时,必须有一套专业价值理念。社会工作的价值观和实践原则是社会的产物,将随着时代条件和社会情景的改变而变化。社会工作者应当对自己的专业价值观念不断进行反思和批判,以对判断是非和采取行动提供可靠的价值准则。

第二节 社区工作的基本原则

一、基本原则概述

社区工作的原则指在开展工作时所要遵循的准则,它是由社区工作的客观要求和基本目标所决定的。社区工作的原则可分为基本原则与具体原则两个层次。所谓“基本原则”指社区工作中带有总体性、普遍性的指导原则;具体原则指社区工作的某个特定领域或策略、方法所遵循的原则,如社区参与的广泛性与包容性、社区行动过程的非暴力原则、社区公共服务的非营利原则以及社区管理体制上的“条块结合、以块为主原则”等。也有学者将社区工作的各项原则称为“实践原则”(甘炳光、梁祖彬等,1994)。

早在20世纪50年代,联合国在题为《通过社区发展促进社会进步》的报告中就提出了社区发展的基本原则。基本内容是:(1)社区各种活动必须符合社区基本需要,并以居民的愿望为根据制订首要的工作方案;(2)通过社区各个方面的活动改善社区,建立多目标的行动计划和各方面的协调行动;(3)推行社区发展之初,改变居民的态度、改善人际关系与改善物质环境同等重要;(4)社区发展要促使居民积极参与社区事务,提高地方行政的效能;(5)选拔、鼓励和训练地方领导人才,是社区发展中的主要工作;(6)社区发展工作特别要重视妇女和青年的参与,扩大参与基础,求得社区的长期发展;(7)依靠政府积极的、广泛的协助,促进社区自助计划的有效发展;(8)实施全国性的社区发展计划,须有完整的政策,建立专门行政机构,选拔与训练工作人员,运用地方和国家资源,并进行研究、实验和评估;(9)在社区发展计划中应注意充分运用地方、全国和国际民间组织的资源;(10)地方的社会经济进步,须与国家全面的进步相互配合

(白秀雄,1982;桑德斯,1982)。

阿瑟·邓纳姆(Arthur Dunham)提出社区工作的五大原则是:(1)社区发展应以社区共同需要为主;(2)以"自助"为主要精神;(3)政府及社团应提供物质或技术的协助,包括人员、设备、金钱等;(4)完整的多方面的各种专门性计划(如农业、教育、卫生、家政、儿童、青少年工作等),以使社区受益;(5)一切工作项目,皆基于"切身需要"(白秀雄,1982)。

梅尔文·德尔加多(Melvin Delgado)则从社区能力建设的视角出发,认为美国社区工作的指导原则应当是:(1)促进社区参与,注重跨种族—民族关系;(2)将采纳和建设社区精神作为一个中心目标;(3)有系统地建设跨代际的活动;(4)实现跨组织(正式与非正式)的合作目标;(5)将增进社区能力作为一个中心目标;(6)注重基层居民(grassroots),以尽可能大的资助(Melvin Delgado,2000)。

不难发现以上原则反映了社区发展和社区工作的基本理念,具有普遍意义。其要点体现为强调社区发展的地方性宗旨,普遍改善社区居民的社会地位和物质福利,注重社区工作的主要受益者是社区居民;强调动员和依靠社区(非政府)力量,社区居民的参与包括领导者的成长、妇女和青年骨干的培养;注重政府或外界的支持与协助,运用一切可以利用的资源;强调科学的运作程序,具体表现在注重制订有可行性的计划方案、建立制度化的组织结构、发挥专业人员的作用,合理地筹集和运用经费等。

中国政府有关部门和中国学者结合国情,也提出了社区建设的指导原则。如《民政部关于在全国推进城市社区建设的意见》(2000 年 11 月)规定的城市社区建设基本原则是:(1)以人为本、服务居民。坚持以不断满足社区居民的社会需求,提高居民生活质量和文明程度为宗旨,把服务社区居民作为社区建设的根本出发点和归宿。(2)资源共享、共驻共建。充分调动社区内机关、团体、部队、企业事业组织等一切力量广泛参与社区建设,最大限度地实现社区资源的共有、共享,营造共驻社区、共建社区的良好氛围。(3)责权统一、管理有序。改革城市基层社会管理体制,建立健全社区组织,明确社区组织的职责和权利,改进社区的管理与服务,寓管理于服务之中,增强社区的凝聚力。(4)扩大民主、居民自治。坚持按地域性、认同感等社区构成要素科学合理地划分社区;在社区内实行民主选举、民主决策、民主管理、民主监督,逐步实现社区居民自我管理、自我教育、自我服务、自我监督。(5)因地制宜、循序渐进。坚持实事求是,一切从实际出发,突出地方特色,从居民群众迫切要求解决和热切关注的问题入手,有计划、有步骤地实现社区建设的发展目标。

唐忠新指出,在系统开展社区建设过程中应该遵循的基本原则有:(1)社区需要本位原则;(2)大众参与原则;(3)党和政府主导原则;(4)协调有序发展的原则;(5)广泛合作原则(唐忠新,1999)。

二、基本工作原则

社区工作是由社会工作者及其他社会机构参与或组织的,以整个社区及居民群体为服务对象,以社区居民广泛参与为途径,以改善社区社会和经济条件、争取居民集体权益为工作目标,以提高居民整体素质和能力、创造适合居民生活成长的社区环境为宗旨,推动社区事业平衡发展的一种社会工作专业方法。在着手社区工作之前,必须认识和理解社区工作的基本指导原则。社区环境各有不同,社区事务千变万化,社区工作者需要根据基本的原则来选择或制订具体的工作方法。基于各国学者对社区工作基本原则的总结和各国社区发展的经验,可以对社区工作的基本原则作出以下概括:

1. 以社区发展为主要目标。社区工作以整个社区及社区中的居民为服务对象,必须充分考虑社区的利益主体——社区居民自身的权利和需要,积极促进社区发展,提高社区福利水平。其本质要求是以社区自身需要而不是其他群体或组织的需要来制订首要的工作方案,以是否能推动社区的进步为评价工作绩效的标准。在社区工作实践中,以社区发展为主要目标的原则体现为不同的策略:(1)以解决社区亟待解决的社会问题为目标。认识社区中存在的社会问题(如失业、贫困、犯罪等)及原因(如组织不利、资源缺乏、经济不平等、公民意识弱等),通过社区工作或社区组织手段缓解或解决这些社会问题,从而达致社区发展。(2)以人的发展为目标。在社区工作中,人的发展比社区的物质建设更加重要,因为只有居民对社区事务有参与感和责任感,建立起持久的集体力量,才能影响政策制订和社会资源的分配,社区的改变和发展才能得以实现(甘炳光、梁祖彬等,1994)。因此社区工作者应当特别重视居民知识素质和合作意识的培养。(3)以社区能力建设为目标。社区能力建设指促进各种社区“资源—资产”的增长,体现了社区工作的新视角、新策略。通过教育、整合等手段,丰富组织资源,积累无形和有形资产,增强社区自我发展的内驱力和能力。(4)以集体增权(collective empowerment)为目标。不同于“个人增权”,集体增权主要产生于居民所获得的相互责任感(Herbert J. Rubin & Irene S. Rubin,2001);通过社区集体行动,居民增强了社区联系、归属感和义务感;这些连接要素最终形成“社会资本”,使居民的工作更有效率,从而也提高社区的能力。

2. 根据实际条件制订工作计划。社区工作是有计划的社会变迁或社会行动,必须根据特定的社区背景和条件制订工作策略。不同的社区有不同的需要和发展目标,比如中产阶级居住社区与低收入者居住社区、城市社区与农村社区的居民各自要解决的社会问题以及资源配置结构不一样。不同社区居民的职业背景、活动能力及生活方式有很大差异,在有热心公共事务的领袖人物和没有热心公共事务领袖人物的社区开展工作的难易程度也不同。因此社区工作者应当充分了解社区的状况，因地制宜选择工作方式。一般来说，社区工作的基本过程包括研究、规划、介入、干预、总结等阶段，各个阶段的工作手法都不能脱离具体的主客观条件。推动任何社区发展项目必须考虑到几乎全部社区要素，这就要求社区发展的任何计划都应是综合的，涉及到诸多因素的计划。具体工作程序要分清轻重缓急，制订目标优先次序，根据实际能力和条件来制订目标、选择方式、评价成果。

3. 强调居民参与。社区工作作为一种有计划的集体行动的方法，必须重视居民参与。居民参与是社区工作的灵魂，没有居民的广泛参与，也就无所谓社区工作，社区工作就会失去方向和动力。居民参与既是社区工作的重要目标，也是社区工作的基本手段。居民参与是个人社会权利的体现，可以促使个人态度与行为的改变，以及社会及政治环境的改变。有了居民的广泛参与，社区工作者才能真正了解社区的现实需求，从而使开展的各个具体项目不仅具有较强的针对性，而且产生较好的社会效益；只有社区居民广泛、直接地参与和治理，才能逐步培育社区归属感、认同感和现代社区意识，使社区自身的各类资源得到最有效的整合和最充分的利用。社区工作强调内在发展，即不论问题的提出，还是解决问题的途径和手段，都强调社区成员的主导作用，强调社区成员有权利、有能力认识和解决自己面临的问题。居民参与可分为动员式参与和自主式参与两种类型，社区工作者应当特别注意动员式居民参与和自主式居民参与之间的联系和区别，通过培育、引导、组织、服务等多种手段，发展自主式参与。实现居民参与的具体过程包括根据由居民意见自下而上制订工作计划；由居民从事或组织社区发展项目和相关活动；将社区居民的参与率、认同感和满意度作为评估社区工作效果的基本指标。这就要求社区工作者将外源式社区工作介入手段和内发式的社区工作组织方法有机结合起来。

4. 尊重社区自决。在社区工作过程中，尊重社区自决有两个基本涵义：(1)由社区组织和居民自主选择或确定社区发展方式和行动策略；(2)由社区自主管理属于自治范围内的事务。社区自决原则的依据是：第一，社区具有特定的主体地位和权利，任何外部组织不能以自己的价值观控制社区居民的行动；第二，只有听取社区组织和居民的意见，才能够了解社区成员的切身需求和具体利益，依靠民主动员开发社区内资源；第三，增强社区自主能力是社区工作的基本目标之一，因此要在工作过程中始终尊重社区组织和居民的意愿。社区工作者或社区工作机构解决实际问题的能力依赖于在多大程度上取得了社区居民的信任、是否与社区建立了合作关系。任何社区工作计划都应当得到社区居民的认可和赞同。社区工作者即使在条件十分贫困落后的社区中进行工作，也同样应当尊重社区成员的人格和权利，不能采取一种高高在上的态度，而是以真诚、友善的态度,协助社区成员调整或改善生活方式。社区自决的关键在于是不是真正把权力还给社区居民,当社区居民面对社区事务不仅有执行和监督义务,而是真正拥有表决权、决策权时,社区才算实行了自决,社区居民的参与问题才能从根本上得到解决。《中华人民共和国城市居民委员会组织法》(1989 年)和《中华人民共和国村民委员会组织法》(1998 年)分别规定城市居民委员会和农村村民委员会是城乡社区的"自我管理、自我教育、自我服务的基层群众性自治组织",具有实行民主选举、民主决策、民主管理、民主监督的职能。这为尊重社区自决原则提供了法律依据。

5. 开展广泛合作。社区发展需要广泛的团结合作,协力解决非少数人所能解决的问题。这不但包括与社区组织和居民之间的合作与协调,与社区内政府部门的合作,也包括社区同外在环境的协调,特别是同资源占有者的合作。社区工作者需要从共同利益和共同需要出发,有计划地引导社区内的居民与组织共同参与,合理地利用社区的资源和外来的援助,改善社区的经济、社会与文化的状况。从系统论的角度看,社区合作也是指社区内外组织和资源的整合。社区是社会的一部分,是由构成它的各种社会要素按照一定的秩序形成的具有相对独立意义的社会生活单位。随着市场经济体制的建立,传统的单位体制正在发生深刻的结构性的分化,原有社会整合模式受到强烈的冲击。社会转型要求社区成为社会整合的新载体。广泛合作的实质在于异中求同,使不同的构成要素在某种一致的基础上结合成一个整体。广泛合作的前提是社区构成要素的共同性和相互依赖性;其存在的基础是价值体系或工作目标上的基本一致性;其条件是对社区生活的共同参与。广泛合作既是对社区组织关系的一种重建,也意味着对社会资源的分享。社区工作者应当积极通过组织工作和社会服务,推动团结合作、抑制破坏合作的制度与规范,将相对分散存在的组织力量和资源汇成合力,加速社区整合和发展的进程。

以上原则规定了社区工作的主要目标、策略、方法和过程。这些原则所以能成为社区工作中所普遍接受的准则,是因为它们建立在一些基本的假定之上。默里·罗斯(Murray G. Ross)总结了这些相关的假定:(1)社区居民能够发展解决自己问题的能力;(2)居民能够变化也希望变化;(3)居民应当参与推动、调节、控制自己社区中所发生的主要变化;(4)自愿接受和自我发展的社区生活变化具有强加的变化所不具备的意义和持久性。正如黑格尔所说:"人类在按照本性改变环境时,也就改变了自己的本性";(5)一种"综合方式"能够成功地解决一种"单一方式"所不能解决的问题;(6)民主要求对社区事务的合作参与,居民必须学习相关的技能;(7)正像许多人需要帮助解决他们的个人需要一样,社区也需要组织起来解决自己的需要(Rex A. Skidmore, Milton G. Thackeray & O. William Farley,1988)。

第三节　社区工作的若干理论学说

一、基础理论与实务理论

理论是由揭示事物的各种联系或因果关系的概念、判断、原理组成的知识体系。“理论”有狭义和广义之分，也常常被区分为宏观理论、中观理论和微观理论等层次。社会科学理论主要指在社会某一活动领域（如经济、政治、社会领域）中联系实际推演出来的概念或原理。由实践或实验所证实的理论，被称为科学、真理；假说或假设则指在研究最初提出的还没有被证实的理论观点。

一般而言，有关社区工作的理论可分为“基础理论”与“实务理论”两大类。前者指揭示“社区”、“社区与社会”以及“整个社会”三个不同层次关系的理论架构；后者指社区工作实务中的具体策略、方针、政策、原则和模式方法等。王思斌强调社会工作要有理论，并将其区分为“一般理论”和“实践理论”（曾家达、王思斌、殷妙仲，2001）。有的学者将社区工作的理论基础分为“影响社区工作实践的理论”和“社区工作本身的理论”（莫邦豪，1994）；或“为社会工作的理论”和“社会工作的理论”（中国社会工作教育协会编，1999）。

一些西方学者将以上“基础理论”和“实务理论”区别为“实践理论”（Theory of practice）和“实务理论”（Practice theory）。埃文斯（R. Evans）认为，“实践理论”可理解为对社会工作宏观环境的分析，是引导社会工作者介入工作的最高层次的认识工具；“实务理论”为社会工作一些具体的介入模式，是较狭义的工作手法、技巧以及有关的原则、规范等。布里厄斯（P. Bryers）引用以上二分法来阐释社区工作的理论，认为“实践理论”包括了应用社会科学知识基础的理论；而“实务理论”是“指引社区工作者达致某些具体成效的既细致清晰，且又经过试验的理念。这些理念是由实务中衍生出来的”；托马斯（D. N. Thomas）则更简明地用“知其然”（know－how）和“知其所以然”（know－why）来区分“实务理论”和“实践理论”（甘炳光、梁祖彬等，1994）。

社区工作的基础理论，即“影响社区工作实践的理论”主要指来自社会学、经济学、政治学、管理学、心理学、人类学和教育学等学科有关社会科学理论。通过这些理论可以帮助社区工作者认识和理解其工作环境（如社会结构、政治经济制度、文化传统）、工作对象（如居民的行为方式、社区组织的功能特征），选择适当的工作策略（如采取冲突方法、协调方法或合作方法）。对社区工作的实务理论，即“社区工作本身的理论”——社区工作本身的实践模式、工作原则、基本方法等，在本书其他各章中已经作了具体介绍，在本章中不再做专门说明。而社会科学领域中可以影响社区工作的理论学说多种多样，很难一一论述，本章仅选择若干较为重要的理论,以作为社区工作实务的理论依据。

在有关社会工作的理论中,还包括一些与政治运动和社会政策相关系的理论,如西方马克思主义、新保守主义、女性主义等。这些理论学说的重要特点是在揭示事物主客体因果关系的同时,又带有明显的价值取向,构成广泛的政治参与和社会实践的思想工具,而不是等同于那些自称"价值中立"意义上的科学假说。因此这些理论也被称为社会思潮或"意识形态"。本章将在第四节中介绍对社会工作产生重大影响,甚至在社会工作领域形成特定流派的一些社会思潮。

二、社会系统分析

"社会系统"是最重要的社会科学概念之一。20 世纪初美国芝加哥学派社会学家 R. 帕克、伯吉斯(J. S. Burgess)等将"人类生态"观点引入城市社区研究,提出了认识城市社区的系统方法和理论,至今仍有一定的影响和指导意义。人类或社会生态方法涉及居民与其环境的互动研究,主要是解释不同社会因素与空间形式之间的关系,解释环境对人类生活和社会组织的影响。20 世纪五六十年代,"系统理论"(Systems Theory 或 General Systems Theory)在社会学和政治学领域十分流行。尤其是美国社会学家帕森斯(Talcott Parsons)的结构功能主义发展成为"社会系统理论"主要流派之一。结构功能主义认为社会是具有一定结构或组织化手段的系统,社会的各组成部分以有序的方式相互关联,并对社会整体发挥着必要的功能。整体是以平衡的状态存在着,任何部分的变化都会趋于新的平衡。

社区作为一种社会系统的观点产生于宏观社会系统理论。这种观点认为,社区是许多具有重要功能的子系统组成的整体。社区作为一个社会系统不同于一种组织,社区的所有子系统并不是由一个中心权力机构统一组织,相互协调以取得共同的目标。如美国城市社区,作为一种行政区划或政治自治体,即使由市长和市议会负责管理,但仍有一些重要的子系统并不受统一控制,如大量非政府部门或经济部门的公司机构提供各类物品和服务。

沃伦(R. Warren)的《美国的社区》(1972,1978)是一部对美国社区进行系统分析的著作。沃伦指出,社区本质上是在地方层面为人们提供机会,参与生存和成长活动的社会关系组织。从这些活动所包含的内容和目标来看,社区是"发挥具有地方相关性的主要社会功能的社会机构和系统的联合体"。I. T. 桑德斯(I. T. Sanders)在《社区:一种社会体系的介绍》(1966)一书中的社会系统概念包含更具体的内容。社会系统主要包括组织成分和运作方式。组织成分是一个系统的各个单元及其互动模式——居民、社会群体和主要的系统(如家庭、经济、宗教、政府等)。组织成分投入运作,使社区系统保持活力,如接收新成员、社会化、物品和服务配置、社会控制和社会整合。

沃伦提出认识社区系统网络的两个参照体系：横向系统和垂直系统。横向系统是在地方层次平行联系社区机构的系统；垂直系统是在国家和地区层次跨社区机构的联系系统。地方单位通常与其他地方单位保持水平联系，也与跨社区机构保持纵向关系。如一个地方小学通常与地方的家长教师协会（PTA）、其他中小学、医疗诊所、儿童保护部以及志愿者组织具有联系，同时又与市（县）学校委员会、教育厅、全市学校社会工作部、州教育委员会甚至联邦农业部（负责提供学校早餐计划）打交道。地方家庭也会有横向和垂直联系，如参与地方教会而同时在文化上从属于一个民族群体。

沃伦认为，社区的垂直关系"是其各种社会单位和子系统与跨（超）社区系统的结构性和功能性关系"，而社区的横向（水平）关系是"其各种社会单位和子系统相互之间的结构性和功能性关系"（David A. Hardcastle, Stanley Wenocur & Patricia R. Powers, 1997）。这些关系的性质有所不同，横向关系发生在具有大致相同等级层次的社区单位之间，即这些社区单位处于地方社区地域内、具有相似的权力层次、决策主要集中于社区范围的事务。这些关系是非正式的、个人间的、面对面的。而垂直关系涉及地方社区单位与更高权力等级的跨社区结构（如地区、州、国家甚至国际机构）之间的交往。这些关系往往是以任务定向的、工具性的、非个人化的和正式的。

沃伦的主要观点是，随着社会现代化，社区系统的横向关系和垂直关系在过去数十年中已经发生了变化。社区已经从注重初级和整体关系及责任的横向社区转向基于更明确的社会契约、劳动分工和次属关系的垂直社区。地方社区是人们居住和满足基本生活需要的地方。然而，社区成员对自己生活的决策权却越来越小，相关决策常常由利益不同的外部机构所制定。如地方银行日趋不可能由地方居民所拥有，它往往是更大的地区性或全国性银行的分支，其决策最终取决于全国性或国际性经济形势。这种社区关系变化的结果是市民责任的弱化、对政府的日益依赖和不信任、社区决策更加支离以及社区归属感的丧失。而补救措施主要是注重社区组织和发展，以提高社区认同和自立意识，促进地方社会和经济发展，加大社区对主要社区机构的控制。

三、社会冲突理论

在一般情况下，社会成员追求社会秩序的稳定与和谐，而不愿意看到社会冲突或对立。然而，失调和冲突也是人类社会生活所不可避免的方面。冲突理论是社会工作者的重要理论工具之一，社会工作者可以从中发现社会改革和社会变迁的依据。

冲突理论形成于20世纪50年代中后期的美国社会学界，是继结构功能主义学派之后有重大影响的社会学流派之一。主要代表人物有：美国的L. A. 科瑟尔、L. 柯林斯，德国的 R. 达伦多夫，英国的 J. 赖克斯等。L. A. 科瑟尔在《社会冲突的功能》(1956)中最早使用了“冲突理论”这一术语。他反对帕森斯(Parsons)认为冲突只具有破坏作用的片面观点，力图把结构功能分析方法和社会冲突分析模式结合起来，修正和补充帕森斯理论。科瑟尔从齐美尔(Georg Simmel)“冲突是一种社会结合形式”的命题出发，广泛探讨社会冲突的功能。他认为，冲突具有正功能和负功能。在一定条件下，冲突具有保证社会连续性、减少对立两极产生的可能性、防止社会系统的僵化、增强社会组织的适应性和促进社会的整合等正功能。

人们普遍将现代冲突理论作为古典社会学家，特别是卡尔·马克思、马克斯·韦伯以及齐美尔等人有关冲突思想的一种延续和发展。冲突理论的基本观点认为：(1)社会系统本身经常产生冲突，冲突是社会的普遍特征；(2)冲突产生于对立的利益，而对立的利益集团或群体是社会结构的必然组成部分；(3)对立的利益产生于统治集团和被统治集团之间就稀缺资源和权力的不平等分配，因此迄今所有社会依赖(建构)于一部分社会成员对另一些社会成员的限制；(4)不同的利益趋向于形成两个冲突的集团；(5)冲突是辩证的，旧的冲突解决了，还会在特定条件下产生新的冲突；(6)由于冲突的持续存在，社会变迁是普遍的和经常的，换言之，社会冲突是社会变迁的强大推动力。

马克思主义冲突理论认为，冲突产生于社会经济制度，特别是财产所有制以及相关的阶级结构。经济资源和社会权力是社会群体发生冲突的主要对象；社会群体斗争的典型后果是社会分化成统治集团和被统治集团；一个社会的基本体制主要取决于经济上占统治地位集团的影响；而社会内部的冲突和斗争是社会变迁的重要力量(Stephen K. Sanderson & Macrosociology, 1988)。

社会行动作为社区工作的主要介入手法之一，运用冲突的策略或方法来促进变化，便体现了冲突理论的基本观点和规范。社会行动假定社会问题的根源是由于不同社会群体的利益冲突，而社会变化是通过利益群体争取权力及资源的重新分配的集体行动来实现的。社会冲突理论和社区冲突分析对社会工作者和社会服务机构人员具有重要的指导意义，他们可以认识到案主的问题不只是个人的困难和问题，而更是制度缺陷或社会结构失调的结果。社会工作者可以自觉地体会到社区群体所面临的境遇，根据社区工作的目标和性质，有意识地选择三种不同的冲突策略：(1)运用冲突；(2)预防冲突；(3)控制冲突(第三方角色)(James A. Christenson, Jerry W. Robinson & Jr., 1989)。

四、社会交换理论

社会交换理论作为现代西方社会学、社会心理学理论流派之一，产生于20世纪50年代末期的美国。主要代表人物有美国社会学家 G. C. 霍曼斯(George

C. Homans)、P. M. 布劳(Peter M. Blau)和 R. 埃默森(Richard Emerson)。交换理论最初是针对结构功能主义提出的,是对美国心理学家 B. F. 斯金纳(B. F. Skinner)的行为主义心理学、功能主义的文化人类学和功利主义的经济学的全面综合。

社会交换论的基本研究范畴和概念包括有价值资源(行动者所需要的资源)、交换(有价值资源的给予和获得)、成本(一个行动者给予另一个行动者的有价值资源,或作为某个行动后果而付出的代价)、报酬(一个行动者从另外的行动者所得到的有价值资源,或作为某个行动后果而获得的奖励)、成果(获得的报酬价值减去付出的成本价值)、盈利(获得的报酬价值超过成本价值)、平等(报酬与成本之间收支平衡)、不平等(报酬与成本之间收支不平衡)等。社会学家霍曼斯是交换理论的创始人,他提出了一组普遍性命题(如成功命题、刺激命题、价值命题、剥夺与满足命题、攻击与赞同命题),认为任何人际关系本质上就是交换关系。只有这种人与人之间精神和物质的交换过程达到互惠平衡时,人际关系才能和谐,而且只有在互惠平衡的条件下,人际关系才能维持。霍曼斯指出,趋利避害是人类行为的基本原则,由于每个人都想在交换中获取最大利益,结果使交换行为本身变成一种对等的得与失。对个人来说,投资的大小与利益的多少基本上是公平分布的。布劳的交换理论是从社会结构的原则出发考察人与人之间的社会交换过程,其理论目标之一是想弥补霍曼斯理论只局限于微观层次方面的不足。霍曼斯用对等性原则解释社会交换,布劳区分了经济交换与社会交换、内在奖赏和外在奖赏的差别,用对等性原则解释部分社会交换,用不对等性解释另外一些社会交换(宋林飞,1997)。布劳还引入了权力、权威、规范和不平等的概念,认为不对等交换产生了社会的权力差异与分层现象。布劳的理论方法解释了交换过程中个体微观层次、群体层次以及制度与社会宏观层次的差异,使交换理论能在更大的范围内解释社会现象。

社会交换理论形成社区工作重要的理论知识基础之一。社区本身作为一种社会交换场所,由不同的利益群体组成,并形成不同的组织结构,以交换各自需要的种种有形的和无形的资源或产品——如社区服务、货币、信息、观念、政治影响、良好愿望、顺从行为等。根据社会交换理论,社区内外部关系是一种有价值资源的交换关系;人们不喜欢处于一种不对等的关系中,而稳定的关系基于对等的交换,交换的不对等可能导致关系的终结;由于社会关系通常建立在关注报酬或获得的最大化和成本或惩罚的最小化的原则基础上,社区工作者需要掌握讲价、谈判、鼓动、联系、营销等技巧。交换理论认为,参与交换各方愿意选择那些收益比率大于成本的交易。然而与经济交换相比较,社会交换的成果并不容易精确计算。如某基金会所收到的捐献者捐款是容易计算的,但其反馈产品或替代性产品——社会地位、社区改善、贫困救助却不容易衡量。

社会交换理论中涉及权力和依附性的观点对理解社区工作模式尤为重要。两方所交换的资源或产品的价值可能是对等的,交易过程也可能通过第三方来实现。在这些情况下,交换双方相互保持着独立性。然而,当一方在交换过程中没有从另一方得到同样需要的资源或产品时,他们便产生了“依附性”。如甲方对乙方所控制资源的需要大大超过乙方对甲方资源的需要,或乙方根本不需要甲方提供的产品,这便意味着甲方“依附”乙方。这种不平衡的交换关系决定了交换场所成员之间不同的权力关系和相互影响力。在交换关系中,“权力是控制他方所需要资源的能力的一种功能”(David A. Hardcastle, Stanley Wenocur & Patricia R. Powers. ,1997)。只要乙方控制着甲方所必需的资源,乙方就掌握着控制甲方的权力;乙方的地位是独立的,能够选择交换的条件,行使权力让甲方遵守某些前提条件。如果甲方也控制着乙方所需要的有形或无形资源(金钱、服务、良好意愿等),双方便形成相互依附,尽管相互依附的程度可能有差别。

需要资源的一方(如某社区组织)可以通过各种“权力平衡”策略来争取更有利的交换。这些权力平稳策略包括:“竞争”(通过开辟更多的资源来源,减少某集团的权力垄断)、“重新评估”(随着资源价值或意识形态的变化,双方重新调整相互依附关系)、“互惠”(寻求或取得对方所希望得到的资源,将单向依附关系发展为相互依附关系)、“联合”(联合其他利益共同体,减少依附性,以取得更有利的交换地位)、“强压”(施加合法压力——如示威、集会、罢工、媒介“攻势”)等。当然在一个民主和公正原则指导的社会中,将产生和发展一种积极的交换关系;大多数人按照互惠原则进行交换,并不谋求特殊的利益或优势。因此进行社会改革,建立公正的权力关系和交换原则,是社会工作者和社会各界人士的共同目标。

五、相关理论

(一) 社会学习理论

社会学习理论(Social Learning Theory)的概念与方法不仅应用于社会工作中各种个人和团体治疗,也有利于理解和影响社区工作中的个人和团体行为,提高或促进社区组织领导人、工作人员和社会行动策略的效率。现代社会学习理论的主要代表人物是的 J. B. 罗特(Julian Bernard Rotter)、A. 班杜拉(A. Bandura)等。他们在巴甫洛夫(I. P. Pavlov)、B. F. 斯金纳(B. F. Skinner)的行为主义学习理论基础上,解释了人们在社会情境中获得各种复杂社会行为的方式。

社会学习理论的基本假定是,人类行为是在与他人和社会环境的互动中习得的。形成和调整人类行为的基本因素之一是认知活动,当代社会学习理论的代表人物班杜拉认为,“行为、认知、其他个人因素以及环境影响都作为相互双向影响的互动性决定因素而发挥作用”(David A. Hardcastle, Stanley Wenocur &

Patricia R. Powers.,1997)。举例来说,一个社区工作者从事一项发展活动的方式会受到来自几个方面的影响,包括他对自己组织能力的认识(认知)、其他参与者的经验和信心等。如果他成功地完成了该项活动,不仅解决了特定的社区问题,也会提高参与者的信心,改变对个人能力或自我效能的看法,从而引起行为、认知和环境“互动因果链”的持续变化。

社会学习理论的两个概念“个人自我效能认知”和“集体效能认知”对解释及调整社区工作者的行为方式十分有用。一个社区工作者是否掌握良好的介入技巧,是否对自己的能力具有信心(即“个人自我效能认知”),将影响到他的工作表现。自我效能认知水平低的社区工作者常常会逃避挑战,而自我效能评价高的社区工作者则会有更高的进取性和成功率。当人们因为自我能力或信心不足而放弃进行一项“目标活动”时,可被认为是“低效能预期”;而当人们并不怀疑自我能力、却因为客观困难或阻力而放弃“目标活动”时,则意味着他们的“低成果预期”。具有“高自我效能认知”和“低成果预期”的人容易转向对社会结构和制度的反思,从而成为社区和社会改革的出色领导者。“集体效能认知”指一个团体的成员对本团体完成其目标的能力的评价。一种积极的集体效能认知产生于团体成员的经历以及团体与环境的互动。集体效能认知也会对个人自我效能认识发生影响,一个社会行动团体的成功经历能大大提升个体成员的自我价值和授权感。各种经验积累和知识学习,也会强化人们对个人、群体、社区和社会的政治意识,树立社会改革的目标和信心。

（二）社会建构理论

“社会建构理论”也被称为“社会现实建构”理论或“现实建构理论”。最早由P.伯格(Peter Berger)和T.卢克曼(Thomas Luckmann)在《现实的社会建构》(合著,1967)中提出。“社会建构理论”或“现实建构理论”所要说明的现象是:客观事实无法脱离人们所附加的主观意义所孤立存在;人们所经历的日常现实不简单是面对事实和物体,它也是被社会建构出来的。“社会现实建构”理论包含着以下假设:(1)人们只能通过知觉来认识世界;(2)人们的知觉来源于习得的解释;(3)这种学习是社会性的:通过人际社会互动而学习;(4)传递文化涵义的主要载体有:符号(如语言)、文化神话(有关物体、行动、事件的更大的社会涵义);制度结构和活动、行动规则;(5)以上文化载体共同建构了人们的世界观、自我观和意识形态(组织和文化准则等);(6)人们自身、社会、体制通过互动而持续变化;(7)社会存在的“真实条件”不是主观的,但它们通过社会互动才具有意义,其被感知的意义和价值是社会产物;现实就其对人们的意义来说是一种特定的情境,其内外联系决定了人们对它的解释。例如,每个社会都有评判“富人”种类和程度的方法,但“富人”的涵义——谁是富人?谁是穷人?什么构成了财富和贫困?却是主观经验或社会界定的,通过社会化过程而“内化”或进入人的意识。再比如,各国中小学历史教科书都将哥伦布发现美洲作为"历史真实",在这里"历史真实"的涵义却违背了明显的事实——在哥伦布到达之前,人类已经生活在美洲大陆。

帮助案主认清构成自己生活的组织制度和社会环境、获得更多的资源和权力,是社会工作的重要任务。社会建构理论给予社会工作实务的启示是,许多社会现象如健康、犯罪、贫困并不是简单根据直观事实所定义的,而是包含在"由语言创造和维系的意义网络"中。这种符号网络系统构成了社会工作者和案主的社会条件。有成效的社会工作实践需要具备理解和进入案主的"假定世界"的沟通技巧,使社会工作者能够不受某些诊断经验或模式的局限,更敏感、准确地评估案主系统存在的问题。现实或建构既不是先天预定的,也不是任何情况下一成不变的。社会工作者应当使自己和案主认识到人作为现实的创造者和现实作为一种过程产物之间的辩证关系。因此案主不只是得到个别化的治疗方案,更重要的是得到对问题症结、介入手法和治疗结果的全面解释。另外,借助建构主义方法,社会工作者可从更宏观角度帮助案主"认识占统治地位的权力机构的压抑影响",获得在自己社区所存在或出现的"补偿性知识"(David A. Hardcastle, Stanley Wenocur & Patricia R. Powers.,1997)。

(三) 社会资本理论

社会资本是最近流行的一个学术概念,它在社会学、经济学、政治学和社会工作学等领域被运用,解释人际支持网络对社会和经济发展的重要作用。"社会资本"概念最早出现在莱达·哈尼范(Lyda Judson Hanifan)的文章《农村学校社区中心》(1916)中。哈尼范认为,能使房屋、私人财产、金钱等有形资产在人们日常生活中体现更大价值的东西是"社会资本",即善良愿望、友谊、同情心和社会交往。其他一些作家或学者也运用社会资本作为分析概念,如简·雅各布斯(Jane Jacobs)论及城市生活和邻里关系(1961)、皮埃尔·布迪厄(Pierre Bourdieu)论及社会理论(1983)、詹姆斯·科尔曼(James S. Coleman)论及教育的社会关系(1988)等。近些年来,由于经济学家罗伯特·帕特南(Robert Putnam)《让民主运作》(1993)等著作对社会资本的探讨,使社会资本开始成为学术研究和政策讨论的一个焦点。

法国社会学家皮埃尔·布迪厄(Pierre Bourdieu)认为资本有经济资本、文化资本和社会资本,不同资本是可以转换的。罗伯特·帕特南区分了实物资本、人力资本和社会资本,认为社会资本是指个人间的关系资源——社会网络及其产生的互惠、信任准则。罗伯特·帕特南指出这种社会资本的重要性:(1)社会资本使公民更容易相互合作,解决共同的问题;(2)社会资本有利于增强公民间的"反复互动",减少社会交往和经济交易中的成本;(3)社会资本扩展人们的视野意识,培育和保持有益于他人和社会的性格特点(Robert Putnam, 2000)。世界银行也将社会资本作为一个有用的组织理念，认为社会资本是所有社会保持经济繁荣和可持续发展所不可缺少的因素。

社会资本可能通过多种形式对社区发展和社会保障发挥积极功能。其发挥作用的空间既有正式支持网络，也有非正式支持网络和自然支持网络，其中包括同非营利机构建立的信任和支持关系，家庭、家族、亲戚朋友和社区共同体中包含的支持关系所及领域。社会资本是可以建构的，在实施社会工作过程中可以诱发社会资本。王思斌教授总结了在弱势群体中发展社会资本的方法，提出应将社会工作（社区发展）的思路引入社会保障，即在保障项目（可能也是发展项目）实施过程中，除了关注保障对象的物质利益的满足外，还注意培养他们内部的合作关系、信任关系，促进他们之间社会资本的生成（王思斌，2002）。社会工作中社区发展的理念强调人的全面发展、建立社区成员之间的团结和相互支持。社区工作者应当有意识地培育社区内外的社会资本，促进和提高社区成员社会互动的数量和质量。

（四）组织理论

组织理论通常被看作是应用性理论而非基础理论。组织理论作为对组织内外结构的分析，内容包括组织的正式和非正式结构、任务配置、决策、管理、人员、创新、组织变迁以及跨组织关系等。社会学、心理学、经济学、管理学和行政学都注重组织理论。社会学对组织理论的研究一般被称为"组织社会学"，心理学则称其为"组织理论与行为"。在西方高等学校工商管理专业，"组织理论"是一门基础课程。

当代组织社会学的理论渊源可以追溯韦伯（Max Weber）对科层制的分析。随着近代社会生产力的发展和社会分工细化，社会组织的规模不断扩大，出现了以职能分工和职位分层等正式规则为原则的管理方式和组织体系。美国社会学家 A. W. 古尔德纳（Alvin Ward Gouldner）比较了"惩罚定位"（Punishment - centred）和"代表性"（Representative）科层组织，说明科层制度由于组织成员参与水平的差异而采取不同的形式。伯恩斯（T. Burns）和斯托克（G. Stalker）对组织的"机械"形式和"有机"形式所作的区分，产生了很大学术影响。伯恩斯和斯托克认为，不同的组织结构取决于社会环境中的稳定或不确定程度；机械结构是官僚化、等级性和僵化的，而有机结构是灵活的、分散化的，更适于创新和迅速变化的环境。当代组织理论继承了科学管理和行为科学理论的成果，并且有了新的发展，并受到功能主义、系统科学的很大影响。组织被看成是一个开放的系统，组织目标的达到和组织效率的提高取决于各要素之间的关系，尤其是组织与环境的"输入一输出"交换。

大量的社区工作实务涉及与其他团体、组织的关系，因此相关的"跨组织理论"具有重要的指导意义。根据跨组织理论的基本观点，每一个组织都处于一个更大的团体和组织网络中,相互依存、发展。在这个跨组织网络或交换场所中,每个组织需要开拓自己的特定领域,即运作范围;并在这个领域与其他组织交往,以实现自己的目标。一个社区组织可将自己作为执行特定职责的一个"中心组织",它必须与其他各类"外部组织"或"作业环境"打交道。这些"外部组织"或"作业环境"可被划分为6个种类:(1)财政资源、人力、物力和工作场所的提供者(如政府服务部门、基金会、教会和其他社区机构);(2)合法性和权威的提供者(提供权限和支持的政治管理部门、授权团体或个人等);(3)案主或顾客的提供者(为社区组织介绍或提供被服务对象的其他部门或团体);(4)补充服务的提供者(与某社区组织相配合的、提供延伸性服务或后续性服务的机构);(5)一个组织的产品或服务的顾客和接受者(如需要服务的案主、需要培训或雇用的社会工作人员);(6)竞争者(需要相同资源、提供相似服务的团体或机构)(David A. Hardcastle, Stanley Wenocur & Patricia R. Powers.,1997)。由于资源的供需或交换,组织之间的关系也形成一种权利和义务关系。如果一个组织不能与外部环境建立必要的相互依存联系,便不能面对社会竞争,开拓和经营自己的服务领域。现代组织需要更多的知识和能力,才能适应复杂多变的社会环境。

第四节　影响社区工作的现代社会思潮

一、西方马克思主义

西方马克思主义是对20世纪中期以后西方社会出现的各种马克思主义流派的统称。西方马克思主义对社会工作的理论和实践也有很大影响,不少学者运用马克思主义基本观点,建构社会工作的知识体系和实务方法,形成了社会工作领域中的"马克思主义流派"。人们对马克思主义社会工作理论有多种称呼,如"马克思主义社会工作"、"激进社会工作"、"结构社会工作"、"进步主义社会工作"、"社会主义社会工作"、"社会主义福利工作"等。20世纪30年代世界经济大危机年代,一些社会工作专业人员开始接触和接受马克思主义的批判观点,转向激进的社会改革运动。六七十年代,西方马克思主义迅速发展,在社会工作领域形成新的流派。其中比较有影响的人物包括马丁·赖因(Martin Rein)、雷·贝利(Ray Bailey)、迈克·布雷克(Mike Brake)、保罗·科里根(Paul Corrigan)和波特·伦纳德(Poter Leonard)等。

西方马克思主义不是一个统一体,而是由多元化的分支流派或思想取向组成。但是西方马克思主义也有某些基本一致的观点和立场(宋丽玉、曾华源,2002;林万亿,2002),主要体现为:

第一,从生产方式或社会结构层次分析案主问题以及社会现象。认为个人问题主要是产生于社会政治、经济结构带来的异化、限制和压迫,而不是个人或弱势群体本身的缺陷,如贫困和阶级分化现象就是资本主义条件下资本积累和分配不平等造成的;人的生活行为是其所属的社会阶级状况的反映,要改变人的行为,首先要改变其整个阶级的社会地位。

第二,对传统社会工作进行批判。认为传统社会工作忽视社会工作的政治干预意义,过于强调助人的技术性质,有利于资本主义社会对弱势群体或个人的控制;社会福利制度是资本主义劳动力再生产的方式,旨在维持现存的社会阶级和权力格局,与其他社会机构或制度共同构成复制、控制弱势群体的社会机制。

第三,提出改造社会的新的行动方式。认为社会工作的干预不应只是技术和行政上的考虑,不能仅利用治疗过程和个人调适目标将案主的社会问题个别化,而应针对资本主义社会的重组或转型,从根本上解决个人和社会问题;尤其通过集体性的行动包括运用团体工作和社区组织两大方法,促进政治性参与和结构性改革。

第四,对社会工作功能和角色重新作出解释。社会工作者应当是劳动阶级的一部分,而不应成为政府维持现存资本主义制度的工具,或在国家与劳动阶级之间保持中立立场;社会工作者在寻求社会变迁过程中,需谋取政治主导权,扮演改革者的角色;通过协助案主提升被压迫意识和权利意识,建立广泛的社会联盟,实施积极的社会行动策略。

西方马克思主义社会工作观点也受到外界的一些批评,如被认为忽视个人的需求、无法兼顾不同利益的团体、缺乏具体的行动方案、难以验证其效果等(宋丽玉、曾华源,2002)。然而,西方马克思主义批判性观点有利于提升社会工作专业的自我反省意识,揭示了同时改变个人与社会结构的重要性,并发展了一种协助个人改变与控制其生活情境与结构层面生活的干预方法。直到当今,马克思主义方法仍是社会工作专业重要的理论分析工具之一。

二、新保守主义

新保守主义是当代西方社会最有影响的思潮之一。20 世纪 60 年代末 70 年代初,西方“福利国家”政策陷入困境,出现严重的经济萧条,同时,政府机构膨胀,引发了大量的社会问题。20 世纪 70 年代末以来,新保守主义在西方主要国家取代新自由主义占据主导地位,成为西方国家政策的主要思想理论基础。新保守主义的主要代表人物有经济学家哈耶克(F. A. Hayek)、弗里德曼(M. Friedman)以及布坎南(James M. Buchanan)、诺齐克(Robert Nozick)等。英国前首相撒切尔夫人和美国前总统里根都是新自由主义的奉行者。英国、美国等主要资本主义国家纷纷采取新保守主义的政策,大力推行以私有化、改革社会福利为主的一系列政策。新保守主义最为鲜明的特征是"反国家主义"即反对国家干预社会经济生活。他们认为过度的国家干涉导致经济滞胀和政治极权,主张让市场经济自己运行。他们强烈批评J.M.凯恩斯的福利经济学,认为政府可以提供某些服务,补贴最低收入,但不能以平等为目标而过分行使福利职能。在新保守主义者看来,新自由主义的国家干预政策,力图调节人们收入的差距,注重了公平,但失去了自由和效率;这反过来必然危及机会平等和人们的自由竞争的权利,削弱那些机会好的人的状况,使那些辛苦劳作的人去养活那些靠社会福利而生活的人,这也是极不公道的。

新保守主义认为,人人皆有自我照顾的责任,而行使自我照顾的机构便是家庭,即强调个别家庭担负起照顾责任;如果有人遇到个人问题需要协助,应协助他们发挥自我照顾的能力,而不是长期依赖他人或福利制度。"助人自助"便成了新保守主义的特点之一。遇到社会问题时,要改变的是相关个人而不是社会制度。社区工作中的地区发展模式便带有新保守主义色彩,该模式的假设前提为:社会问题的产生是由于社区成员没有充分运用社区或社会资源,因此社区工作者要协助社区成员掌握自助方法(甘炳光、梁祖彬等,1994)。新保守主义认为社会福利应当采取选择性推行方法,只供给不能自助的人,其他人应当通过市场和家庭来满足需要。显然,这种压缩福利供给的政策也压缩了社会工作的空间。

三、社群主义

从20世纪80年代,一种新的社会思潮——社群主义(Communitarianism,亦被译为公共社团主义、共同体主义、社区主义等),在北美和欧洲兴起。它"是一种强调社区联系、环境和传统的积极价值以及共同利益的理论思潮。"(韩震,1995)代表人物有政治哲学家泰勒(Charles Taylor)、麦金尔泰(Alasdair Macintyre)、桑德尔(Michael Sandel)、安杰尔(Roberto Unger)、瓦尔策(Michae Walzer)和埃蔡尼(Amitai Etzioni)等。社群主义(Communitarianism)的词根是community(社群,通常被译为"社区"、"共同体"。一般来说,社群主义者的社群类型主要有;(1)地方社群,即基于地理区域的社群,如村庄、城市;(2)记忆社群,即具有共同文化遗产的"陌生人"社群,如有共同语言的民族、族裔群体;(3)心理社群,即由信任、合作和利他主义情感控制的面对面人际互动社群,如家庭、小型合作社或学校(Bell & Daniel, 2001)。

社群主义是在批评以约翰·罗尔斯(John Rawls)为代表的新自由主义的过程中发展起来的,它与新自由主义形成了当代西方政治哲学两相对峙的局面。社群主义核心思想是反对在现代西方社会占据统治地位的个人主义的自由主义,弘扬与个人主义自由主义相对立的社群主义。社群主义者认为任何个人都是许多个社群的成员——家庭、邻里、社会性社团的成员，国家政治体本身也是一个社群。离开相互依赖、交叉的各种社群，无论是人类的存在还是个人的自由都不可能维持很久，排他性地追求个人利益必然损害人类所赖以存在的社会环境。社群主义强调普遍的公共利益，认为个人的自由选择能力以及建立在此基础上的各种个人权利都离不开个人所在的社群。个人权利既不能离开群体自发地实现，也不会自动导致公共利益的实现。反之，只有公共利益的实现才能使个人利益得到最充分的实现，所以，只有公共利益，而不是个人利益，才是人类最高的价值。

20 世纪 90 年代初，由阿米泰·埃蔡尼编辑的《负责的社群》在美国创刊，成为社群主义者的重要宣传阵地。它是社群主义从书斋走向社会的产物。在 1991 年冬季号的《负责的社群》上，发表了 50 名学者和政治家签名的宣言《负责的社群主义政纲：权利和责任》，主张“必须用社群主义的观点处理我们这一时代所有重大的社会的、道德的和法律的问题”。阿米泰·埃蔡尼的《社群精神》(1993 年版，亦译为《社区精神》)一书提出，应当停止制造新的个人权利，因为这些“权利膨胀”使道德准则贬值。

在社会政策领域，社群主义强调基于相互联系的共同利益和价值，反对纯个人化的福利概念，尤其反对在政治(政策)上处于支配地位的“原始市场价值”导向的福利政策。社群主义有助于扩大社会工作者的视野，推动他们建立积极的邻里关系和社区照顾网络。

在社会现实生活中，社群主义价值本身也面临着一些矛盾和难题。例如，并非所有的社群都有益于社会，那些拥有巨大财力和政治影响力的家族或朋友网络，可能会构成对公众利益和民主制度的威胁；在社会分化为各种利益集团的情况下，不同社群之间必然发生利益冲突，社群主义也难以对平衡不同利益群体之间以及与社会整体之间的关系提出切实可行的对策。

四、新女性主义

新女性主义从 20 世纪 70 年代开始成为社会工作的一个重要流派。各种女性主义有其共性。它们都认定现代社会文化和制度中的“男权取向”，使女性在家庭和社会中处于弱势地位，受到歧视或不公正待遇。比如通过社会化所赋予两性不同的性格特征，如男性坚强、好动、有主见，女性柔弱、好静、寡断等；不合理的性别角色分工使“男主外、女主内”成为一种家庭生活模式，社会被分为公共和私人两个范畴领域，女性需要扮演家庭照顾者的角色，限制了她们在公共范畴的发展；角色定位和职业分层使女性在职业岗位位于不利地位，收入水平低；现代职业女性的家务负担仍然很沉重，与男性相比承受着“双重压力”。生活空间小、自我形象低是女性常见现象。一些研究表明，妇女常见的头痛、情绪低落、抑郁等疾病,与照顾者角色有关系(甘炳光、梁祖彬等,1994)。女性主义对两性关系的反省和批判是其他理论思潮所缺乏的。因为社会工作专业人员与案主群体女性比例很高,更加深了女性主义在社会工作领域的流行。

女性主义呈现多元化发展的局面,最初有三大分支:自由派女性主义(Liberal feminism)、社会主义女性主义(Socialist feminism)和激进女性主义(Radical feminism),后来又出现文化女性主义(Cultural feminism)、后现代女性主义(Postmodern feminism)和妇女主义(Womanism)等。这些流派的主要差异在于对女性处于弱势的成因以及改变方式不同。自由派女性主义是女性主义的主流派,主张两性并无根本的社会差异,女性同样有理性思考能力,是社会结构和文化因素对于女性群体造成歧视和不公,因此要在社会公共领域保证女性应有的权利和机会。激进女性主义认为男女有先天差别,男性对女性的控制是权利不平衡以及女性问题的根源,主张通过包括家庭制度在内两性关系的根本变革,消除女性受压迫的现象,特别是实现女性对性与生育的自主,消除男性对女性的文化和心理控制。社会主义女性主义不像自由派女性主义和激进女性主义强调文化心理因素,而着重于生产方式对家庭和女性地位的影响,认为在这些结构下女性承担家务劳动,却又不被视为生产和再生产过程,女性的劳动贡献被抹杀,主张进行经济和家庭结构的变革,使照顾儿童和家务成为公共责任。

女性主义者在社会工作方法运用方面常常反对弗洛伊德等"基于男性心理与经验"发展而来的治疗理论,主要通过肯定案主的观点、自我揭露,使案主察觉具有性别歧视的社会结构,鼓励发展支持团体、提供团体治疗和集体行动。社区组织对女性主义相当重要,目的在于建立女性的相互认同,其中文化女性主义者强调建立女性文化,通过设立女性中心加强女性的互助、互动。其他主张包括倡导一个更有保障的社会环境,使女性免于忧虑;倡导是否生育的自由选择,推动制订堕胎合法化政策;通过集体行动扩大女性的参政机会。在个别化的直接服务中,女性主义并不相信有价值中立的诊治,认为重要的是觉知自己的信念和价值观,通过增权即增加案主的行动能力,改变自身处境并能控制自己的生活(宋丽玉、曾华源,2002)。

五、环境保护主义

环境保护主义当前也常被称为"绿色哲学"。这是西方国家自 20 世纪 60 年代兴起的社会思潮,并已经发展成为最深入人心的全球性运动之一。人类对环境保护的早期理解比较狭隘,大多认为是一种局部性问题,主要涉及大气和水污染控制、废物处置等。R. 卡逊(Rachel Carson)《寂静的春天》(1962)一书指出农药污染造成的生态危机,引起广泛的社会震动。"环境保护"这一术语开始被广泛地采用,并成为重要的价值取向。"环境保护主义"或"绿色哲学"流派各异,面貌复杂,具有诸多层面,但其基本的文化内涵仍是可以认识的:——基于生态学的立场,“绿色”与代表工业文明的“灰色”和代表激进的左派思想的“红色”相鼎立,构成现代社会文化空间的重要维度;——与传统的人类中心论相反,主张人类与自然和谐相处,尊重自然和其他物种的生存权利,维护生物多样性,保护地球环境免遭破坏;——改变基于科学主义的知识狂妄的以征服和改造自然为使命的生存姿态,遏制工商业和科学技术危害自然环境的破坏性价值,建立新的生产方式、生产技术、商业伦理和科学伦理;——补救现代文明产生的物质主义、消费主义、享乐主义、道德沦丧、人性异化等弊病,克服现代人的心态危机,重视个性完善和灵性发展,追求具有生命意义和人性的生活方式;——主张通过裁军、资源共享、扩大社会平等和民主、减少人口增长等措施,追求世界长久和平。由20世纪70年代的环保运动发展为80年代的绿色运动,是这一新的文明的进化,或一种更深层次的“绿化”——从“浅绿”到“深绿”。“浅绿”仅仅停留在环境保护的层面,“深绿”认为解决环境问题的根本出路不是单纯的环境保护,而在于从根本上改变人类的生活方式。

在绿色哲学的影响下,一些社会工作者也提出“绿化社会工作”的概念,认为面对经济和科技发展带来的“环境区域”的危机,社会工作者应继承其历史使命,为生态环境和人类自身寻求出路。如探讨环境问题和贫穷之间的结构性关系:“居于贫民区的人被误认为只会关心自己的基本(经济)条件,而不注意整体的环保问题……。事实是:他们是最受污染环境影响的一群,环境污染直接打击贫民,剥夺了他们的生产力、健康和其他生活条件。”(周永新,1994)也就是说,社会工作者在处理个人、小组、社区问题时,必须面对环境恶化带来的疾病、压力和恶劣居住条件。这些问题被界定为“环境区域”的危机。社会工作者提出重建生态平衡的居住社区的目标,主要行动策略包括宣传“环境公义”,批判“工具性理性”追求最大利润和享受给生态资源和环境造成的破坏;协助居民保留最大的和最优化的环境和社区空间,使居民享有有助于身心发展的生活条件;开展保护生态环境的公共参与活动,建构社区关系网络。

环境改善事件与社区工作有着天然的联系。从各个国家出现的诸多“社区行动”中,环境改善或保护是其中重要缘起。对与社区环境有关的资源再分配(如城区改造、大型设施建设)过程中出现的冲突,社会工作者常以社区组织方法介入,维护居民利益和社区认同。目前在中国和世界各国范围内开展的“绿色社区”活动也是绿色哲学与社区发展相结合的产物。创建绿色社区的目的是将环境保护、节约能源和可持续发展战略落实到社区、家庭和个人,使大家在享受现代生活的同时,尽可能减少对资源的耗费和对环境的污染。

主要参考文献

1. 弗雷德里克·G. 雷默著:《社会工作价值与伦理》,(台北)洪业文化事业有限公司2000年版。

2. 王思斌主编:《社会工作概论》,高等教育出版社1999年版。

3. 甘炳光、梁祖彬等:《社区工作:理论与实践》,香港中文大学出版社1994年版。

4. 王思斌:《中国社会工作的经验与发展》,载《中国社会科学》1995年第2期。

5. 周永新主编:《社会工作学新论》,(香港)商务印书馆1994年版。

6. 王思斌主编:《社会工作导论》,北京大学出版社1998年版。

7. 白秀雄著:《社会工作》,(台北)三民书局1982年版。

8. 桑德斯著,徐震译:《社区论》,(台北)黎明文化事业公司出版1982年版。

9. 曾家达、王思斌、殷妙仲主编:《21世纪中国社会工作发展国际研讨会论文集》,中国社会科学出版社2001年版。

10. 唐忠新:《社区建设:中国城市社会转型的必然选择》,载《北京社会科学》1999年第1期。

11. 莫邦豪著:《社区工作原理与实践》,(香港)集贤社1994年版。

12. 中国社会工作教育协会编:《反思 选择 发展》,中国青年政治学院学报(社会工作教育专刊)1999年。

13. 中国大百科全书出版社编辑部编:《中国大百科全书》(社会学),中国大百科全书出版社1991年版。

14. 宋林飞著:《西方社会学理论》,南京大学出版社1997年版。

15. 王思斌:《混合福利制度与弱势群体社会资本的发展》,载《中国社会工作研究》(第1辑),社会科学文献出版社2002年版。

16. 宋丽玉、曾华源等:《社会工作理论:处遇模式与案例分析》,(台北)洪叶文化事业有限公司2002年版。

17. 林万亿著:《当代社会工作:理论与方法》,(台北)五南图书出版股份有限公司2002年版。

18. 韩震:《公共社团主义的兴起及其理论》,载《中国社会科学》1995年第2期。

19. Bell, Daniel. 2001. "Communitarianism," *The Stanford Encyclopedia of Philosophy* (Winter 2001 Edition), Edward N. Zalta (ed.), URL.

20. Christenson, James A., Robinson, Jerry W. & Jr. ed., 1989. *Community Development in Perspective.* Ames: Iowa State University Press.

21. Delgado, Melvin. 2000. *Community Social Work Practice in an Urban Context: The Potential of a Capacity Enhancement Perspective.* New York: Oxford University Press.

22. Hardcastle, David A. & Wenocur, Stanley & Powers, Patricia R. 1997. *Community Practice: Theories and Skills for Social Workers.* New York: Oxford University Press.

23. Miley, Karla Krogsrud., O'Melia Michael & DuBois, Brenda L. 1998. *Generalist Social*

Work Practice: *An Empowering Approach.* Boston: Allyn and Bacon.

24. Putnam, Robert. 2000. *Bowling Alone*: *The Collapse and Revival of American Community.* New York: Simon and Schuster.

25. Rubin Herbert J. & Rubin Irene S. 2001. *Community Organization and Development.* Boston: Allyn and Bacon.

26. Skidmore, Rex A., Thackeray, Milton G. & Farley, O. William. 1988. *Introduction to So cial Work.* Englewood Cliffs, New Jersey Prentice - Hall.

27. Sanderson, Stephen K. 1988. *Macrosociology*: *An Introduction to Human Societies.* New York: Harper & Row, Publishers, Inc.

第四章

地区发展模式

第一节　地区发展模式概述

一、地区发展模式的概念

地区发展或者说社区发展从概念上讲，既表示一种地区为基础的经济、社会、文化等实质内容的发展；也表示为一种发展理念，强调要从当地居民的需求和当地的资源、环境和人口等协调、可持续发展；还表示为一种社会工作的介入手法，一种强调居民的参与、合作，集体组织起来控制、利用社区资源、解决社区问题、满足社区福利需求，增强社区凝聚力和归属感的社会工作手法。

（一）杰克·罗斯曼（Jack Rothman）的定义

杰克·罗斯曼是从社会工作专业中的社区工作介入手法角度来定义地区发展模式，他认为地区发展模式是指假定社区的变迁，可以乐观地通过当地社区居民在有关社区发展的目标决定和行动中的广泛参与来追求。所以地区发展模式作为社会工作的社区介入手法强调的是民主程序、志愿合作、自我帮助、当地领袖的发展以及教育目的性等（Jack Rothman，1968/1978）。罗斯曼也指出地区发展模式的原形来自于联合国关于社区发展的文献，在联合国的有关社区发展的文献中已经明确提出了作为一种发展方法的社区发展的概念，只不过联合国的社区发展还强调社区实质内容的发展。

（二）联合国的定义

联合国关于社区发展的规定是从社区发展的内容和方式两个方面来规定的。联合国认为社区发展是这样一种过程：经由居民的努力，联合政府当局一起，来改善社区的经济、社会和文化条件，把社区整合到国家生活当中，使他们对国家的进步作出最大的贡献。联合国的定义里一是强调社区发展是指社区经济、社会、文化条件的改善；另一方面强调要经由居民的努力和政府当局一起合作的方法。在联合国另一文献中,更加清楚地表达了作为一种发展方法的社区发展的概念,社区发展是有意使用一种依靠当地社区作为一个行动单位设计一个独立的项目,在项目中试图把外部的帮助和当地有组织的自我决定和努力整合起来,联合一致寻求刺激当地的创举以及领袖是变迁的首要工具。

（三）参与式地区发展概念

在联合国提倡的社区发展的理念中,主要就是参与、民主和当地的首创性,但是参与式发展概念是一个有很大弹性的宽松的概念。本书在相关章节会分析参与的领域和类型,就地区发展领域来说,参与式发展包括一定范围和一定程度的参与。有学者把参与式发展归纳为四种类型(李小云,2001):

一是人们对国家发展的一些公众项目的自愿的贡献,但他们不参加项目的总体设计或者不应该批评项目本身的内容。

二是对于农村发展来说,参与包括人们在决策过程中,在项目实施过程中,在发展项目的利益分享中,以及在对这些发展项目的评价中的介入。

三是参与涉及人们在给定的社会背景下为了增加对资源及管理部门的控制而进行的有计划、有组织的努力,这些人在过去是被排除在对资源及管理部门的控制之外的。

四是社区参与是受益人影响发展项目的实施及方向的一种积极主动的过程。这种影响主要是为了改善和加强他们自己的生活条件,如,收入、自立能力以及他们在其他方面追求的价值。

由上面的归纳,我们可以发现,参与式发展可以是当地居民深度地参与决策、控制发展的方向和分享发展的利益;也可以是指比较深度地参与影响资源和管理部门的控制和计划;也可以是比较轻度地参与影响改善自己的生活条件的发展项目的实施过程和实施方向;还可以是配合参与到国家已经决定了的公众项目的执行过程,做贡献。

（四）我国地区扶贫的概念

虽然在1986年之前,我国负责社会救济的民政部门就曾经对农村救济资金一部分变做生产开发资金使用,试图改变单纯的生活救济为生产扶持,但是我国地区扶贫的大规模正式推行是在1986年中央成立了专门的扶贫办公室,有计划、有组织地针对国家确定的贫困地区进行开发式扶贫。到1993年国务院又提出了“八七扶贫攻坚计划”,进一步明确了我国的地区扶贫的目标、战略措施和相关的优惠政策。中国的地区扶贫概念也是一个包括实质性内容发展和发展策略方法的概念。就发展的实质性内容而言,中国的地区扶贫很清楚地规定了主要是经济发展,促进当地居民脱贫致富,当然也包括相应的社会、文化的发展,强调协调性发展和可持续发展;就发展的策略而言,中国的地区扶贫注重的也是由整体经济发展带动贫困地区发展改为有针对性的经济援助,而且不是生活福利救济援助,而是结合当地资源、环境、人口条件进行开发式经济援助,采取发展主导农业、适合的科技手段、发展乡镇企业、以工代赈式公共工程建设、劳务输出和异地移民开发工程等措施来解决贫困地区的贫困落后问题(石友金,1999)。中国目前的地区扶贫,在扶贫开发策略上,强调的是政府的指导、资助和总体规划,同时动员社会力量对贫困地区的参与援助,引导贫困地区融入市场经济体系发展经济。这不同于社会工作中杰克·罗斯曼所强调的依靠当地居民的广泛参与、民主决策、志愿合作,以地域为本来开发当地资源,满足当地居民的需求的观点。

二、地区发展工作模式的基本假设

艾尔温·桑德斯(Irwin T. Sanders, 1983)曾经提出发展就是一种社会改良手段,具体的发展内涵有经济发展、农业发展、工业发展、社会发展等不同的说法。而就社会发展的策略而言,米杰里(Midgley)提出分为个体主义策略、政府主导策略和社区主义策略。个体主义策略是指相信社会发展要靠个人追求自己的利益从而得到最大的促进,鼓励社会发展的个人主义和企业家精神派别;政府主导策略是指相信社会发展最适合通过政府、政府的机构、政策制定者、计划者和行政管理者作为社会发展的国家主义派别的基础,来促进社会发展;社区主义策略是指相信社会发展最好的促进手段是通过当地社区居民的融洽的合作作为一种社会发展的社区主义派别的基础。

作为一种社会工作的社区工作介入手法的地区发展模式强调的是当地居民的民主参与、团结合作、自我帮助、自我组织起来,利用当地的资源,当地的知识和技术,当地的创举和领袖,来解决当地的问题,促进当地的发展。由此定义,地区发展模式有自己的一些基本假定。

1. 关于个人的假设。地区发展模式关于个人的假设是,个人本来是在自己的自然社区里相互团结、相互合作,能够有能力按原来的价值意义生活的,但是随着现代化过程的工业化和城市化的推进,以及由于现代社会组织的科层结构化,个人渐渐倾向冷漠的、孤立封闭的状态,越来越缺乏传统社区中的密切交往关系,同时也缺乏主动参与社会公共事务的热情和动机,由此,居民也越来越显得无助和软弱,个人和社区公共问题都很难得到解决(Jack Rothman,1978)。

2. 关于社会构成的假设。地区发展模式关于社会构成的假设是,社会正在变得越来越丧失传统社区的自然联系,变成一种现代正式的工具理性的制度化的组织关系和市场交换关系,认为这种关系会造成社会的分层和两极化,对落后地区来说,不管是加入市场体系,还是纳入国家的科层组织结构,都只不过是发达中心地区的外围依附部分,最后会进一步失去当地社区原来的文化、知识、信心和能力,对落后地区形成更大程度的剥削。因此应重视地区范围的广泛民主参与，通过互助和合作，重建和谐团结的社区关系，增加居民对社区的投入和归属，同时着重增强居民的自助及解决社区问题的能力（冯伟华、李丙伟，1998）。

3. 关于行动动机的假设。地区发展模式关于个人的行动动机的假设是，假设个人倾向于团结、合作的，而非竞争、对抗的，假设个人是愿意沟通交往，参与民主讨论的，认为这样比科层集中决策会更有效地解决社区问题。地区发展模式还假设虽然个人行动是理性追求个人利益最大化的，但是只要能够在集体行动中照顾到个人的需求和动机，并且能够培养一种集体归属和认同感，个体会在情感和价值层面上有动机参与社区基层组织的活动，并在当中作出自己的贡献。

4. 关于发展和变迁的假设。地区发展模式关于发展和变迁的假设经历了一定的转变。早期的社区发展基本是接受现代化理论关于发展的概念，即发展意味着进步，发展是一种线性的进步关系，发展主要是经济的增长、资源的开发、城市的建设、市场体系的扩张、人民需求的满足、国家政权的扩张和社会秩序的稳定等。所以在早期（20 世纪 30—60 年代）社区发展是要在原来的欧洲殖民地或新兴民族国家复制欧洲中心的发展模式，强调要建立和依靠市场经济体制，把社区的经济发展融入国家的进步当中。但是在 20 世纪 70 年代以后，复制欧洲的线性现代化发展观开始出现问题，再加上新马克思主义的依附理论的批判，使人们重新认识发展的内涵。于是新的内涵加入社区发展当中，比如小群体主义，强调通过小型的村舍为单位的合作社，使用劳动密集型技术等促进社区的发展，而不是寻求城市化发展；又比如生态发展模式和种族发展模式等。生态发展模式寻求的是在不掠夺自然资源的基础上的可持续发展，发展应该是以人为中心的，关心当地的需求，而不是满足市场需求和追求利润；种族发展模式认识到，在一个国家发展中资源的使用会引起冲突和权力竞争，所以必须在发展中解决这些问题。比如拉丁美洲的解放神学中的天主教观念，就是把焦点由压迫转为在日常生活中具体的问题的解放，通过非暴力的社会变化促进个人和社会罪恶的克服（Malcolm Payne，1997）。

三、地区发展模式的目标

地区发展模式的工作目标应该说既包含实质性问题的解决，也包含在解决问题的过程中所采取的解决问题的方法和当事人的解决问题的能力以及社区共同体的团结合作精神等目标。实际上，不管是早年的学者比如墨蕾·G. 罗丝（Murray G. Ross）、阿瑟·邓肯（Arthur Dunham），还是经典人物杰克·罗斯曼（Jack Rothman）等都强调指出，地区发展主要是以过程目标为导向的，也就是说，社区发展不是公共工程计划，仅仅靠外界的帮助建设完成，而是一种组织的过程和教育的过程，在当中培养社区居民自助合作的态度以从事社区各种建设的方法（徐震，1985）。当然以过程目标为主，不是说不要具体的工作任务，而是说要在具体建设当地社区的经济、社会、基础设施中,在具体的项目建设中来注重过程当中的目标。

（一）任务目标

所谓社区发展的任务目标是指在社区中要完成的具体的实质性的工作项目,或者是要解决的具体的社区问题。通常而言,社区发展的任务目标主要有:

(1) 社区经济开发,包括自然资源的利用开发、加工业的发展乃至服务等第三产业的发展等;

(2) 社区社会发展,比如社区医疗卫生发展、社区教育发展、社区福利服务的发展、社区文体健康服务的发展、社区邮政服务的建设等;

(3) 社区公共基础设施建设,比如社区道路建设、社区农田基本水利设施建设、社区供水设施建设、社区垃圾处理、社区供电设施建设、社区房屋道路的规划等;

(4) 社区文化发展,比如社区知识文化的教育、社区科学知识的教育普及、社区职业技能的教育培训、社区意识形态道德规范教化、社区娱乐文化活动的开展等。

（二）过程目标

过程目标是指在社区具体项目的建设中,通过居民的广泛参与和社区工作者有目的的组织及教育,使社区当事人个人、社区人际关系和社区整体等不同层面达到发展和增强的目标。具体的过程目标,根据英国学者托马斯(D. N. Thomas)的概括,分为:

(1) 各种社会网络的重新建立;

(2) 居民互动及交往的增加;

(3) 邻里关系的改善;

(4) 居民及团体之间重建紧密的联系;

(5) 居民认识到参与的重要性,并愿意承担责任;

(6) 居民对社区更加认同及投入。

而在美国学者鲁宾夫妇(Herbert J. Rubin & Irene S. Rubin, 1992)归纳的社区发展的目标中,提出了5项目标:

(1) 通过解决共同的问题,来改善居民的生活;

(2) 减少因为贫困、种族、性别等引起的社会不平等;

(3) 执行和保护民主的价值,并作为社区组织的一部分和社区发展的结果;

(4) 促使个人作为一个个体发挥他们的潜能;

(5) 创造社区意识,使人们从中可以感到,作为社区的一员对大社会作出的有效贡献。我们发现除了第一个目标是解决社区共同问题的任务目标,其他四个目标都是过程目标。但是鲁宾夫妇的归纳比较注重社会公平、民主、社区意识等宏观层面的目标，同时也注重个人潜能的发挥。

四、地区发展模式的历史

（一）国际社会地区发展模式的历程

大致来说，发展中国家的地区发展模式经历了这么几个阶段：第一个阶段是在20世纪二三十年代，主要是欧洲宗主国在其殖民地进行统治时，开始认识到要想使其统治长治久安，必须要发展当地的经济，并把殖民政府和当地社区的政治精英与政治方式结合起来，并且利用当地的资源和当地居民的首创精神来促进发展。这样，一方面可以把殖民地作为宗主国的原料来源地和产品销售市场，支持宗主国的经济发展；另一方面，可以确保在殖民地的统治得到当地政治精英的支持，融进当地的政治文化和社会文化中（James Midgley，1995）。

第二个阶段是在第二次世界大战之后，20世纪四五十年代，各个原来的殖民地纷纷独立成为民族国家，走民族发展道路。当时世界上的两大政治阵营都想对新兴独立的民族国家发挥影响，走本阵营的发展道路，所以都纷纷想对新兴民族独立国家进行经济、技术援助和政治道路输入。联合国经社理事会也开始介入协调这种国际援助行为，指导发展中国家的发展，当时总结提出了“经由社区发展促进社会发展”的概念和模式，于是就有了要动员社区内在的资源、依靠社区内的当地领袖和居民的创举，通过当地居民的广泛的参与和合作，结合社区外界的资本、技术援助，来促进当地社区的经济、社会发展，把社区发展结合到国家的进步当中。

第三个阶段，是在20世纪六七十年代，发展中国家的地区发展模式注重居民的参与、自助、合作、团结，发展当地的经济，并开始被已发展国家的内地城市的社区工作所吸收借鉴，成为城市社区工作中的一个方法。在城市，社区发展主要是指组织城市贫困社区的成员，通过广泛的讨论、参与、合作，结合政府的经济资源援助，来创建合作经济体，寻求社区经济的发展。当然，西方国家城市的社区工作在20世纪70年代主要流行的是社区行动，但是这种以对抗斗争为手段，指向批评政府的福利措施和维护公民福利权利的行动趋向，引起政府的反感和消极态度，减少了对社区工作的拨款。所以在20世纪70年代末和80年代，随着政治气候的右转，这种社区行动趋向在城市社区工作中开始变冷（甘炳光、梁祖彬等，1998）。

第四个阶段，是20世纪八九十年代以后，强调居民参与、自助、合作为核心理念的地区发展模式，开始结合可持续发展理念和小群体主义发展观念，并且使其重新在国际社会流行起来，不管是在发展中国家的农村扶持，还是在城市贫困社区的工作，都倾向采用社区自助合作社模式、社区实物交易市场、社区互助家务照顾、社区互助时间银行等形式，依靠社区内部资源、市场、人力、社区关系等来解决社区问题,促进社区发展(Malcolm Payne,1997)。

(二)我国地区发展模式的历程

中国对社区发展模式实践作出了突出的贡献。在我国历史上,就有以血缘和地缘为基础的各种互助合作精神,官方也有通过基层乡村的士绅进行乡村治理的积极支持态度。有人归纳出我国历史上曾有过的社区合作支持形式为:社仓制度、乡约制度、义田制度和会馆制度(徐震,1985)。但是现代社区发展历程应该从20世纪20—40年代的乡村建设运动开始。比如1924年晏阳初在河北定县农村推行的平民教育运动;1927年陶行知在江苏南京创办的晓庄师范学校以及其后的江苏乡村师范学校;1929年梁漱溟创立河南村治学院,其后在山东邹平县成立实验区等都是以改良中国乡村社区为目的,合称为中国乡村建设运动。而且中国的乡村建设运动的经验构成了后来联合国的社区发展概念和模式的基础来源(徐震,1985)。

中国社区发展的第二个阶段应该划定为20世纪50年代的中国共产党领导的土地改革和农村合作化运动。1949年,中国共产党建立了新中国,进行社会主义改造,在农村地区,社会主义改造的做法主要分两步骤:一是土地改革,把地主的土地分给农民,使农民都获得了土地和其他基本的农业生产资料;二是紧接着开展的农村合作化运动,把单户单干的农民组织起来,先后成立了互助组、初级合作社和高级合作社。这些做法在当时都对农村农业生产和农民生活福利保障等起到很大的促进作用。但是后来人民公社运动和浮夸虚报作风,加上天灾人祸,使我国农村社区发展受到负面影响。之后,一直到1978年,农村的人民公社体制,加上粮食统购统销制度,工农产品价格剪刀差制度等,农村虽然对我国的工业化建设作出了巨大的贡献,但是农民的生活水平却长期停滞不前,甚至有所倒退。

中国社区发展的第三个阶段应该是1978年开始的农村土地经营体制的改革,实行农村土地家庭联产承包责任制,农民“交够国家的,留足集体的,剩下都是自己的”,这种新的土地经营方式极大地调动了农民的劳动积极性,再加上国家提高了农产品收购价格,使广大农民实际收益大大提高。

中国社区发展的第四个阶段是1986年开始的国家正式成立国务院农村扶贫办公室,有计划、有组织、大规模地对贫困农村地区进行经济开发扶持。尤其是在1993年提出,1994年开始实施的《国家八七扶贫攻坚计划》,提出要在七年时间(从1994年到2000年)消灭农村8 000万绝对贫困人口,并进一步明确了农村扶贫的开发式扶持的主导战略,同时根据情况实行劳务输出、异地移民等策略(石友金,1999)。

第二节　地区发展的任务和策略

一、地区发展的任务

（一）地区发展项目的选择原则

地区发展的任务就是地区发展的实质性内容或工作项目。一般来说，地区发展的具体任务要根据当时当地的社区状况和社区居民的需求来选择确定。主要的决策选择原则有：

（1）当地居民应该是确定社区发展具体项目的主要决策者，外来的社区工作者应该是协助当地居民，分析、确定社区发展项目。

（2）社区发展项目的决策应该遵从社区居民的广泛参与讨论、民主决策，而不能成为少数社区精英的集中垄断决策。

（3）社区发展项目的选择还要考虑社区生态资源的可持续发展，不能为了当前的市场利润而破坏社区的生态平衡、资源再生。

（4）另外社区发展项目的选择应该是能够为居民带来利益分享，而不是利益垄断，尽量让更多的社区居民都可以从中分享发展的收益，而不是形成阶层分化和利益集中。

（二）城乡不同社区的地区发展项目的差异

通常而言，在农村社区，地区发展的任务多是集中在地区农业发展、地区的农产品加工业的发展以及其他当地自然物质资源或者环境地理资源的开发和利用。同时为促进当地的经济发展，应加强当地的基础设施建设，比如道路交通的建设、水利设施的建设、电力能源的供应、洁净用水的供应、卫生设备的改造等。进一步又会涉及农业科技手段的推广应用、农作物种子改良、农村劳动密集型技术的开发、农村教育等人力资本投资等内容（徐震，1985；James Midgley，1995）。

在城市社区，地区发展模式的任务多是集中在城市贫困社区的失业人士的就业辅助计划、社区服务计划、城市住房改造、城市环境改善、社会互助网络以及小型商业服务的投资贷款等项目上（甘炳光、梁祖彬等，1998）。归纳起来，其实地区发展的任务无非是就当地社区的物质经济建设、社会环境建设和社会组织建设以及社区团结互助的文化价值建设等内容。

二、地区发展模式的策略

（一）基本的策略方针

根据杰克·罗斯曼的总结（Jack Rothman，1978/1996），地区发展模式的基本改变策略是把所有的人团结在一起，然后讨论、决定。也就是说，努力让广泛的社区居民参与到决定他们的需求和解决他们的问题上来。在艾尔温·桑德斯关于社区发展的概念讨论中,也指出作为一种发展过程和发展方法的社区发展,强调的是从一种少数精英决定的状态向一种当地社区居民自己决定公共事务的状态的改变;从一种较少合作状态向一种最大合作状态的改变;从一种主要依靠外来的资源和专家的状态向一种当地居民设计方法来利用当地资源的状态的改变(Irwin T. Sanders,1983)。桑德斯进一步指出,社区发展过程主要是一种行动教育过程,一种靠市民参与来改善他们自己的环境的民主发展过程,一种让居民学会列出社区问题的解决顺序和解决方法的能力增强的过程,一种居民组织的过程。我国台湾地区学者徐震也提出社区发展的本质是一种组织的过程和教育的过程(徐震,1985)。墨蕾·G. 罗丝在谈论社区发展的概念时也提出作为一种内部资源动员取向的社区发展(相对于外部的项目移植取向和外部引导的综合变迁取向)是鼓励社区居民辨识他们自己的需求和合作工作来满足自己的需求,社区发展的项目是当地社区居民讨论决定的,而不是由外部机构或政府专家事先决定。社区发展项目本身不如居民建立发展项目的能力重要(Murray G. Ross & B. W. Lappin,1967)。我国学者孙立平总结中国共产党在20世纪50年代推动的土地改革的工作策略,认为它是一种参与式动员的策略,即共产党成立土地改革工作组派进村里,发动群众召开诉苦大会,进行苦难的阶级归因,成立农会,斗地主,分田地。

总结上述学者的论述,我们认为,作为一种发展策略,社区发展模式的策略可以概括为:

(1) 内部资源的动员、参与、行动为主,外界的资源帮助和技术引进是辅助;

(2) 内部以广泛的讨论、协商一致、团结合作为主,避免冲突,化解矛盾;

(3) 注重居民的组织和教育,培养居民的发展项目的能力比在社区引进成立一个具体的项目更为重要;

(4) 发动、动员居民、广泛讨论,自下而上地民主决定社区公共发展事务,而不是自上而下地由精英决策。

(二) 具体的策略措施

社区发展的具体的策略措施主要是以协商一致策略为主,避免冲突和竞争。具体的措施有:

(1) 立足社区基层群众公共利益的扩大,通过沟通、对话和讨论促使成立不同居民小组;

(2) 社区组织之间的协商、妥协、合作;

(3) 对社区精英的争取、团结和支持;

(4) 对社区大众的争取、包容,并使其参与到发展项目中来。

第三节　地区发展模式下工作者的角色和方法

一、社会工作者在地区发展模式下的工作角色

1. 启发催化的角色。所谓启发催化的角色是指工作者把社区居民组织起来表达他们的需求，辨别社区的问题，讨论形成社区的公共需求和发展目标，在居民之间形成良好的人际关系，团结起来共同解决社区问题（Murray G. Ross & B. W. Lappin，1967）。这种角色是以程序为焦点，而不是处理具体的实质性的问题（Jack Rothman，1978）。

2. 支持鼓励的角色。所谓支持鼓励的角色是指工作者负责发动并提高人们的创造性，鼓励居民通过参与导向的过程，学习习惯负责任，习惯理智，习惯面对种族敏感问题等。工作者要发动并帮助当地居民完成一种民主能力增强的过程（Jack Rothman，1978）。

3. 协调联络的角色。所谓协调联络的角色是指工作者要在社区小组之间、社区组织和外界组织机构之间、不同社区之间等进行联络沟通，增加了解，减少误会和分歧，争取团结、合作和支持，甚至是联合。

4. 资源中介的角色。资源中介的角色是指工作者要协调、动员社区内外的资源，投入到社区居民的发展项目中来，帮助社区居民组织发展项目，解决社区问题，改善社区生活素质。

二、社会工作者所用到的工作方法

地区发展模式是社区工作的主流的基本工作模式，地区发展模式下的工作过程和方法也是实际社区工作所需掌握的主要的基本的工作过程和方法。在地区发展模式下，社区工作的方法通常会被组织到一个工作过程当中来介绍。根据亨德森（Henderson）和托马斯（Thomas）（林香生、黄玉唱，2002）的概括，邻舍层面的社区工作过程可以有9个阶段：（1）规划和协商进入；（2）了解社区；（3）规划下一步该做的事情；（4）建立联系和将人们集合在一起；（5）组成和建立组织；（6）帮助厘清目标及其优先次序；（7）使组织继续进行；（8）与朋友和敌人交往；（9）离开和结束。而香港社区工作教育工作者联席会议编的《社区工作技巧》则把社区工作技巧分为社区分析技巧、社区建立关系与维持关系的技巧、社区组织技巧、参与议会政治的技巧、行政技巧等。美国鲁宾夫妇则把社区工作的方法分为两大部分：（1）社区动员和社区行动部分；（2）社区经济、社会服务发展部分。

我们认为社区发展既是一个地理社区的经济、社会等实质性发展的概念，又

是一个有特定内涵的强调社区为本的居民的组织、动员、合作发展的发展理念,两者是结合在一起的。所以社区发展的方法应该分两大类:一是对社区居民的动员、组织、联络、行动的方法;二是社区经济、社会项目的策划、筹资、管理、评估等方法。这两大类方法不是相互分离的,而是在社区组织过程中融合了社区经济、社会服务项目的发展的方法。根据社区组织的过程,社区发展的方法可以分成不同阶段所用的方法:

(一)进入社区阶段的方法

如果我们坚持社区发展是一种靠社区居民广泛的动员参与来自己决定社区发展的项目和执行管理社区发展项目,而不是依赖外部人员的理性调查,科学决定社区发展的项目,也不是靠专家管理社区发展项目,那么社区发展的第一步就是社区工作者要真正进入社区生活,和居民建立关系,让居民接纳社区工作者,然后共同研究决定社区发展问题。这个阶段,社区工作者主要任务是融入当地社区环境,学习体验社区生活习惯和文化,让居民了解社区工作者的工作目的和个人特质,和居民建立信任关系,彼此接纳对方。这个阶段的工作方法和技巧主要有:

1. 拜访关键人物

社区工作者进入社区首先要拜访社区的关键人物,一是对关键人物的尊重,利于事后争取对方的合作;二是介绍自己的身份、机构背景和工作意图,便于社区接受工作者。个别拜访的技巧主要有:

(1)事先认真准备,包括准备好自己的名片、机构宣传资料、工作项目成就资料等;再一个是事先了解拜访对象的性格、爱好、当地的风俗等,避免出现礼节性的错误;另外,要事先考虑清楚你的本次拜访的动机,想好提问的问题或谈话的主题等。

(2)学会倾听、同理反应等沟通技巧。个别拜访关键是要跟对方建立良好关系,所以沟通技巧是非常重要的。沟通不是辩论,沟通是要彼此通过交谈,理解彼此的意图、状况,甚至是能够感受到对方的处境,达到双方的会意和交融。所以练习掌握沟通技巧是很关键的。沟通的基本技巧包括:有目的的表达自己的意愿、处境和感受;专注倾听对方的表达;能够同理出对方的意图、处境和感受,并给予适当的回应等。

(3)事后的回忆和总结,以及跟进联系。在拜访以后,要对这次拜访进行一下回忆,总结这次拜访的目的是否达到,双方的关系如何,有什么缺点和不足,需不需要下次跟进联系,跟进联系的着重点是什么等。

2. 和居民进行街头接触或深入访谈

社区工作者大量的日常工作是和一般居民进行接触和访谈,以图建立密切关系,相互信任和合作。主要的接触方式有两种:一是街头聊天;二是深度访谈。

街头聊天是了解社区日常文化和当地居民的生活问题的好办法，你会知道当地居民都在聊什么话题，他们对这个问题的态度和情感反应，他们交往的方式和习惯，这为日后确定社区发展的项目以及动员相关居民的参与奠定了基础。深度访谈是在街头聊天接触的基础上，对一些关心社区公共事务的积极分子进行单独的深度访谈，了解个人的生活脉络、个人的生活态度和抱负，对社区问题的看法和意见等，决定可否动员成为社区发展的积极分子，成为推动社区发展的核心成员。

3. 公共集会和公益活动

社区工作者应该在社区中多搞一些符合当地风俗习惯，大家愿意参加的公共集会和公益活动，作为联系广大社区居民的方法。公共集会包括主题演讲、社区风俗展览、放电影和录像、演当地的戏剧等；公益活动包括公共卫生、公共健康、敬老活动、青少年文体比赛、社区环境探查和保护等。这些活动的组织一定要健康、安全，尊重当地习惯、有利于团结，并且要注意在活动中发现人才、加强联系。

4. 事件的介入和焦点小组

社区工作者要能够敏锐地关注社区中发生的事件，借事件作为媒介吸引居民集中起来讨论社区问题，思考解决问题的对策和行动方案。通常而言，社区工作者可以在社区中发动、联系社区居民成立兴趣小组或者其他的互助小组，但是要想吸引大规模的社区居民并组织起来，参与到社区发展当中来，就应该借助社区中的特定事件，把广大居民的注意力集中起来，采取行动，促进社区发展。但是要注意所选的事件应该是简单的，涉及广大社区居民利益的，而且在社区居民的解决能力范围之内的，并且最好是大家感受强烈的事件，这样才可以用来动员居民参与，组织起来，采取行动解决社区问题。

（二）社区研究调查的方法

进入社区，和社区居民建立了良好的信任关系之后，社区工作者就应该和社区居民一起来认识了解社区，调查研究社区。社区调查研究包括社区环境、资源的调查；社区问题的发现和定义；社区发展项目计划的提出等。在地区发展模式下，社区调查研究应注意的基本原则是：

（1）当地居民参与调查的原则；

（2）调查研究与居民动员相结合的原则；

（3）选择适合当地居民掌握、使用的调查技术原则；

（4）横向资料和纵向资料相结合的原则；

（5）一般资料的调查和问题为本的焦点调查相结合的原则等。

通过社区的调查研究，使社区工作者协助当地居民增强对本社区的了解，发现本社区的强势和资源，增强靠本社区的内部动力和资源解决社区问题的信心，而不是经过调查,变得更加无助、无能。所以社区工作者应该明白,工作者的角色不是主导设计调查、操纵调查,得到自己的目的,而是一个协助者、合作者,协同当地社区居民进行行动研究(黄洪,1997)。

社区调查的范围和内容主要有:

(1) 环境和资源:包括社区的地理和地质环境、人口统计资料、经济发展水平和结构、社区的居住状况、基础设施状况、人文风俗习惯、自然资源和人力资源以及资本动员能力等。

(2) 社区规范、价值和动力体系等。主要指社区的集体行为规范,社区生活价值意义、人生目标和追求,社区中的正式权力结构和非正式的人际关系网络,社区中的政党、机构、团体和组织的宗旨、影响力和相互关系等。

(3) 社区中的焦点问题。主要包括问题的类型、性质、影响范围,居民对问题的理解和关注的动机等。

可供采用的调查方法主要有:

(1) 社区行走观察法(实地考察)。社区行走观察,是初到一个社区对社区进行感性认识的最基本的调查方法。工作者到了一个社区以后,要多行走,少坐车;多观察,少评论,保持好奇和敏锐,甚至应该参与当地比较典型的社区劳动、活动当中,亲身感受当地的生活方式。而且,经过一定的社区行走观察之后,可能会有一些社区居民对工作者产生好奇,产生探索性的交往,工作者应该邀请他们一起进行社区行走,作为自己的向导和对话者,加深对社区的了解,同时也是建立居民关系的手段。

(2) 文献分析法。应该收集本社区相关的文献资料,了解社区的概况、发展过程、内外部的冲突、协作或竞争等大事件,对社区发展有影响的重要人物和重要派系势力及其外部关系等。具体的文献媒介包括地方志、家族谱系、社区组织的会议记录及其他档案资料、社区相关的宣传报道材料、相关机构的研究报告等。

(3) 深入访谈法。深入访谈是与社区关键人物就某重大事件进行深入对话,以深入了解事情发展变化的全貌和其中的因果关系以及理解当事人的感受和意义。深入访谈还可以与社区居民进行口述历史的交谈,让当事人回顾自己的人生经历,从而理解个人的生活经历和整个社会环境变化的关系,变被动的生活为主动的发现自己的生活意义和自己的生活能力,以此作为调动居民参与社区活动和社区发展的手段。所以深入访谈不仅仅是一种了解社区的方法,其实也是与访谈者一起认识生活的意义,建构新的生活方向和现实生活的行动研究的方法。

(4) 问卷调查法。问卷调查是比较复杂、难以被一般社区居民掌握的方法,社区工作者可以联合居民一起对话,了解大家想探查的问题、对象,然后帮助居民设计问卷,再通过居民发放问卷,之后由社区工作者处理问卷,然后社区工作者和居民一起分析问卷。但要注意问卷调查不能像学术研究那样,做得很复杂、很学术化、很符号化,追求所谓的客观、精确和理论对话;而是要把问卷调查作为了解社区状况和社区问题的程度、范围、趋势等情况的工具,让居民理解问卷调查的作用,参与到问卷的设计、发放和分析过程中来。

社区调查的目的是行动取向的,而不是纯粹的科学研究和理论总结,所以社区调查的过程就应有问题意识的指引,有居民动员、参与;社区调查之后,应该有一个社区发展的项目计划。社区发展的项目计划和其他模式(比如下一章的社会策划模式)相比,更强调在社区发展项目中的居民参与和居民组织的成立和维持,注重通过居民的内在动力和能力发展社区。一般的社区发展工作计划的组成结构如下:

(1) 社区问题的认定和评估。主要是启发居民考虑按照什么标准,把什么现象定义为社区共同面对的问题,然后来详细地描述这类问题存在的状况、影响的范围、问题引起的居民的焦虑程度等,然后再启发居民分析问题的成因和解决这些问题所要面临的困难以及解决问题所认可的行动方案。

(2) 社区发展的目标和工作任务。共同讨论社区发展中居民的需求是什么,把这些需求清楚地表述为社区发展的蓝图和目标。要注意的是,不要给居民一个幻想,建立好大喜功的空目标,而是要结合现有的社区资源、动力以及可以争取到的外在资源、技术帮助和现有的能力水平,把目标定得既有一定的前景,又比较现实。

有了社区发展目标,接下来就要把远景的总目标分解落实成可以操作的具体的任务目标。通常而言,具体任务目标主要包括:成立一个什么样的居民组织;如何开发资源,投入社区发展中;选择什么样的发展项目或居民活动,来具体落实发展工作;人员的分工、调动等。

(3) 社区发展中居民组织的策略选择。就是要提前估计,为完成上述任务目标,应该去和哪些对象联系,采取什么方式联系,如果遇见阻力和困难,如何克服;在内部,如何激励鼓舞大家的士气,化解内部的矛盾等。通常而言,社区发展的基本策略是对组织外部要尽量的团结、合作、沟通、协商,在内部也是沟通、协商、民主决策。当然不排除,在关键阻力时刻,也要采取竞争或对抗的策略。

(4) 社区发展项目的评估计划。就是要提前考虑整个社区发展项目如何评估和反馈,不断地总结经验,更好地推动社区发展。在社区发展计划里主要是把工作努力、工作产出等都以可操作的指标描述清楚,以方便日后的评估。可供考虑的项目评估方法有过程评估、工作努力评估、效果评估、效益评估等方面。具体方法在下一章讲述。

(三)建立和发展居民组织的方法

社区工作者从事社区发展的过程,一方面是促进社区经济、社会、文化的发展,解决社区问题,提高社区的生活质量;但是另一方面,更重要的是要注重发展过程中居民的动员、组织、民主参与和发展能力的提高。所以很多人强调社区发展的本质更偏重过程目标的实现(Jack Rothman,1978;Murray G. Ross & B. W. Lappin,1967/1978),或者直言,社区发展的本质是组织的过程和教育的过程(徐震,1985)。具体的居民组织的方法,介绍如下(林香生、黄玉唱,2002;郑凤萍,1997;冯国坚、朱昌熙,1998):

1. 清楚界定和大家共识组织的目标

一个组织的存在,必须使组织成员都清楚并同意居民组织的目标和使命,这样大家才会接受组织的任务、决定组织的工作项目和行动策略,并有利于内部的协调和团结,建立内部组织结构和岗位设置,也便于大家评价组织的成就和对成员激励。

2. 功能清楚的组织内部结构和岗位分工

组织内部的结构和岗位建立必须明确功能,界定清楚相应岗位的职责和权力。而且应该明白社区居民组织的结构应该逐步结构化,也就是刚开始组织的结构应该保持弹性和开放,尽量吸纳更多的居民加入组织中来,参与组织的会议和讨论,组织的会议应该多民主谈论,少结构性强的布置任务。但是应该逐步地使组织的结构和组织的会议有更加明确的功能和任务,组织的工作也应该更加的程序化,以提高组织的效率,使组员能看到组织的成就,保持对组织的参与热情。

3. 对组织成员的激励和组织领袖的训练

居民组织一定要在目标功能明确的前提下,吸引更多的社区成员加入社区组织。那么动员居民参与是组织维持和发展的重要工作。居民参与社区组织的动机分为:追求自身利益动机、追求组织中的权力和身份、享受组织中接纳支持性的人际关系、逃避自身在组织外的问题等。通常居民参与社区组织的类型有:担当居民组织的领袖、执行组织的任务、配合组织的活动、支持组织的活动等。社区工作者要善于利用居民的参与动机和参与类型来尽量广泛地动员社区居民参与社区活动。当然要注意的是对居民的参与不是简单地利用和动员性质,而是要有教育和成长的元素,引导居民在组织活动中,逐渐意识到并学习掌握民主讨论、理性思考、善用权力、珍惜友情、善待批评等组织参与的良好方式。

组织领袖的训练是组织维持发展的关键任务,所以选出优秀、负责的组织领袖,并注意培训领袖的领导能力是社区组织发展的重要任务。社区居民组织的领袖最大的特点是具有民主作风、联系群众、乐于奉献、敢于负责。当然这些领袖的素质不是天生具备的,而是在个人特质基础上,经过培养锻炼养成的。所以要注意让有潜力、积极负责的居民,经过组织成员的民主选举,担当组织领袖,并在实践中继续接受培训和自我反思总结，不断改进领导方式。当然社区工作者的一个重要工作是对社区居民领袖进行培训和督导，主要的方式可以采取正式的系统学习和非正式的日常实践中的反思对话。培训的内容包括认知、情感和行为技巧等方面，具体包括：社区问题的分析策划能力、组织日常工作的运作程序和办公技巧、一般性活动的程序设计和执行、组织危机及冲突事件的处理等。

4. 组织的财政资金支持

通常一个组织的维持是需要持续、足够的资金支持，所以社区工作者必须一起和社区居民组织讨论，如何募集资金，保证组织的财政支持。通常社区组织资金的募集方式分为外部筹资和内部筹资两大种。

外部筹资的方式：

(1) 向基金会申请项目资助。如果居民组织发展的是社会公益项目，可以向一些福利基金会、国际基金会等申请项目经费资助。

(2) 向政府的一些社区发展拨款机构申请资助。比如每年政府财政都有扶贫资金，资助贫困地区的农村经济开发，如果社区居民组织是扶贫开发项目则可以申请政府的扶贫资金。另外，相关的政府机构，比如体育部门管理的体育彩票基金、民政部门的福利彩票基金都对社区体育、社区福利项目提供拨款资助。

(3) 向国际机构或者是外国政府的驻华机构申请资助。有些国家机构或者外国政府的驻华机构提供社区发展资助项目。

内部筹资主要方式：

(1) 收集成员会费。如果社区组织是会员收益型的项目，而且会员有支付能力的话，可以向会员收取相应的会费，支持组织的发展。

(2) 对外服务收费。如果社区组织可以提供对社区其他成员的服务项目，可以根据需求原则和成本原则，确定收费标准。

(3) 社区经济开发。社区组织可以成立生产合作社、社区供销合作社、社区商业服务社、社区维修服务、社区家政服务等经济实体，生产经营，收取费用。

(4) 其他基金筹款方式。比如销售自己的组织徽章和旗帜、组织社区居民步行筹款、组织社区名人号召捐款、影视明星和艺术名人的义演、义卖活动等。

5. 对外关系和公共关系

在社区里不止一个社区居民组织，(虽然在中国法定的自治组织只有一个)，同时社区居民组织也不仅仅是在社区内部活动，所以社区组织必须学会如何和社区内外的组织、机构打交道。通常社区组织需要认清社区中的各种组织的目标、行动方向，分清和自己的组织的目标、行动方向的关系是一致、互补还是竞争、对抗，然后要确定合适的策略去争取最广泛的支持和团结，去化解组织间的矛盾和冲突。常用的手段包括主动拜访相关组织的领袖，举办联谊会在一起交流感情和资讯，主动参加对方的庆典、仪式，主动邀请对方参加自己的庆典和仪式,遇有纠纷主动协商,学会让步和争取平衡等。

另外社区居民组织成熟以后,一定要注意不能脱离社区其他居民,保持和其他社区居民的联系,多听社区居民的意见和建议,并尽量给社区其他居民提供一些有利的服务和公益,保证长久获得居民的支持。

(四)社区项目管理的方法

应该说,虽然社区发展模式的特征是以社区居民组织和居民教育为主,注重发展过程中居民的参与和能力建设,但是社区发展的发起毕竟是从促进社区的经济、社会、文化等项目的发展开始,进而发明的一种社区发展策略。所以必须重视社区发展中具体项目的管理,让社区居民组织学会一种民主的但又是理性的项目发展管理技巧。而恰恰现在的社会工作领域常见的情况是偏重社区发展中的居民动员和居民组织,忽视项目管理技巧的使用和培养。但正像杰克·罗斯曼所讲的,社区工作的介入策略,虽然在理念上分作三大模式,但是这三大模式实际上是相互编织在一起的,在地区发展模式中也会用到社会策划的方法和技巧,也会用到社会行动的策略和行动等(Jack Rothman,1978/1996)。本章我们只是简单地介绍以下项目管理技巧的概念,具体的内容留到社会策划模式一章讲解。

一般的社会行政教科书,或者是非营利组织教科书中,都是以非营利组织(NPO)为对象来讲解策略管理技巧的。而在社区工作教科书中,社区工作技巧部分通常是以直接的社区接触、居民动员、居民组织、社区行动策略、项目评估等偏重政治、行政技巧的讲解为主。但是在美国鲁宾夫妇编写的 *Community Organizing And Development* 教科书中则有专门的章节分别介绍社区组织管理和项目管理(Herbert J. Rubin,Irens S. Rubin,1992)。我们下边就根据鲁宾夫妇的观点,区分组织管理和项目管理的技巧。

根据鲁宾夫妇的介绍,组织管理技巧主要包括建立组织结构、修改管理技巧适应一个民主的组织、为组织募集资金和财务管理等。所谓建立组织结构,是指社区组织要想发展项目,就应该组建成一个非营利公司,申请免税,选择一个主任委员会(董事会),以利于公司获得各种支持和优待,促进社区发展。所谓修改管理技巧适应一个民主的组织,是指社区居民组织不是一般的营利性公司注重营利效益,强调经理负责和垂直管理,而是注重在公司发展中让组织成员民主参与和在参与中获得成长。所以必须在借鉴一般的公司管理技巧时,应做调整和适应,比如对工作者的督导是一种支持和帮助,通过有趣、实用的培训来激励工作人员,分配工作时注意按照个人的能力和兴趣,注意调动工作中的人际关系,防止单独、单调工作的持续进行,应该把内部冲突处理引向生产性的积极目的等方向上去。所谓组织募集资金和财务管理就是指为了管理运行组织,如何募集资金和分配使用资金。

项目管理的技巧主要包括项目策划、获取项目资金、执行项目、项目评估等。所谓项目策划是指如何选择社区问题作为解决对象，然后评估需求、设定目标、计划项目活动的次序，然后进行成本、收益分析，决定项目的可行性。所谓的获取项目资金是指在项目获准立项后，通过自己的产品销售、申请各种拨款、贷款成立商业、游说政府资助等措施，获取资金，支持项目的发展。所谓执行项目是要建立项目发展的时间表，有计划地监督项目活动的执行，并预计突发事件，应对危机和冲击，也包括是否把某些项目活动承包给其他机构完成，或者合作完成等。项目的评估是指监视项目的执行情况，评估项目的结果和影响，评估项目目标的完成程度，处理意料之外的一些影响等。这些项目管理技巧我们下一章详细谈论。

第四节　地区发展模式的讨论和启示

一、地区发展模式的讨论

（一）关于地区发展模式的发展理念

地区发展模式的发展理念不是固定不变的，大致来说，我们可以从地区发展包含的发展的方面、发展的过程、发展的目标和策略等角度来讨论发展理念的变化。

就发展的方面而言，传统的主流的发展观念是指地区的经济水平的增长和经济结构的升级，认为发展是经济学家，尤其是发展经济学家的专业，他们提出发展国家的经济增长的条件、阶段和经济结构转变的方向，一般来说，都是根据西方发达国家的经济增长和经济发展的经验来指导发展中国家的经济发展道路，一般都被概括为现代化。当然在具体到落后地区的经济发展，有的人强调农业发展的重要性，认为农业发展不但是对国家的工业化提供农产品，而且农业发展是整个人类发展的基础，随着农业发展，农民会增加、改变农业知识和技巧，随着农民使用越来越多的新技术，农民的观念也会改变，随着农民和商人以及政府机构的接触，他们会逐渐地接纳更大范围的世界观，他们会渐渐成为现代公民，成为国家的一个合格的成员（Irwin T. Sanders，1983）。有的人强调经济发展中的工业发展，认为工业化增长有四个条件：一是价值观念的改变，必须由初级的亲属关系和责任观念转变为个人动机和重视成就表现；二是制度条件，包括劳动力的流动要跨地区和追求社会动机声望，有商业化的交换条件，理性行动的制度化等；三是组织条件，行政管理的组织和科层组织把工业技术和专门化及协调手段联系起来，还有相应的金融组织、社会交通和沟通组织、当地的住房、道路、供水及其他公共服务组织等；四是动机条件，也就是个人要有改善自己的雄心和获得教育手段来促进实现个人的雄心(Irwin T. Sanders, 1983)。

当然有许多人认为发展不仅仅是指经济发展,还应该包括社会发展。比如联合国教科文组织(UNESCO)就强调教育在现代化过程中的重要性,努力在发展中国家推行初级教育,提高人们的阅读、写字能力,改善个人和国家的生活。联合国的福利委员会成员艾伦·温斯顿(Ellen Winston)就提出社会福利系统在整个国家生活中的功能。一种观点是剩余角色,即当正常的社会结构失效时,社会福利系统开始发生作用;另一种观点认为福利行为是现代工业社会中的积极的一线功能,和其他主要的社会机构合作促进社会的改善(Irwin T. Sanders, 1983)。现在大家都认为发展不仅仅是资本、技术、劳动力、产业组织和制度、市场体系等经济要素的投入和建设,而且包括教育、社会福利、人权保护、民主政治、文化遗产、生态平衡等发展,甚至是价值观念、社会规范和人际关系的改变。一般都引用美国学者奥格本(William Ogburn)的观点,认为社会的变迁分为三个层面:最先是物质文化的变迁,然后是制度文化的变迁,最后是价值文化的变迁。而且三个层面的变化应该协调,否则会引起文化失调,导致社会问题。

就发展的过程而言,传统的主流看法认为发展就是一种进步,进步是一种线性的现代化过程,即会不断地由低级向高级、由简单向复杂、由落后向先进变化的过程。而所谓的进步的现代化发展观主要就是以欧洲、北美发达国家的经验为模仿和追赶对象,借鉴欧洲国家发展市场机制,进行工业化和城市化,实行外向型经济,对外贸易、参与国际分工等,这种发展道路被称为是一种欧洲中心主义。但是到20世纪60年代以后,这种以欧洲和北美的发达国家为模仿和追赶对象的现代化模式,除"亚洲四小龙"获得这种发展模式的成功,其他大部分发展中国家都不成功。新马克思主义的依附理论则进一步分析外围的发展中国家的群体是依附于中心的工业化国家的贸易和投资,认为这种依附关系中的贸易优势都被中心国家所获得,外围国家成为中心国家的原料来源地和工业品市场,发达国家和发展中国家的差距越来越大;而且外围发展中国家在加入全球资本主义经济体的同时,越来越限制了原来适合当地结构和文化的发展道路,所以一些人就主张发展中国家和西方国家脱钩,靠国内的政府政策主导或者计划,反对加入全球化的过程,走内在进口替代的工业化发展道路,但是脱钩内在工业化道路仍然是无法追赶上西方国家的经济发展水平,而且也在导致国内的财富两极分化、生态破坏、传统产业和技术的丢失(Malcolm Payne,1997;许宝强,2001;班努里,2001)。所以到20世纪80年代,作为对依附理论观点的另类回应是小社群主义的发展观点(neo - populism)。所谓小社群主义的发展观是强调通过小规模的,大家民主参与的,自我服务和自我满足需求、自我管理的合作经济来促进当地的发展,免受全球化城市发展带来的西方的剥削(Malcolm Payne,1997)。这种以社区为本的小型合作经济形态,不但在发展中国家的农村开始探索,而且在发达国家的内地城市的贫穷落后社区也开始探索尝试，而且成为 20 世纪 80 年代以来西方国家城市社区发展的主流的方式（Herbert J. Rubin & Irene T. Rubin，1992）。

就发展目标和促进策略而言，毫无疑问，当初提发展主义的时候，都是把人们生活的改善、民族的强盛、社会的公平当作发展的目标，只不过需要反思的是就选择的发展道路和发展方式是否促进了这些目标的实现。自由主义的工业化、现代化发展观认为，自由市场机制、工业化和参与国际贸易可以提高生产效率，扩大社会可消费产品供应，增加人们的消费。但是经验分析却发现，这种发展道路并没有带来落后地区的经济增长，缩小和发达地区的差距，而是成为发达中心地区的依附，变成中心发达国家的利润来源，是资本扩张和资本剥削的对象，同时本民族原来的生活方式、生活智慧，当地的环境和资源遭到破坏，面临更严重的发展危机（塞林斯，2001）。而同样，集中计划经济的发展模式和国家主导式发展道路也都认为靠国家政府的计划指挥或者国家的政策主导带来现代化的科学技术进步，会促进社会生产力的提高，增加人民生活福利，但实际上都是一种发展主义的神话，都是在强化一种十分褊狭的习见，限制开拓新的发展空间（许宝强，2001）。其实，现在真正应该反思的是发展到底为了什么？谁在发展中受益？发展的理想结果应该是什么？发展不应该是少数资本家的财富积累、大多数人的贫困；发展不应该是不断地扩大人们的欲望，引导人们不断地增加劳动强度和焦虑；发展不应该破坏掉人们的生活环境、生活方式，生活在一个生态恶化、环境污染、资源枯竭的条件。这些反思进一步引导人们思考什么是幸福的生活，什么是理想的目标，什么是舒适的生活条件等问题社区主义的发展策略对这种发展目标和发展手段的关系有自己独特的理解。认为发展的目标不再是不断增加的市场利润，也不再是不断创造的消费欲望，而是在当地的社区文化条件下适当受约束的需求满足，而这种需求满足的手段不是通过货币为媒介的市场交易机制，而是小社区范围的合作经济、劳动交换，并且要维持社区的生态平衡和环境保护，促进可持续发展，把发展的收益让参与合作的合伙人共同分享，大家把生产、劳动过程也看作是情感交流、合作团结的过程，而不只是受别人雇佣、监督的雇工，充分享受劳动过程的人际情感交流（塞林斯，2001；Herbert J. Rubin & Irene S. Rubin，1992）。

（二）关于地区发展模式的工作策略

地区发展模式的工作策略根据杰克·罗斯曼等人的概括，强调沟通、协商，达成共识，寻求更多的人参与到发展的对话和谈论中来，当然他也指出实际上地区发展模式也会用到冲突策略，来对待社区发展的阻力和压力。我们在前面已经指出，共识策略是假定人们是倾向于合作、团结，达成社会发展的共同目标和共同利益，指出民主参与被假定为人们增加自己的信心和获得工作中的满意人际关系等挖掘居民潜能的有效手段(means of empowerment)。并且这种模式甚至拒绝外在市场体系和国家行政权力的渗透,把市场体系和行政组织当作对社区压迫和剥削的外在威胁。这种靠内在参与、合作、民主管理、社区自我控制的发展策略确实有其理想的方面,也确实是对市场经济条件下的物质主义、劳动异化、两极分化、资本剥削等弊端的反对和批判,是对集中计划行政组织下的国家控制、价格限制、剥夺农民剩余劳动等弊端的反对和批判。但是,问题是这种理想化的发展策略在面对现代全球化冲击、市场的引诱、行政的压力如何保持?是拒斥,还是参与?拒斥可能带来地区的更加落后和关系的紧张;参与则可能带来遭受剥削和原有的社区环境和生活方式的破坏。如此看来,发展的问题又是一个政治的问题,必然涉及权力的维护和对抗,这自然有悖地区发展模式的基本的共识策略倾向。

二、地区发展模式对我国农村扶贫和城市社区建设的启示

(一) 对我国农村扶贫发展的启示

中国的农村扶贫开发当然是一种地区发展实践。只不过中国的农村扶贫开发的策略有自己的特点和经历了一些变化。在1978年之前,中国的农村经济发展基本政策是集体化农业劳动生产,国家计划农作物种植,并规定农产品价格和统购统销农产品,是把农村作为国家整个工业化战略的资本积累的贡献者。当时对农村的贫困援助是靠村集体经济的公益金、家庭照顾和国家的农村救济等手段。之后,农村地区实行家庭联产承包责任制,提高农产品收购价格,允许发展乡镇企业,农村地区大幅度提高经济增长水平,农村贫困人口大幅度减少。国家对农村地区划分出18片贫困地区,采取计划手段,实行以工代赈的方式对18个贫困地区进行扶贫援助。具体的手段是国家通过计划委员会制订以工代赈扶贫计划,把扶贫物资(多数是工业生活用品)拨到贫困地区,由贫困地区的计划委员会落实到各个乡镇、村庄,开展扶贫工程(多数是道路、涵洞、水利、农田建设),并要求地方出配套资金。

从1986年开始,国家成立扶贫开发领导小组,重新划定农村贫困地区类型和区域,有针对性地进行开发式扶贫;在1994年又开始实施《国家八七扶贫攻坚计划》,进一步明确了开发式扶贫的方针。新的扶贫开发一个是强调国家对贫困地区的扶持援助和优惠政策,另外是强调扶贫资金使用效益的提高,注意在贫困地区适应市场经济机制和体系,在教育、科技、文化上扶持贫困地区,进行智力扶贫(石友金,1999)。由此可见,我国的扶贫策略是政府主导、市场诱导、社会参与,是整个国家现代化进程的一部分,是社会主义市场经济建设的一部分,是经济发展为主导,教育、文化、卫生、科技发展并重的社会主义两个文明建设的一部分。

毫无疑问,我国的扶贫开发取得了重大成就,我国贫困地区贫困人口由1993年初的8 000万,减少到2000年的不到1 000万,贫困地区的基础设施建设大大改善,农民收入增加,生活水平大大提高,农村产业结构得到调整,市场经济适应能力得到发展,贫困地区农村的社会、文化、教育、卫生、科技状况不断改善。

但是也应看到,中国农村扶贫开发走的现代化、市场化道路也带来一定的问题,农业生产市场化增加了农业的风险;农产品市场价格低、农业投入成本高导致农民增收困难;农村经济的发展缓慢导致农村社会秩序的不稳定,传统的家族关系网络重新成为农民的规避风险的保护网;农村自然生态的破坏导致农村发展的可持续性降低等。所以中国农村的发展同样需要面对前面讨论的发展中国家农村社区发展中存在的问题,比如发展的目标是什么,谁的发展,如何发展,市场导向和农业产业化是否是农村发展的惟一指明灯,还是一种幻想等问题。华勒斯坦(Wallerstein)提问的这些问题在中国农村发展中同样有现实意义。提倡一种注重社区居民的参与、民主管理、平等分配,注重发展过程当中的居民能力挖掘,保持民族文化和自信,尊重当地的知识和技术,避免把传统的文化和技术简单地看作落后,避免把当地居民改变成为简单的雇佣劳动者,或许在中国的农村发展中也是一种积极的有启发的发展思路。提倡一种参与式农村发展在中国已经开始实践(李小云,1999)。

(二) 对我国城市社区建设的启示

我国城市社区建设发端于20世纪80年代中期的城市社区服务,到20世纪90年代开始提倡社区建设,在2000年,中共中央办公厅、国务院办公厅转发了《民政部关于在全国推进城市社区建设的意见》。中国城市社区建设是在中国城市社会转型、体制改革过程中,为加强城市社会管理体制改革,改善城市居民的生活质量,配合国企改革建立社会化的社会保障、社会服务体系,加强社会主义精神文明建设,巩固城市基层政权和基层民主自治建设而提出的。目的是要建立社区为本的管理体制和运行机制,建立社区为本的社会服务体系,建立一个地域为特征、认同为纽带,管理有序、服务完善、环境优美、治安良好、生活便利、人际关系和谐的新型现代化社区(中办发[2000]23号)。中国的社区建设是一种生活服务体系建设、社区环境建设和社区管理体制建设的复合体,社区建设的手段主要靠政府主导,社会力量参与,专职工作者和志愿工作者相结合,逐步过渡到社区自治建设为主导,政府管理相配合的模式。社区建设的策略采用的是传统的行政网络来动员社区居民配合参与政府的社区工作计划,同时结合市场化策略来推行社区服务产业化、实体化和法制化。

我们思考中国城市社区建设的内容和策略,会发现中国的城市社区服务偏重社区行政管理、社区福利服务的市场化、社区建设的生活化。这种策略忽略了社区的生活共同体的基本定义,简单地把社区理解为地域生活场所,没有社区居民的自主决策控制社区发展方向和活动，削弱了居民自主开发利用社区资源、解决生活问题的可能性，把社区当作国家政权建设的延伸，当作市场体系扩张的基层空间。其实，我们可以借鉴西方国家城市社区发展的策略方针，一是社区发展不仅仅是居民的生活环境，也是居民的合作生产的场所；二是社区经济不是市场经济的延伸，而是社区居民合作生产、消费的经济形态；三是社区发展主要靠社区居民的参与和合作，外界不是要管理社区，而是要靠社区自治；四是专职社区工作者不是社区的领袖，而只是在促进社区发展的工作人员，社区居民才是产生社区领袖的真正基础；五是社区发展不仅仅是提供福利服务项目，更重要的是居民在社区中的自主参与、自我发展的能力提高等。

主要参考文献

1. 徐震：《社区发展——方法与研究》，（台北）中国文化大学出版部 1985 年版。

2. 林香生、黄玉唱编，刘继同译：《社区工作实践：社区工作》，香港理工大学应用社会科学系出版 2002 年版。

3. 黄洪：《社区研究与行动研究》，载甘炳光、梁祖彬等编：《社区工作技巧》，香港中文大学 1997 年版。

4. 郑风萍：《地域性社区组织的成立及维系》，载于甘炳光、梁祖彬等编：《社区工作技巧》，香港中文大学出版 1997 年版。

5. 冯国坚、朱昌熙：《社区组织》，载甘炳光、梁祖彬等编：《社区工作：理论与实践》，香港中文大学出版 1998 年版。

6. 冯伟华、李丙伟：《地区发展》，载甘炳光、梁祖彬等编：《社区工作：理论与实践》，香港中文大学 1998 年版。

7. 石友金：《反贫困行为研究》，江西人民出版社 1999 年版。

8. 李小云：《谁是农村发展的主体》，中国农业出版社 1999 年版。

9. 李小云：《参与式发展概论：理论—方法—工具》，中国农业大学出版社 2001 年版。

10. 许宝强：《前言：发展、知识、权力》，载许宝强、汪晖主编：《发展的幻想》，中央编译出版社 2001 年版。

11. 塞林斯著，丘延亮译：《原初丰裕社会》，载许宝强、汪晖主编：《发展的幻想》，中央编译出版社 2001 年版。

12. 班努里著，陈耀波、刘传伟译：《发展与知识的政治：现代化理论在第三世界发展中的社会角色的批判诠释》，载许宝强、汪晖主编：《发展的幻想》，中央编译出版社 2001 年版。

13. 中共中央办公厅文件：《中共中央办公厅、国务院办公厅关于转发〈民政部关于在全国推进城市社区建设的意见〉的通知》（中办发[2000]23 号）。

14. Midgley, James. 1995. "Strategies for Social Development." In *Social Development: the Development Perspective in Social Welfare*. London: Sage.

15. Payne, Malcolm. 1997. "Social and Community Development." In *Modern Social Work*

Theory. London: Macmillan Press LTD.

16. Ross, Murray G. & Lappin, B. W. 1967. "Some Conceptions of Community Work." In *Community Organization.* New York: Harper & Row.

17. Rothman, Jack. 1968/1978. "Three Models of Community Organization Practice, Their Mixing and Phasing." In National Conference on Social Welfare, Social Work Practice. New York: Columbia University Press.

18. Rothman, Jack. 1996. *The Interweaving of Community Intervention Approaches.* The Haworth Press, Inc.

19. Rubin, Herbert J. & Rubin, Irene S. 1992. *Community Organizing and Development.* Massachusetts: Allyn & Bacon.

20. Sanders, Irwin T. 1983. "The Concept of Community Development." In Cary, Lee J. *Community Development as a Process.* USA: University of Missouri Press.

第五章

社会策划模式

第一节　社会策划模式概述

一、社会策划模式的概念

社会策划即社会计划作为一种社会发展的理性主义、社会工程学的具体应用,是超出社区工作的范围的。不论是在国家的宏观发展计划、社会问题的社会政策策划、地区重建规划、项目管理计划,还是到家庭计划、个人发展计划等都可以体现理性和计划的理念。而社区工作是就某个微型地理社区或功能社区而开展的组织和服务工作,所以与社区工作相关的社会计划应用可能会在地区重建规划、社区问题的政策策划、社区服务的项目管理、社区居民组织的计划管理等方面。社会策划模式既是一种社区、社会发展的发展策略,也是指具体的发展项目的策划管理。

1. 杰克·罗斯曼(Jack Rothman,1968/1978)的定义:社会策划模式是强调有关实质性问题,比如青少年违法、住房、精神健康等问题的技术程序解决重点。理性、精心策划和有控制的变化是其核心。在很大程度上,这里关心的重点是建立、安排和提供商品和服务给有需要的人们,而不是社区能力的建立或者促进社会根本的改变。

2. 地区社会服务规划的定义:其实在杰克·罗斯曼的定义里就是强调了在社区范围里对实质性问题采取的理性程序化的服务设计和供应,以解决问题,满足需求。而所谓的社会服务的理性策划,根据赫伯特·西蒙(Herbert Simon)的看法是指在多种备选方案中选择一个能最大实现决策者的价值的方案,这个选择是在根据综合分析各种可能方案和它们的结果后作出的。当然完全的理性的分析是不可能的,在现实中,理性总是有限的理性,即对各种可能方案的选择不可能是最大化决策者的价值,而是令决策者满意或感到足够好就可以了(Chris-

topher Ham & Michael Hill,1993)。

3. 城区规划的定义:城市规划或者城区重建计划是对一个城市、城市中的一个区域,根据社会系统、功能理论,对城区的发展进行的规划设计。城区发展规划可以是整个社区的综合发展规划,也可以就城区发展的某个方面进行规划设计。城区发展或重建规划是根据社会学家帕森斯(Talcott Parsons)的社会系统功能理论,经社区理论专家华伦(Warren)应用到社区发展当中的。华伦认为社区也是一个在一定的外部环境下的互动的结构组织,它通过区分和环境的关系表现出边界维持功能,它可以通过适应外界的变迁保持均衡,来把外界变化带来的变化对组织结构的影响减少到最小(F. Ellen Netting, Peter M. Kettner & Steven L. Mcmurtry, 1997)。在后来的社区发展规划中,都根据系统功能理论,全面规划社区的界限范围、社区的功能组织、社区的硬件环境和社区的规范联系等软件方面的建设(徐震,1985)。

4. 中国城市地域功能社区建设的定义:中国的城市社区建设是在重新调整划定《城市居民委员会组织法》规定的微型地域社区的基础上,根据社会转型所带来的新问题,而由政府主导、社会参与,强调居民的生活服务功能建设,加强社会管理体制,保证社会秩序稳定而开展的工作(民政部基层政权建设和社区建设司课题组,2000)。在各个城市的社区建设实践中,大都强调要根据理性原则规划法定地域社区的范围、组织建设、服务功能设施建设、社区建设治理体制和机制探索,以保证社区居民有一个"管理有序、服务完善、环境优美、治安良好、生活便利、人际关系和谐的新型现代化社区"。而且基本上形成的意见是:社区建设是社区管理体制、社区管理组织、社区服务设施和社区生活环境建设,主要包括"拓展社区服务、发展社区卫生、繁荣社区文化、美化社区环境、加强社区治安"等方面的内容(中办发[2000]23号)。在这里一般不强调社区经济发展,在中国主流的看法是,经济发展是市场机制调节的范围,不是社区建设的范围,所以把原来街道、居民委员会办的企业公司等都进行改革,变成自主经营、自负盈亏的市场经营主体,和街道的经济联系是投融资关系和税收缴纳关系,街道经济成为税源经济。当然也有个别地方和学者,坚持社区发展是可以包括经济、政治、科技、教育、文化、体育、卫生、服务、安全、交通、环境等方面综合计划发展,比如上海的城市社区发展在区级和街道两级就有综合的发展规划(吴铎,2000)。

二、社会策划模式的基本假设

1. 关于人的假设。在社会策划模式下,一般倾向于认为人都是理性的,人是理性追求自我利益最大化的,人际关系一般都是理性选择的工具性交换关系。但是在社会策划模式下并不认为这种关系会导致人际关系的异化和疏离,相反在理性原则指导下的人际互动会带来社会活动效率的提高,个人满足手段的增多,个人需求的满足等。

2. 关于社会的假设。社会策划模式下的社会假设是典型的系统功能主义的社会观,认为社会系统是建立在个人之上,而又相对客观、独立的一个系统整体,有自己的边界,有自己的平衡机制,有自己的分化增长机制,各个子系统通过能量交换实现自己的功能。当有外部冲击的时候,会带来社会系统的失衡,但是系统会通过调整渐渐恢复平衡,并提升原来的系统平衡的水平。

3. 关于行动动机的假设。社会策划模式下的个人行动动机的假设正是其人性假设的延伸,认为人是理性的,有认识能力和能动实践能力的,人会在价值、利益等诱导下理性地追求个人、社会利益的最大化增长。而且社会策划模式认为,人必须进行管理和规矩,这样才能带来社会的秩序和合力,否则人的理性自私的动机会带来社会的混乱和人际的冲突,甚至斗争。

4. 关于发展和变迁的假设。社会策划模式下的社会发展、变迁的观点是一种理性进步观点,但是这种理性进步观点不是自由主义的自然和谐论的,也不是社会生物学的适者生存、竞争进化论,而是一种主张通过对社会发展规律的系统研究认识,掌握社会发展的内在规律,然后统一计划、管理,促进社会的发展和变迁,或者说是一种有计划、有组织的控制和引导社会发展的社会工程论。

三、社会策划模式的目标

根据杰克·罗斯曼的划分,在社会策划模式下,社区工作的介入目标主要是以完成具体的任务为重要目标,在西方社会,主要是指解决社区中存在的主要问题,比如精神健康照顾、城市规划、居民住房、物理康复和酒精依赖者康复等。也就是说,西方的社区社会策划主要是指针对社区存在的社会问题,评估需求和目标,然后设计提供具体的社会服务项目,来满足居民的需求。但是在中国的城市社区建设规划中,则不但包括社会服务项目的规划,而且包括解决社区问题,还进一步包括如下几个方面的规划建设。

1. 社区建设范围的规划目标。中国城市社区建设是在政府主导推动下进行的,而且有其历史背景。原来中国的城市基层管理是根据《城市居民委员会组织法》,在城市街道办事处下划定居民委员会的管辖区范围,进行自治管理。虽然说是自治管理,但是主要是完成政府的行政管理任务,所以有明确的行政区域范围。在社会转型加速、社会问题增多的20世纪90年代,加强社会管理,控制社会秩序本是中国城市社区建设的基本动力,所以社区建设首先就是要根据“便于居民自治、便于城市管理、便于社区建设”的原则,调整居民委员会的管理范围,一般以1 000户至1 500户居民为宜;如果是成建制、成规模的生活小区可以在增加干部力量的前提下单独设置居民委员会;集体农转非的村庄,可成建制地转为居民委员会(民政部基层政权建设和社区建设司课题组,2000)。

2. 社区组织建设的目标。加强社区管理,保证社会秩序是中国城市社区假设的基本追求之一。而社区管理则需要有贯彻中国共产党的领导的基层党组织和进行居民自治管理的社区自治组织,所以加强社区党组织和居民自治组织建设,构建新的社区组织体系是中国城市社区建设的目标之一(中办发[2000]23号)。当然,也有人提出发育民间非营利组织和社会中介组织,承担社区服务、居民自助功能,也是中国城市社区建设的组织体系建设的内容之一。

3. 社区建设管理体制和运行机制的规划目标。中国的城市社区建设是处在由计划经济时期的以单位为基础的垂直系统社会管理向市场经济条件下以地域为基础的划块分级管理的体制转变背景下进行的,所以探索改革城市基层管理体制,建立与社会主义市场经济体制相适应的社区管理体制和运行机制也是中国城市社区建设的目标之一(中办发[2000]23号)。近期的社区管理体制目标是"地方党委和政府领导、民政部门牵头、有关部门配合、社区居委会主办、社会力量支持、群众广泛参与的推进社区建设的整体合力"(中办发[2000]23号)。有学者提出我国社区建设的时序发展模式是"我国城市社会由单位——行政制,经过行政——社区制,再到达社区——行政的过程",也就是说,在初期,还是政府行政主导,街居基层组织成为社区运行的行政主体,并以此为基础去动员、组织社区居民参与社区建设;社区建设的发展期,街居基层组织与社区成员在服务和管理层面共同建构合作关系,社会因素明显成长;在社区建设的成熟期,形成较强的社区自治组织体系,作为政府代理人的街道办事处同作为自治组织的居民委员会相对分离,并形成街道(政府)——居委会(自治组织)——社区民间组织(经济、文化及服务组织)——社区成员(居民与驻区单位)既合作又制约的关系体系。

4. 社区服务项目的规划目标。中国的城市社区建设中的社区服务项目有广义、狭义之分。广义的社区服务应该是指整个社区建设的具体项目,包括社区卫生、环境、文化、福利服务等。狭义的社区服务主要是指由社区街道办事处的社区服务中心和居委会的社区服务站对社区居民提供的福利服务、便民利民服务、下岗再就业服务和社会保障社会化服务,面向社区单位的后勤保障服务等。就广义的社区建设项目规划而言,中国目前的官方主流看法是重点搞好社区生活服务,社区卫生保健、计划生育、康复服务,社区文化、体育、科普、教育、娱乐等服务活动,社区环境净化、绿化、美化服务等,社区安全防范、民事调解、法律咨询、缓刑人员和劳改释放人员的帮教等服务活动这五个方面,不包括社区经济发展(中办发[2000]23号)。

5. 社区建设人员队伍的规划目标。中国原来的城市居民委员会是整个单位制社会管理体制的补充,所以居委会工作人员名义上是义务志愿工作人员,但是其实是接受政府补贴的全职工作人员,不过他们待遇低、工作条件差、人员年龄结构老化和教育层次低。在新的社区建设任务下,社区管理和社区服务的任务都比原来单位制下的任务要复杂和繁多,所以提出来要发展一支专业化人士结合志愿工作者的社区建设人员队伍,采取社会公开招聘、民主选举、竞争上岗等办法,选聘社区居委会干部,改善工作条件和生活条件(中办发[2000]23号)。但是,现在的实际做法是街道办事处政府招聘的专职受薪工作者到居委会参加选举成为社区居委会主任。这样的体制违背了社区居委会主任应该是社区居民自己的领袖的原则,而且也造成新的居委会干部的身份冲突,导致居委会自治组织变成了政府办事机构的下属办事机构,有悖居民自治的社区发展方向(郭伟和,2001)。所以必须重新考虑专职社区工作者的身份问题,参照西方国家社区的做法,专职社区工作者要么是基层政府的受薪工作者,要么是民间机构的受薪工作者,然后到社区协助居民进行居民组织和社区服务,而不应该直接充当社区居民的领袖。

四、社会策划模式的发展

(一)发展中国家社会经济发展规划模式的变化

社会发展的规划模式是伴随着20世纪的国家干预范围的扩展而渐渐成为一种社会发展模式。在19世纪之前,西方国家流行的社会发展理念是古典经济学中的自由放任模式,即相信自由市场经济机制像一只无形之手会自动引导着理性自私的个体追求各自的利益的最大化,社会整体利益也会因为个人利益的增加而总量增长,政府在社会发展中的作用仅仅是负责国家安全和社会治安维护,像一个“守夜人”,最好的政府是最小的政府。但是到了20世纪30年代的资本主义世界的经济大萧条的发生,社会问题、经济周期中的经济危机问题催生了凯恩斯主义经济学。凯恩斯主张政府应该通过需求管理政策来干预经济的发展,尤其是在经济萧条时期,货币政策失效,只有靠政府的财政政策,扩大支出,举办公共工程、增加社会福利支出等来扩大需求,进而带动整个有效需求的扩大,促使经济复苏。在第二次世界大战之后,不管是发达国家,还是在广大发展中国家,政府的职能都有了很大的扩展,主要体现在社会福利政策、宏观经济政策、宏观经济发展规划、市场规则管理、人口政策、环境政策等诸方面。当然社会主义国家的经济发展规划不是像资本主义国家作为市场机制的补充出现的,而是认为社会主义的基本经济制度(生产资料公有制)作为一种基本生产关系条件,从而保证了社会发展的基本要求(有计划按比例发展)。就整个世界而言,注重经济社会发展规划的主要是在社会主义国家和广大发展中国家,发达国家虽然有较完善的社会政策和经济政策,但是相对而言,都重视市场自由,而反对经济计划。

在第二次世界大战之后,发展中国家在国际组织和本国政府的积极推动下,广泛采用计划策略来促进快速经济增长和现代化。早期的现代化理论主张所有的可利用的资源都被配置到工业投资和其他现代企业里,推迟消费。而且主张应该减少社会支出,优先保证一个有活力的经济体。在20世纪50年代,联合国就提倡采用经济计划促进经济增长,而且促进一种剩余补充的社会福利政策,最小程度地提供政府的服务给社会极度困难的人口。

但是到了20世纪60年代,随着对剩余福利模式的批判,联合国开始反思它原来的单纯促进经济增长的模式。反思的结果是联合国在1971年开始提倡联合社会—经济发展计划。所以在20世纪70年代,许多发展中国家开始扩展他们的中央计划机构的范围,把社会计划也包括进来。更多的社会学家、人类学家和其他社会科学家被招聘并和经济学家一起工作,也开始尝试用社会术语来界定发展概念。在20世纪70年代,国家计划开始定义发展为减少贫困和提高生活水平,逐渐增加使用社会指标作为经济指标的补充,在发展计划中也有相关章节来处理诸如教育、卫生、农村发展、住房和社会工作服务等社会领域。

在20世纪70年代晚期和80年代,作为两次石油危机的打击的结果和世界范围的利率的上涨,许多发展中国家陷入债务危机,许多政府被迫需求新增援助来解决信用责任。这导致国际货币基金组织和世界银行向发展中国家输入有条件的结构调整政策。这些政策急速削减政府在经济上的干预、减少社会支出、限制社会计划。许多国家的社会计划因此受阻,甚至不再连续进行。

当然许多国家并没有完全取消社会、经济发展计划,或者是有一些新的社会干预措施。在20世纪90年代,世界银行被许多社会发展专家出版的关于世界贫困的综合报告所震惊,关注消灭贫困成为社会问题的新焦点。

联合社会—经济发展计划模式要求政府的社会、经济计划需小心地保持和谐,平等重视经济增长和社会进步,要求经济学家和社会计划者共同投身改善人民的福利。它要求计划者接受良好的训练,获得专门技术知识以便能完成制定和执行有效的社会经济政策。它还要求政府投入到经济增长和社会进步当中。当然联合社会—经济计划模式受到批评的方面是它自上而下的程序和技术官僚主义,但是现在的社会政治条件可能会证明它是有效的,从而重新恢复采用它(James Midgley,1995)。

(二)中国社会经济发展的计划性的变迁

中国的社会经济发展计划模式的变迁和世界上其他发展中国家的经历类似。在20世纪50年代中期,中国完成了社会主义改造任务,建立了社会主义生产资料公有制和实行按劳分配等经济制度,并从苏联引入国民经济发展计划模式,制定中国的国民经济发展五年计划和每年的年度计划等。之后,我们国家一直是以马克思主义政治经济学为指导，来理解社会主义国家的经济发展，实行计划经济体制。认为社会主义国家实行了生产资料公有制，从而为促使物质资料生产的有计划、按比例生产奠定了基础，按照马克思主义政治经济学观点的优先发展生产资料部门的思想和当时的国际形式确定的优先发展重工业和军事工业的方针，整个国民经济计划形成了农村为城市工业发展提供原料和资本积累，城市轻工业为重工业的发展提供资本积累和劳动供应，整个国家压低消费，提高积累，促进国民经济的发展。国家的发展计划也是仅仅是经济发展计划，而社会福利、科教文卫事业等基本上是作为非生产部门，靠生产部门创造的财富来分配给这些部门，保证这些部门的事业发展。而且基本上当时的社会福利事业是从属于单位制中，由单位自行负责解决的，国家没有整体的发展规划，当然有相关的政策做指导。

从 1978 年开始，中国进行经济体制改革的探索，逐渐在原来的计划经济体制中增加自由资源和自由流动的空间。一直到 1992 年中国共产党第十四次全国代表大会上确立了社会主义市场经济体制的改革目标，把市场机制作为资源配置的基础机制，同时结合国家的宏观调控措施，来引导市场经济的发展。国家的宏观调控机制仍然是强调科学有效的社会和国民经济发展计划作为整个宏观调控的依据和重要手段，同时配合国家的各项经济政策、社会政策等作为调节手段，促进市场经济的发展符合国家的发展目标。而且我们国家的发展计划也由原来的单一的国民经济发展计划改为社会和国民经济发展计划，加进了教育、卫生、文化、科技、体育、社会福利、计划生育等社会发展计划。所以虽然我国目前已经基本建立了社会主义市场经济体制，并由市场作为资源配置的基本机制，但是相对于其他非社会主义国家，我们国家政府仍然掌握着国有资产的所有权，并且通过计划手段直接调配，或者通过政策手段间接调配着大量的资源用于国家的特定的发展目的，实现社会主义的基本经济规律——不断满足人民群众日益增长的物质、文化需求，实现共同富裕。比如从 1986 年开始的大规模的农村扶贫发展，从 1987 年开始的城市社区服务和从 2000 年开始的全面城市社区建设，大都是由政府计划主导、调动社会参与来促进城乡社区发展，满足人民的物质、文化需求。

第二节 社会策划模式的任务和策略

一、社会策划模式的任务内容

本章第一节介绍社会策划模式的概念时就已经谈到，社会策划模式主要是针对社区中的问题所进行的有目的的收集资料、制定服务方案、理性选择最优方案提供服务给社区。社会策划服务模式广泛应用于城市规划、社区基础设施建设、社区福利服务、社区经济开发、社区环境的可持续利用、社区人文精神的发扬等。通常在西方国家的文献里面,更多看到的是社区服务规划(城市社区工作中)、社区经济项目规划(发展中国家的农村社区发展和发达国家的城市社区经济)、社区组织的策略管理(城、乡社区发展)(Jack Rothman,1968/1978;Herbert J. Rubin & Irene S. Rubin, 1992;F. Ellen Netting, Peter M. Kettner & Steven L. Mcmurtry, 1997);而在中国的社区建设规划里还包括社区组织建设规划、社区精神文明建设规划、社区工作人员队伍的规划、社区基础设施和环境建设规划(中办发[2000]23号)。下面介绍社区建设中的社会策划的主要应用领域。

1. 社区资源开发的规划。在农村社区的发展规划,甚至是城市较大社区的发展规划,首先就是调查清楚社区的区位、地理、交通、自然资源和社会资源的状况,然后根据市场竞争的"SWOT"(strength、weak、opportunity、threat)分析模型,定位本地区的资源开发利用方向、发展远景、发展速度、发展策略等。社区资源开发的整体规划通常会由若干专业部门联合组织实施,而社区工作者主要是倡导社区资源开发规划,负责联合协调规划,组织居民提出需求和建议等。

2. 社区基础设施的规划。社区基础设施主要是指社区道路、公共交通、供水、供电、邮政、通讯、公共建设设施等方面,通常应该根据整个城市或社区经济、社会发展远景的需要,来确定社区基础设施的承受能力,从而保证社区的发展可以顺利进行。社区基础设施的规划通常是由专业机构组织实施的,但是社区工作者通常是组织居民参与社区基础设施的规划,并提出需求和建议。

3. 社区服务设施的规划。社区服务设施规划在专业社会工作中应用较多,因为社会工作是一项以助人为己任的专业,社区社会工作就是根据社区的需求,针对社区的问题,组织社区居民,动员资源,设计提供社会服务。当然这里的社会服务可以是专业机构在社区提供的服务,也可以是社区自助服务团体提供的服务,更广泛的可以是组建的社区合作经济等。社区服务的范围可包括社区卫生医疗康复服务、社区安全防范服务、社区老人照顾服务、社区居民的日常生活服务、社区环境的美化和保护服务、社区合作经济等。社区服务设施的规划比较强调培养社区居民的深度参与,并在参与中学习项目的策划管理的程序和技巧,增加自己的组织管理能力。

4. 社区组织建设的规划。社区组织建设在中西方国家有不同的内涵,我国的社区建设强调的社区组织建设包括社区党组织建设、法定的居民自治组织建设和社区非营利服务组织建设,甚至包括在社区提供服务的营利组织建设。中国的社区建设是靠社区法定自治组织来落实推行的,而且首先是保证党和政府的政策的贯彻落实,其次是社区居民的需求满足,其他非营利组织或营利企业必须通过和其合作开展社区服务,所以在中国社区建设首先是社区党组织和自治组织的建设,其次才是社区居民自助团体建设和非营利组织、营利组织的建设规划。而西方国家则是在一个国家和社会相对分离的状态下开展的社区工作,社区工作是政府和非政府组织平等地根据社区状况,组织居民,提供服务。所以在西方国家社区组织仅仅是社区居民自我服务、互助组织的建设,最多包括各个党派在社区中拉选票,组织居民参与议会政治或者是行政咨询等,而不会像我国有惟一的法定的居民自治组织和党组织建设。

5. 社区文化价值建设的规划。社区文化价值的建设规划是个有争议的话题。这里通常面临的争论是文化价值包括什么,文化价值是否可以建设,文化价值如何规划等问题。最广义的定义,文化是一个地区人们的习惯了的生活方式,而这种生活方式的价值和意义追求是文化价值的核心。但是生活价值和意义是人们在生活习惯中慢慢形成和变化的,而且是主观成分较浓厚,具有相对性。这样在对待文化价值的态度上就有分歧,如果是强调价值功能论或者价值对社会转型的工具论,则会选择进行文化建设,强调文化的选择和普及,比如马克斯·韦伯就认为促进资本主义现代文明出现的核心因素是新教伦理精神和资本主义精神是一致的,而东亚文明中的儒教、伊斯兰文化等则不适合现代资本主义的发生。但是如果强调文化价值的生命意义,对文化的理解就会是价值介入的深度诠释论,比如当代人类学家吉尔兹(Clifford Geertz)就倡导一种对当地社区文化的诠释主义的理解,从而才能理解当地社区的生活意义。当然在社会主义的中国,对待文化价值的态度显然是马克思主义的态度,坚持文化意识形态具有阶级性,只有代表无产阶级利益的文化意识形态才是先进的文化意识形态。根据"三个代表"重要思想的论述,中国共产党代表先进文化的发展方向,坚持弘扬和培育民族精神,在实践中要大力推行社会主义精神文明建设,从家庭美德、职业道德和社会公德三个层面搞社会主义思想道德建设活动,大力发展教育和科学事业,积极发展文化事业和文化产业(江泽民,2002)。具体体现在社区建设上,就是要创建文明市民、"五好家庭"、文明小区活动,大力发展社区教育、社区科普活动和社区群众文化娱乐活动等社区文化建设(中办发[2000]23 号)。

二、社会策划模式的基本原则和策略

(一) 基本原则

根据杰克·罗斯曼的总结,社会策划模式的基本策略原则是收集事实和采取逻辑性的步骤,设计出理性和可行的合适的服务方案(Jack Rothman, 1968/1978)。而香港学者梁祖彬总结出的社会策划模式的三个特点为:理性化、自上而下的改变、控制及指导未来(梁祖彬,1998)。实际上社会策划模式的工作策略原则取决于选择什么样的社会策划传统流派。根据 J. 弗瑞德曼(J.

Fledmann)的归纳,社会策划模式有四个历史传统,分别如下(梁祖彬,1998):

1. 社会改革传统。是指策划者积极参与国家的社会改良,他们透过科学知识和分析,设计出理想的计划,改良资本主义制度内的生活条件,希望依靠专家意见,通过民主制度影响政府决策,改善社会结构和资源分配,促进社会公义。这个传统,社区工作者的角色是专家的身份和鼓励者身份,代表居民向政府倡导政策的修改,提高居民对问题的关注和了解,并采取集体行动在制度内批评及尝试令政府修改政策。这个传统的基本工作策略的原则一是理性原则,二是制度内的民主倡导原则;三是自下而上策略。

2. 政策分析传统。是指策划者受聘于政府,负责提供技术指导,协助行政人员或政治家作出决策,因此是代表了公共政策传统的发展。策划者的主要工作是收集资料,利用统计及科学技术分析资料,寻找各种解决问题及应付危机的方案,相当于政策科学。策划者的角色是一种技术官僚,主要是为决策者提供智力咨询,是政府决策部门的决策顾问。这个传统下的工作原则一是理性主义;二是制度内的政策咨询原则;三是自上而下策略。

3. 社会学习传统。这个传统强调社会心理学提出的在社会环境和社会行动中的模仿学习和反思学习,重视策划中的教育过程。所以社会策划是策划者协助居民一起分析、研究问题,共同收集资料,设计方案,比较分析作出理性选择。而且认为策划是一个灵活及适应的过程,需要不断在环境及实践中学习,因应转变,对计划做适当及适时的修改,慢慢发展出来计划。所以在这个传统下,工作者的身份是合作者和教育者身份,所用的基本工作策略是理性主义和渐进主义的混合策略,自下而上的工作策略和合作协同策略。

4. 社会动员传统。这个传统是指以马克思主义和德国法兰克福社会批判学派为指导,强调对社会现状的最激进的批判,追求社会整体性的结构改变。这个传统又有两个不同的方向:一是和主流社会脱离,发展自力更生的另类集体社区;二是参与社会运动及社会革命,改变社会现有的政治经济环境。这个传统并不重视科学知识和专业地位,反对需求满足的经济利益为中心的计划和政策,代之以改变社会不平等及权力的过分集中,动员居民发展行动斗争,批判和改变现有的社会制度和社会结构。所以这个传统下的工作者是居民的组织者身份和居民的启发催化者身份,运用的工作策略是分析社会政策的意识形态欺骗性,分析社会政策中隐藏的政治及经济意义,自下而上地启发居民反抗社会政策的不合理性,走制度外的社会斗争策略等。

除了上述从社会策划模式的传统流派划分,来分析社会策划模式中的工作角色和工作策略,还有从社会策划模式的决策过程来分析不同的工作策略(Christopher Ham & Michael Hill,1993),介绍如下:

1. 理性—全面主义。这是美国学者赫伯特·西蒙提出的管理决策的原则。

西蒙认为管理的核心是作出决策,而所谓决策就是一个在多种方案中的理性选择行为,而所谓的理性选择就是要充分全面地分析各种方案及其后果,然后选择出最能增加决策者的价值的方案,实现决策的目标。所以理性全面的决策要求策划者要分清价值和目标,分清事实和手段,并且始终采取逻辑的、全面的、有目的的行为方式。而在现实中,这些都是比较困难的,所以后来西蒙认识到这种困难后,修改了完全—理性模式,改为有限理性模式(bounded rationality),即只要作出令决策者满意或足够好的决策就可以了,这样对于方案的比较选择不是全面的,而是简化成比较、选择现实中可能遇到的方案就可以。

2. 渐进主义。这主要是查尔斯·林德布鲁姆(Charles Lindblom)为对抗西蒙提出的理性—全面主义而提出的实际决策原则。林德布鲁姆认为实际的决策不是理性全面分析选择的,而是在相关利益群体间协议作出的。而所谓相关利益群体的协议实际上是一个模糊的过程,有限的比较,令当事人妥协一致的过程,而不是试图徒劳无益地做超人的综合分析。这样相互妥协渐进决策过程的好处是可以避免致命的错误。具体的协调过程,林德布鲁姆提出了两种类型:一是在党派力量均衡条件下,党派间的互相调整妥协,包括适应性调整(决策者根据周围决策作适应调整)和操纵性调整(指决策者根据其他决策者作出理想的反应),具体的手段有协商和谈判;二是在一个党派主导的条件下组织内部的非联合渐进主义,是指一个组织自己在没有对手的条件下,一步一步渐进调整自己的决策,适应新的环境变化。

3. 最适宜性决策模式。这主要是多尔(Dror)根据综合理性主义和渐进主义两种原则而提出的决策原则,即强调决策过程的理性和超理性因素。理性因素强调综合分析、澄清价值目标等;超理性因素包括使用判断、创造创新、头脑风暴等方法。多尔承认渐进主义对决策过程的事实性描述,但是又不满足这样的一个过程,而是强调对决策过程的改善,即应该设计决策程序以保证政策可以有一个较好的决定。

4. 混合扫描决策。这主要是由艾兹奥尼(Etzioni)提出的也是试图综合理性主义和渐进主义两种因素的决策原则,他认为应该区分两种决策:基础性的重大决策和渐进的小的决定。基础重大决策是小的决定的背景。混合扫描原则恰当地描述了两种决策,重大决策要靠理性的广泛的评价,但不是详细地分析各种长期性的方案,然后作出选择。但是对于具体的小的决定则是根据情景进行的渐进的决策过程。

(二) 具体的策略措施

社会策划模式下的具体的策略措施,根据杰克·罗斯曼的总结,主要是发现事实和分析技巧的运用;而在社会关系上的策略措施是根据具体的情景选择冲突或者共识性策略措施。也就是说具体的策略措施可分为两部分:一是理性技术性措施，包括调查社区的问题，收集事实资料，比较分析方案的利益得失，选择最优方案，并学会组织管理，落实方案，监督方案的执行，最后评估方案的成效等。二是社会关系措施，要根据具体的情景，要么选择冲突性措施，比如游说、倡导、谈判、竞争、抗议、游行、示威、罢工、对抗等；要么采取共识性策略，比如协商、沟通、对话、合作、分包、交换等。

第三节　社会策划模式下工作者的角色和方法

一、社会策划模式下工作者的角色

社会策划模式下的社区工作者的角色取决于工作者如何对待专业技术和居民组织的两者关系的平衡。在这两者中间是一个连续的系统，一端是严重依赖技术理性，另一端是主要依靠居民的组织动员。下面主要介绍在这个连续系统中，社区工作者可能担当的决策。

1. 项目的规划者角色。这是指工作者严重依赖技术理性，忽视居民的动员参与。工作者担当专家角色，完全依靠技术理性，来调查社区问题，分析社区事实条件，评价各种服务方案，规划社区服务。

2. 项目经理的角色。这是指工作者主要担当已经决策的项目的管理人员，充当项目经理，负责项目整个执行过程的业务操作、财务、人事、物资等管理工作，保证服务项目得到有效的执行。

3. 监督实施的角色。这是指工作者主要扮演项目执行过程的监督、反馈、协调角色，监视业务的执行进度，收集业务执行过程中的意见和信息，反馈给决策者和经理人员，协调项目的良好执行。

4. 专业人员的协调角色。这是指工作者本人不是扮演专家角色，而是主要服务于各个专业的技术人员，协调好不同专业的协同合作，共同完成社区服务、社区建设的任务。

5. 动员居民参与和反馈意见的角色。这是指工作者仍然偏重居民的组织和能力建设，但是主要是组织居民参与到相关部门的社区建设策划过程中，并提出自己的需求和意见，接受相关的服务，并就服务方案提出改进意见等。

二、社会策划模式的基本步骤（以项目策划为本）

通常而言，策划分组织的重大战略计划和具体的项目计划。前者是针对一个社会服务机构面对的外部环境挑战，而作出的战略选择，属于社会福利机构行政管理的主要内容，此处不再赘述。而社会服务项目的策划（具体的项目计划）是指针对某个社会问题，界定服务需求和服务目标，设计服务项目，监督实施项目，评估项目成效等过程，它既可以应用于社会服务机构，也可以应用于社区服务。实际上，在20世纪80年代以来，随着社会服务社区化，这两者有重叠的趋势，即社会福利机构以社区为本设计社会服务项目。当然社区服务项目不限于社会服务机构提供的服务，还包括社区居民自己组织提供的服务项目等。以下是就项目策划为例来说明策划过程的基本步骤。不同的人对项目策划步骤有不同的划分（梁祖彬，1997/1998；朱昌熙，1997）。但是大致来说，项目策划的基本步骤包括如下几个：

1. 澄清规划机构的服务理念和规划者的能力。应该指出，规划不完全是一个技术问题，而是一个与价值相关的问题，首要的是澄清规划机构的服务宗旨和服务理念，避免出现设计选择的方案和自己的服务理念相违背的情况。尤其是非营利组织，其服务宗旨比企业组织要复杂、重要得多，企业的经营目标主要是追求利润或者说追求投资者的价值最大化，而非营利组织的宗旨肯定不能是追求利润，但是又要有财政资源，来保证自己的服务宗旨的实现（Sharon M. Oster，1995）。所以非营利组织要平衡好自己的服务宗旨和服务能力的平衡，既要防止出现偏离服务宗旨的服务项目，又要防止超出自己的承担能力的服务项目。

2. 社区问题的调查分析。项目策划的实质性步骤是从社区问题的调查分析开始的。社会政策和社会服务项目的一个重要流派是强调解决社区或社会存在的问题，通过社会政策和社会服务项目来解决某个群体面临的共同问题，而不是解决某个人的个别性问题（Donald E. Chambers，1993）。所以首先要定义社区、社会存在的共同问题，分析问题的成因和结果，相关的意识形态和价值，谁在问题中是获得者，谁是损失者等问题。

3. 需求和目标的界定。界定了社区问题，接下来是分析目标群体的需求和计划要达到的目标。界定目标群体的需求包括两个部分：一是目标群体的条件，谁具有什么条件是该服务的目标群体；二是目标群体的需求，根据布雷德肖（J. Bradshaw）的划分，需求分规范性需求（由专家或社会所确定的需求）、自觉性需求（自己觉察的需求）、要求性需求（透过行动去表达的需求）、比较性需求（与某一标准比较时出现的差距所表达的需求）（梁祖彬，1997）。当然在社会服务项目中，关键是界定清楚目标群体需求的性质、满足手段和数量等。界定了目标群体的需求，然后是分析服务方案要实现的目标，通常表现为在多大程度上，通过什么手段，以满足目标群体的需求，解决他们的问题。

4. 澄清自己可动员的资源。接下来的步骤是要澄清本机构所拥有的和可以动员的资源，可以用到该服务项目上。一个机构会有很多服务项目，通常对非营利机构而言，项目之间的资源是不可以挪用的，必须专项专用，当然有剩余资源可以机动使用。所以机构必须清楚为了新的服务项目需要多少资源，已经有多少资源，有几种资源筹集方式，可以筹集到多少资源等。

5. 服务方案的制定、分析和优选。根据不同的环境预测，制定出不同的服务方案，包括各个方案的资源投入、产出形式和产出数量以及受环境因素的波动概率等，然后进行成本收益分析、风险敏感度分析，选择一个成效高、风险敏感度低的方案。

6. 方案测试和调整。在选择出优秀方案后，还要有一个小规模、小范围的测试，评价方案的实际运行情况，作出调整，才能正式推行。

7. 方案的执行。根据预定的计划，组织实施方案，通常包括工作的指挥布置、人事的激励、工作程序的优化、工作进度的监测、工作质量的控制和服务对象的意见调查等任务。

8. 方案的反馈和调整。方案的反馈、调整也可以说是方案执行过程中的一个程序，是指根据对工作进度、工作质量和服务对象的意见调查，及时反馈给决策部门，调整、优化服务方案，保证服务成效最佳。

9. 方案的评估。是指在服务方案执行的一个阶段或结束时，对服务方案进行的评估，以评价工作成效、资源消耗、相关的社会影响，对工作人员进行激励。所以评估分工作投入评估、工作产出评估、工作成果评估、工作成本效益评估等。

三、社会策划模式下的工作方法

社会策划模式下的工作方法应该是根据工作步骤，每一步骤都有相应的工作方法。但是，通常会把社会策划模式下的工作步骤简化概括为调查、决策、执行和评估四个阶段，然后分别介绍其相关的工作方法。

(一) 社区问题和资源调查的方法

社区调查的内容和所用到的方法在上一章地区发展模式中已经介绍，具体的内容参阅上一章的内容。这里强调的是社会策划模式和地区发展模式对社区调查的意义的侧重点不同。地区发展模式比较强调社区工作者和社区居民的协同行动研究，把社区调查当作对居民教育、增强能力的过程，双方是合作关系，而且是以居民的能力增强为主要目的的。而在社会策划模式下，社区调查的主要目的是任务性目的，即为了调查清楚社区的问题和可动用的资源，然后选择什么问题作为重点解决介入的焦点。当然社会策划模式下对居民参与的态度，取决于工作者的工作传统，前面谈到，如果是社会学习和社会动员传统，也会把居民参与当作调查过程的重要内容，但是如果是社会改良和政策分析传统则不太重视居民的参与。但是，现在的趋势是在社会策划模式下也比较注重居民参与，参与的程度可以是调查方案的初步设计阶段的参与、调查方案执行操作性参与、调查项目意见回应式参与等。

(二) 服务方案制定和决策的方法

社会服务方案的制定和决策是社会策划模式下的重点阶段的重点方法。在本章第二节,我们已经介绍了社会策划模式的主要决策原则有理性主义、渐进主义、最适宜性决策和混合扫描决策等原则。在教学中,规范提倡的是理性主义原则。下面我们就根据理性主义原则,介绍服务项目的方案设计和优选方法。

1. 服务方案的设计组成

通常一个服务项目方案的设计要包括以下几个组成部分(林香生、黄玉唱,2002;梁祖彬,1997;朱昌熙,1997;Donald E. Chambers,1993):

(1) 目标。服务方案的目标分综合目标(goal)和具体目标(objectives)。综合目标一般是用文字阐明的定性的目标,是整个服务项目要实现的比较长远、宏观、综合性的带有价值判断的理性目标。而具体目标则是方案要实现的比较清楚、具体、可量化、可操作的工作目的,通常还要列出完成的时间表,如果有若干目标,还要列出优先次序等。钱伯斯(Donald E. Chambers,1993)就明确提出判断社会政策和社会服务项目对社会问题适合性的总目标的原则是服务的充分性、平等性和效率;而判断一个社会服务项目的具体目的的标准是清晰性、可量化性、可操作性以及强调结果而不是手段等。

(2) 服务对象。要清楚地界定该项社会服务的目标群体是谁。通常服务对象的界定条件分自然条件和社会条件。自然条件包括性别、年龄、地区、种族、身体健康等方面;而社会条件包括收入、工作、教育程度、对服务的交费或供款、家庭支持状况等方面。当然还要估计服务对象的数量、集中程度、服务频次等。

(3) 服务的形式和手段。要根据服务对象的需求,设计有针对性的服务形式和手段。通常把服务对象的需求分为生理性需求、物质性需求、情感性需求、社交性需求等方面,然后根据自己的资源、财力、专业素质等,设计出相应的满足需求的形式和手段。比如生理性需求要求有医疗、康复、合法性生活等服务形式和手段;物质性需求要求有吃、穿、住、用、行等服务形式和手段;情感性需求要求有接纳、归属、爱、肯定、赞扬等自然关系和专业辅导形式和手段;社交性需求要求有社交网络、志愿团体、自助团体等服务形式和手段等。

(4) 财力安排和人力安排。要计划相应的筹资渠道、筹资数量和财政分配预算,满足服务的推行的需要;还要有相应的人力资源的筹划,包括岗位设置分析、人员的素质结构、人员的数量、人员的招聘方式、人员的培训和激励方式等。

(5) 服务活动时间进度表。要计划政府服务的时间进度,并且根据时间进度列出相应的具体的表格,便于控制进度,评估进度等。

2. 服务方案的优选方法

为了满足服务方案的效率原则和风险回避原则,理想的方法应该是有若干服务方案供选择。被选方案的设计通常是根据两个标准:一是需求导向的,主要是根据需求变化的概率预测来确定业务量的高、中、低不同标准,分别设计相应的服务方案;二是资源约束为本的,主要是根据筹资可能性,分出高、中、低不同标准，设计相应的服务方案。被选方案设计出来后，根据效率原则和风险回避原则来选择最优方案。根据效率原则的方案优选方法有：净现值计算法、现值指数计算法、内部收益率计算法。根据风险回避原则的方案优选方法有：盈亏平衡分析法、敏感性分析和概率分析等（具体的计算公式和评价标准可以参阅相关的财务管理、政府经济学等书籍）。当然，对于社会服务项目的困难是难以量化服务的收益、社会贴现率也难以选择等，这样，相应的成本——收益分析就难以开展（郭伟和，2001）。

（三）方案的实施管理方法

在服务方案的组织实施过程中也要有计划、有控制、有调整的管理。通常包括的方法有：规划服务进度表、监视服务进展、反馈调整服务方案。

1. 规划服务进度表

通常需要两种图表：一是业务的逻辑流程图；二是业务进展时间表。业务流程图是要分析业务发生的逻辑步骤顺序，分析每一个步骤所花费的时间、资源、人力和服务标准。业务流程图可以帮助机构提高工作效率，减少资源浪费，同时可以提高服务效果，令服务对象满意。业务流程图的格式大致如图5－1所示。

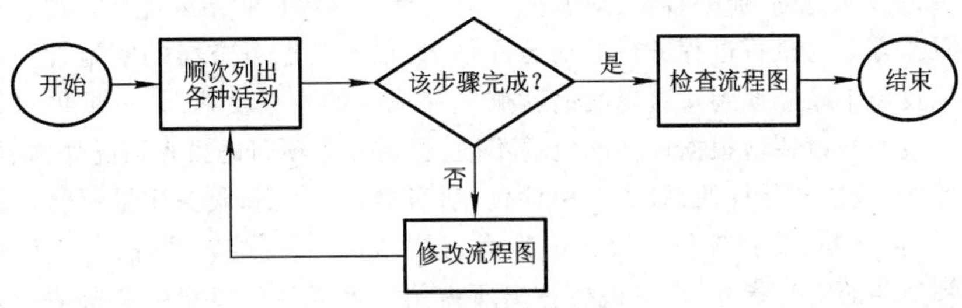

图5－1 业务流程图

时间进度表是针对各种活动，按照计划的完成时间列成表格，并用图示来表示已经完成、正在进行、完成效果等内容。时间进度表的格式见表5－1。

表5－1 时间进度表

活动项目	时间进度								
	1	2	3	4	5	6	7	8	9
活动 1	●			☆					
活动 2		●		⇨	⇨	⇨	⇨		
活动 3	●				☆				

●：表示活动起点　☆：表示完成　⇨：表示进行中

2. 监视服务进展

良好的服务项目管理一定要有对服务进展情况的监视。监视包括利用上述时间进度表记录各项活动的进展完成情况,还包括利用其他分析工具,分析项目活动进展过程的成效和问题,以便找出原因,改进项目的执行程序和部门结构,以提高服务效率。一般常有的分析工具有:问题因果分析的鱼骨图、问题原因分析的树形图、因素重点分析的帕累托分析法、解决方案的指标检验法、客户满意分析的戴明循环、客户满意分析、程序分析、统计程序控制技巧、内部部门协调的内部程序改善计划、内部部门目的分析、活动选择的目的重要性排序法、全员参与改善品质等管理技巧(陈锦棠,2001)。

3. 反馈调整服务方案

随着服务进展过程中的监视、分析服务进展的成效、存在的问题和全员参与改进,不断改善服务的执行程序,以提高服务成效的同时,也会提出一些服务方案本身的合理性的问题,这时就需要决策部门综合考虑资源、客户的需求和自己机构的能力,来调整方案。

(四) 方案的评估方法

为了满足服务方案对服务对象、捐资人、政府管理部门的交代报告,争取更大支持,更好地发展业务,需要对服务方案进行过程评估和结束评估。过程评估是对服务方案的执行过程进行的动态评估,在前面的服务方案的实施管理阶段的监视技巧中已经谈到。这里我们就服务完成时的责任交代,谈一下项目结束评估。服务结束评估根据评估的目的不同,包括服务项目的投入情况评估、服务产出评估、服务结果评估、服务效率评估、服务效能评估和服务质量评估。所谓服务投入(input)是指项目所投入的人力、财力和物力等综合消耗,既应该列出占用和消耗的实物指标,也应该折算出所占用和消耗的价值指标。所谓服务产出(output)是指项目投入的直接产出,比如接受服务的人次、产生的服务媒介等。所谓服务结果(outcome)是服务产出所实现的服务成效或实际影响,比如服务对象的改变、服务对象的满意、社区环境的改变等。所谓服务效率指标(output/input)是服务项目的投入产出比,或者说是每一个单位的投入所实现的服务产出。所谓服务效能指标(outcome/input)是服务项目的投入结果比,或者说每一个投入所产生的服务效果。而质量评估(quality)是对服务产出的质量进行的评估,比如产出的合格率、服务对象的满意度等。

也有人把服务项目评估精简地分成三大类评估:努力程度评估(evaluation of effort)、成果评估(evaluation of outcome or effectiveness)、效益评估(evaluation of efficiency)(林香生,1997)。努力程度评估是就服务项目的投入、产出进行的评估;成果评估是就服务项目的合乎当初服务方案的原定目的程度的评估;效益评估是就服务项目的成本收益比例进行的评估。

服务评估的具体方法包括选择具体的评估方法和设计具体的评估程序。主要的评估方法有逻辑框架法、对比法、快速农村评估法、参与式评估法、综合评估法。所谓逻辑框架评估法是指把一个服务项目分投入、产出、微观目的和宏观目标等不同层次，然后分析不同层次的垂直逻辑关系和水平逻辑关系，从而评估项目的整体成效。垂直逻辑关系是分析项目的投入、产出到具体目的、宏观目标等不同层次的促进关系；水平逻辑关系是分析项目的每个层次（投入、产出、具体目的和宏观目标）的验证指标、验证方法和假定条件所构成的关系，也就是通过收集指标数据，评估假定条件的完成程度等。所谓对比评估法是比较项目的前后、有无等不同情况下的指标程度，来评估项目的成效，具体包括项目前后的对比评价法、项目实验组和对比控制组的对比评价法以及项目前后指标值之差和控制组前后指标值之差的综合对比评价法。所谓快速农村评估法是指为避免前述评估方法的烦琐、资源浪费和阅读使用者少等缺点，而产生的一种新型快速、有效、节约、直接面对受益群体的评价方法，它一般是采取人类学、社会学中的参与观察、非结构的访谈、焦点小组等调查方法，多专业、多学科小组的三角信息检验，快速形成直接、有用、简明的评价信息。所谓参与式评估法是在快速农村评估的基础上发展出来的更加强调评估过程的当事人的参与评估，把评估当作一种不断学习、不断改进项目的问题、不断增强当事人的能力的手段，而不仅仅是向外部交代，具体的方法更加灵活、实用、渐进、当地处境化，而不迷信所谓专家和科学的理性技术程序。所谓综合评估法是给各个项目活动分配比重权数，然后评估各自的完成程度，最后加权计算项目的综合得分。

项目评估的具体程序一般包括如下几个步骤（林香生，1997）：第一步，确定服务项目的具体清晰的目的，通常在项目计划中就有关于服务目的的界定，但是在评估阶段要进一步澄清服务项目的目的是什么；第二步，建立成果量度标准，包括把项目目标转化成可操作化的指标、定出指标的理想值及其变动范围、各个指标的收集数据或收集资料的方法；第三步，制定研究设计，也就是选择什么评估方法来评估，比如前面谈到的是逻辑框架分析法，是对比法，还是参与评估法，等等；第四步，选择合适的资料收集方法收集资料，包括收集服务项目的档案记录、问卷调查、焦点访谈、参与观察等方法；第五步，分析资料，形成评估结论，根据资料的类型，使用不同的资料分析方法，如果是量化数据则采用统计分析，如果是定性资料，则采取概念提炼分析等定性分析方法，最后根据分析结果形成评估结论，撰写评估报告。

第四节 社会策略模式的讨论和启示

一、社会策划模式的讨论

（一）关于社会策划模式的工作理念

社会策划模式的工作理念，虽然在不同的传统下有不同的侧重点，但是不管是哪种工作传统，都会强调理性、自上而下的改变、控制及指导未来（梁祖彬，1998）。这种工作理念有悠久的传统，应该说从启蒙运动以来，现代化的基本精髓就是人道主义和理性主义。当然理性主义传统分个人主义和集体主义两个分支。个人主义传统的理性主义是相信自由竞争的自发市场体制最能促进社会的发展，相信社会的变迁是一个自发的类似生物界的适应优选的过程，社会系统会发展得越来越大、复杂、越来越功能分化，有自己的平衡机制，个体自己的行动是理性的、有计划的，但是就社会整体来说是自发的、演化的，不能也没必要控制和设计。集体主义传统的理性主义认为社会也像自然界一样有自己的发展规律，人可以像认识自然一样认识社会，掌握社会的发展规律，理性设计和集中控制社会发展，个体虽然有自己的目的和动机，但是作为社会成员，必须服从社会整体的发展规划，在集体范围内理性行动。而在社会发展中的现代化理论，基本上都是一种对后发展中国家根据西方发达国家的发展经验的模仿和追赶，虽然在具体的发展道路上一直存在着是模仿西方自由市场经济的资本主义道路还是模仿集中计划经济的社会主义道路的争论，但是模仿、追赶、控制等都一直是后发展中国家的现代化过程的共同特点。至于具体到微观的组织管理和项目管理，则不论是西方资本主义社会，还是社会主义社会都非常强调计划、控制和理性最大化。所以社会策划模式的发展理念基本上是现代化理论内在核心。

当然，现代化理论在20世纪70年代以后一直受到新马克思主义理论和后现代思潮的批判。新马克思主义和后现代思潮批判现代化理论的核心之一就是批判现代化理论的理性主义、社会工程控制论导致的对传统亲密融洽人际关系的扭曲和破坏，对社会基层居民的剥削和压迫，提倡一种多元的、地方化的、相对自主的、非市场导向、非国家导向的、社区需求导向的小群体主义发展模式。对于社区发展中的项目管理，也不仅仅是强调效益为中心的理性管理，而是注重项目发展中的和谐互助、民主参与的合作管理过程，注重工作中满意的人际关系等非理性因素（Herbert J. Rubin & Irene S. Rubin，1992）。

所以我们要注意的是在社区工作中，把理性因素和非理性因素平衡好，把握好两者的平衡点，既要有理性因素来提高效率，满足需求；又要有非理性因素来保持人性的关怀、亲切、团结和民主参与等。

（二）关于社会策划模式的工作策略

社会策划模式下的工作策略分技术性策略和社会关系性策略。就技术性策略而言，容易落入管理主义的范畴，引起争议；而就社会关系性策略，则比较灵活，没有什么大的争议。管理主义是在20世纪80年代以后，随着西方社会福利界的保守主义的抬头，强调社会服务的对客户负责、对捐款人负责；强调社会服务的服务质量标准和社会服务的全面品质管理；强调社会服务的成本效益分析，节约资源、增加服务附加值；强调服务程序的优化和标准化，减少主观随意性。管理主义的出现一方面是对社会服务领域长期以来专业主义控制下的对案主利益操纵的反抗，另一方面是对福利国家的福利危机的保守主义批评的积极会应。管理主义把大量的原来营利组织中的管理原则和技巧引入到非营利组织的服务项目的管理中，形成非营利组织自己的管理策略和技巧。这一方面加强了非营利组织的服务成效、节约服务成本；另一方面也导致原来该领域大量的专业人员独立判断、自主决定服务措施的自主性削弱、甚至消失，引起专业人员的不满和抗议。所以在社会服务领域，管理策略和技巧与专业判断和专业自主性也是一个需要平衡的问题，做到两者兼顾，既要管理效率和保证服务品质；也要服务过程的专业判断和专业自主性。

二、社会策划模式对中国农村发展和城市社区建设的启示

（一）对中国农村扶贫发展的启示

在中国农村扶贫发展中，一直有重视计划管理的传统。但是中国的农村扶贫发展以往重视的是宏观管理的计划性和行政依附性，缺少微观项目管理的具体的策划技巧，以至于农村扶贫中最大的问题就是扶贫项目的效益差，资源浪费严重。所以农村扶贫发展可以向社会策划模式借鉴的一个重要方面就是注重项目的微观管理技巧，改变农村扶贫由政府行政宏观、粗放管理的传统。要借鉴社会服务管理中的项目策划技巧、项目方案的设计和优化选择方法、项目执行落实的管理技巧和项目评估技巧等，提高整个项目的成效和效益。具体来说，一是要继续发扬和完善原有的宏观综合计划管理，保证把有限的扶贫资金使用到真正贫困地区和贫困群体；二是借鉴和吸收项目管理技巧，政府扶贫管理部门加强对扶贫项目的论证、分析和选择，而社区工作者是要协助贫困对象学习项目策划技巧，学习撰写项目计划建议书；三是要借鉴和本土化项目实施管理技巧，提高项目的落实成效；四是要借鉴和推广西方的项目评估和检查的技巧，保证项目资金的使用效益和项目的社会效益等。

（二）对中国城市社区建设的启示

中国城市社区建设有两个重要的特征：一是靠政府的行政系统推动和社区行政依附性的组织网络落实；二是社区服务项目的务实导向和市场导向。前者

是指在我国社区建设是靠政府行政系统推动的、靠社区行政依附性的组织网络来落实的，所以注重社区基层的管理秩序的控制，保证社会稳定是政府的基本追求。而后者是指政府对基层社区的服务项目的财政投入不多，主要靠社区服务机构的面向市场的收费服务，来筹集经费支持社区社会性服务，解决社区居民的实际问题。在中国城市社区建设中，社区居民的参与基本上是一种依附行政性社区组织的配合性参与、义务贡献性参与、服务接受性参与等，基本上缺少社区居民自主策划、自主管理、自主受益的能力、增强性的社区建设和社区发展。

这样分析，社会策划模式是一种比较适合中国处境的社区工作模式，可以大量应用于中国的社区服务中心服务项目的策划和管理，改进中国社区服务中存在的问题。一是可以明确中国社区服务机构的使命和远景，避免仅仅追求市场收费服务，忽视社区社会福利服务的使命；二是加强社区服务机构的服务项目的交代性和居民可接近性，向社区政府、社区居民负责，便于社区居民的使用，避免社区服务机构的自我利益最大化倾向；三是加强社区服务机构的服务项目的内部流程优化和全面品质管理，提高服务质量和服务产出效率；四是加强社区服务机构的筹资能力和财政管理，提高资金的动员能力和分配利用效率；五是做好社区服务机构的服务项目的评估，通过评估，不断改善社区服务项目的品质和效率，同时提高社区服务机构的社区认可度和社会公众认可度，便于筹资和发展。

主要参考文献

1. 梁祖彬:《服务策划》，载香港社区工作教育工作者联席会议编:《社区工作技巧》，香港中文大学出版社 1997 年版。

2. 梁祖彬:《社会策划》，载香港社区工作教育工作者联席会议编:《社区工作:理论与实践》，香港中文大学出版社 1998 年版。

3. 朱昌熙:《程序计划及设计》，载香港社区工作教育工作者联席会议编:《社区工作技巧》，香港中文大学出版社 1997 年版。

4. 林香生、黄玉唱著，刘继同译:《社会工作实践:社区工作》，香港理工大学应用社会科学系出版 2002 年版。

5. 林香生:《程序检讨与评估》，载香港社区工作教育工作者联席会议编:《社区工作技巧》，香港中文大学出版社 1997 年版。

6. 陈锦棠:《社会服务行政技巧，第 8 讲:流程重整》(个人讲义)。

7. 中共中央办公厅文件:《中共中央办公厅、国务院办公厅关于转发〈民政部关于在全国推进城市社区建设的意见〉的通知》(中办发[2000]23 号)。

8. 江泽民:《全面建设小康社会，开创中国特色社会主义事业新局面》，人民出版社 2002 年版。

9. 吴铎:《社区与社区发展规划》，载上海市社会科学界联合会、上海市民政局、上海市社区发展研究会编:《上海社区发展报告》,上海大学出版社 2000 年版。

10. 民政部基层政权建设和社区建设司课题组:《中国城市居民委员会建设研究报告:微型社区与社区建设》,载时正新主编:《中国社会福利与社会进步报告(1999)》,社会科学文献出版社 2000 年版。

11. 郭伟和:《福利经济学》,经济管理出版社 2001 年版。

12. 奥斯特著,孙碧霞、廖秋芬、董国光译:《非赢利组织策略管理》,(台湾)洪叶文化事业有限公司 2001 年版。

13. 徐震:《社区发展——方法与研究》,(台北)中国文化大学出版部 1985 年版。

14. Chambers, Donald E. 1993. *Social policy and Social Program: A Method For The Practical Public Policy Analyst.* U. S. A.: Macmillan Publishing Company.

15. Ham, Christopher. & Hill, Michael. 1993. *The Policy Process in the Modern Capitalist State.* U. K.: Hartnolls Ltd., Bodmin Cornwall.

16. Midgley, James. 1995. "Strategies for Social Development." In *Social Development: The Development Perspective in Social Welfare.* London: Sage.

17. Netting, F. Ellen, Kettner, Peter M. & Mcmurtry, Steven L. 1997. "CHAPTER 4: Understanding Communities." In *Social work Macro Practice.* U. S. A.: LONGMAN.

18. Rothman, Jack. 1968/1978. "Three Models of Community Organization Practice, Their Mixing and Phasing.", In *National Conference on Social Welfare, Social Work Practice.* New York: Columbia University Press.

19. Rubin, Herbert J. & Rubin, Irene S. 1992. *Community Organizing and Development*, second edition. U. S. A.: Allyn and Bacon.

第六章

社会行动

社会行动模式是社区社会工作理论与实践的重要组成部分。其假设前提是,一群处于劣势地位者,需要被组织起来,与他人联合,并根据社会正义与民主的理念,对社会提出诸如资源的增加或合理的对待等适当的要求。在一些特定的情况下,社会行动也会希望推动社会制度或社会本身的根本变革。总之,社会行动是通过动员社区力量,来寻求权力和资源的再分配,甚至改变基本政策。在美国,较多运用社会行动模式的团体有消费者保护团体、环境保护组织、生态保护团体、女性主义倡导行动团体、同性恋组织、民权运动组织、社会福利运动团体,等等。

第一节　社会行动的涵义

一、社会行动的概念

要准确定义社会行动(Social Action),离不开对社会行动所涉及的一些基本要素的把握。

1. 社会行动的对象。社区工作中的社会行动,工作对象主要是低下层的社会群体。他们得到的社会资源极为有限,拥有极少的权力及社会地位。他们中许多人处于边缘群体(marginal groups),备受社会人士的忽视,得不到适当的社会关注,甚至还受到不公平政策的压制和剥削。具体而言,社会行动的工作对象主要是以下四种人群:(1)经济上最缺乏市场价值的人士,例如贫困者和失业者;(2) 政治上最缺乏自我组织的人士,例如他们不太参与投票选举活动,也不太会运用合法途径去表达他们的意见和要求;(3)社会上最缺乏选择权力的人士,例如他们在教育、就业机会选择方面通常是无奈的;(4)文化上最受身份歧视的人士,例如他们经常被“标签”,使周围的人对其有“刻板”评价等(合一基层发展中心,1933/1994)。

2. 社会行动的本质。社会行动的本质不是要推翻整个社会制度,也不是要对政治、经济、社会结构进行全面改革,更不是要进行革命。它与社会运动的区别在于:一是社会行动没有一套清晰的意识形态作为主导思想,也不是对社会各阶层的广泛动员,它不期望带来深远和持久的社会影响;二是社会行动是在现有制度下进行的有限度的社会改革,其主要目的是为一小部分的弱势群体争取利益,改善社会的不公平制度。三是社会行动所达到的效果累加起来,也有机会引发社会运动,但社会行动的重要目的始终不在于此。

3. 定义。罗夫曼对社会行动的定义是:社会行动假定有一群处于不利的群体,他们需要被组织起来,联合其他人去向整体社会争取资源及取得符合民主及公义的对待。社会行动的目的是达至制度的改变,是使权力、资源及决策权得到再分配,并影响基本政策的改变(J. Rothman, 1987)。

香港学者莫庆联、甘炳光的定义则较为全面。即社会行动是组织社会上受到忽视、压迫或受政策不合理对待的低下层群体,通过集体行动,采用非正规的途径及较多运用冲突对峙的策略,争取第三者支持,以伸张居民权益,向当权者争取群体的本身利益,以期获得应得的资源,使社会权力、地位及资源得到合理的再分配,并在过程中提升参与者的社会意识,改变他们的无能及无助感,达成更公平、更公正的社会(莫庆联、甘炳光,1994)。

二、社会行动的基本假设

1. 对问题成因的分析:利益冲突

社会行动模式认为社会问题的出现是由于社会上不同利益群体之间存在着利益的冲突。冲突的出现有三种可能性:一是可能由于处于当权地位的群体对资源贫乏的群体缺少了解和关注;二是可能彼此缺乏正常的沟通渠道,无法反映各自的需要;三是可能存在不公平的资源分配及决策权分配不均。所有这些冲突或分歧并不容易通过协商或制度化(或建制内的)渠道得以缓和,即不同利益群体为了本身的利益只有通过争取和对峙的方法来解决冲突。

2. 基本假设:冲突假设

(1) 社会问题产生于冲突,因此也要用局部冲突的方式来解决社区问题。

(2) 利益被忽视及受到剥夺的弱势群体,有权获得更符合社会公正与民主的资源及待遇。

(3) 因制度和政策不公正所形成的冲突和分歧,通过协商和正规途径不容易获得缓和。

三、社会行动的目标

社会行动的介入目标:有时强调过程目标,有时强调任务目标。

1. 总的目标

改变不公平的政策,实现一定程度的社会改革。

2. 任务目标

争取权益及资源的重新分配。通过行动争取利益,获得应得的资源,改善环境,伸张居民权益,并加强参与决策的能力。

这个目标通常也是边缘群体的切身需要和亟待解决的问题,如为贫困家庭申请最低生活保障金、为残疾人士争取社区康复设施等。

3. 过程目标

(1) 提高自我意识:在争取的过程中,让参与者意识到社会的不公平,了解自己应有的权益,学会争取的技巧。

(2) 提升社会意识:通过行动的过程,提升参与者自我的社会意识,改变其无能和无助感,加强其解决问题的能力。

(3) 认识团结的重要性:通过集体行动,使参与的居民感受到团结的重要性及居民组织的作用;行动过后,继续将他们组织起来,关注自身面临的问题。

四、社会行动的历史

社会行动是诞生于美国的社区工作方法,因此其孕育与发展也与美国当时的社会时代背景密切相关。

1. 孕育时期。社会行动的历史最早可以追溯到20世纪30年代。这一时期的基本特征表现为:一是社会福利的责任,开始由志愿团体转移到政府部门。1933年成立的"联邦紧急救济总署"(Federal Emergency Relief Administration)和1935年通过的《社会安全法案》(Social Security Act, 1935),是各级政府部门在公共福利方面采取主动,获取领导地位的开端。自此政府在服务与方案上所编列的预算开始逐步地增长和扩张。二是公共福利大量运用"社区组织过程"来推行。如一些基金会以社区为单位,开展社区福利、卫生和教育工作,定期举行有计划、有组织的联合募集活动等。一些"联合会"和"理事会"也纷纷成立,强调在一个地域社区的范围内,提供社会福利的机构和团体应联合起来,用共同的行动来努力协调各机构和团体间的相互关系,设计彼此配合的发展计划,促进整个社区的福利。

政府承担公共福利意味着社会利益再分配机制的建构,势必涉及资源的公平分配问题,而这也正是后来社会行动所要极力维护的目标。随着社区组织过程的推行,实际上开始了组织社区基础民众的社会行动过程。与此同时,也出现了这样的观念萌芽,即只有维护社区权利的平等,为社区的低下阶层争取到合理的对待,才能最终推动社会公平的实现。

2. 发展期。20世纪60年代的美国,学生运动、反越战运动、福利权益运动、民权运动此起彼伏。由于这一时期政治制度相对封闭,民众缺乏申述渠道以表达他们的诉求,因此只有采取运动模式去争取权益。在民众运动的压力下,政府开始资助社会服务的方案,包括反贫困、市区重建、青少年犯罪、失业、市民参与和服务协调等。尤其是在贫困问题的解决方面,在"反贫困战争"(War on Poverty)的浪潮下,美国政府实施了"社区行动计划"(Community Action Programme),一方面用于支持改善为贫困者的社会服务,另一方面也希望给予贫困居民一些机会,让其参与决定政策。社会工作者作为计划的执行者,在提供基本服务的同时,也对政府的房屋、就业和福利服务等政策提出批评,并参与一些基层民众的组织的工作。所以,社会行动成为这一时期争取资源合理分配的主流工作模式。由此可见,社区工作已开始脱离早期的自助共识的概念,接受一些权力和冲突的理论,分析问题的视角也走向政治化,更关注社会结构对个人处境的影响。

3. 衰落期。在20世纪的70年代至80年代,由于社会工作者对社会政策的批评,使得政府意识到决策者与执行政策的社区工作者对"社区行动计划"目标和意义的理解相去甚远,加之政府缺乏足够的财力,因而对基层居民组织和社会行动的支持热情大减,对这类活动的资助也逐步减少甚至停止。从80年代起,美国更倡导将社区工作的重点转向一些有特别需要的人士,包括妇女、精神病患、老人等。尽管这期间组织居民的工作仍很活跃,但社区工作者较多地回归到正规的"社工范围",即使有政治性的行动,也通常是鼓励社区居民参与投票活动,选出自己所处利益群体的代言人,通过正规渠道和体制内的途径来表达自己的意见。所有这些标志着以改革社会政策为目标的社会行动策略的衰落。

第二节　社会行动的工作策略

一、社会行动策略与形式的讨论

社会行动策略的主要目标是让特殊群体或问题得到社会的关注,并重新进行资源分配。

关于社会行动的具体策略,许多学者进行了有价值的研究和归纳。

拜因(R. Bryant)认为,社会行动有两种策略:交易策略(bargaining strategies)和对峙策略(confrontation strategies)。交易策略假设了在正规组织架构和制度下可以解决问题,是在各方面均有谈判的可能的情况下使用的策略,其主要形式包括约见议员、请愿及宣传运动等。而对峙策略则是在利益出现两极化,而传统的正规组织架构下不能解决问题时所采用的策略,其形式包括示威、罢工、游行及静坐示威等(R. Bryant, 1981)。

另一位学者沃伦(R. L. Warren)在讨论介入社区、促进社会转变时,也提出三种策略:合作式(collaborative)、运动式(campaign)和竞争式(contest)。合作式策略假定了社区内的不同系统可以和谐共处,因此可以通过理性讨论及教育达成共识。运动式策略假设社区之所以缺乏共识是由于资料不全、彼此冷漠所致,所以要通过游说、宣传、社会有名望人士的推介及强化公共技巧,去缩小彼此的分歧。竞争式策略假定社区内分歧太大,互相猜疑并挑战对方的合法地位,使任何合作无法进行,所以要通过游行、示威、罢工等,迫使对方让步(R. L. Warren, 1975)。

二、社会行动的策略与形式

根据社会行动手段的激烈程度划分,在本章第一节介绍社会行动的历史时,我们提及社会行动模式是在美国运用较多,并由美国学者根据实务经验进行了总结,香港学者莫庆联、甘炳光在此基础上提出根据社会行动手段的激烈程度划分,大致有四种策略及其相应的活动形式。

1. 对话性行动。这是最温和的社会行动策略。群众与当权者对事件的解决方法有不同的意见,但群众认为当权者有行使权力的合法地位,双方之间仍存在信任,并希望在正规的组织架构和制度下解决问题。主要形式有游说、请愿、宣传等。

2. 抗议性行动。用特别的、建制以外的方式将问题表达、处理,吸引传媒注意,暴露政府政策的不完善之处,争取其他民众的同情与支持,以此向政府施加压力,迫使其因尴尬、不安、内疚及良心责备而让步。主要形式有:签名运动、记者招待会、请愿和游行、静坐和群众集会等。

3. 对抗性行动。通过组织群众,用行动直接影响对方的利益或令对方不能够正常运作,迫使对方因有所损失而愿意与群众谈判。主要形式有罢工、拖欠或拒交有关费用、公开违背不公平的政策或法律等。对抗性行动与抗议性行动的最大区别在于其取胜之道不是完全依赖传媒及社会人士的支持,因此风险也相对提高。

4. 暴力性行动。这类活动大多缺乏严密组织,是情急之举,或无计可施的情况下的反抗行为。主要形式有向有关部门人员抛掷物品、泼水、挥动武器或追打等。这类行动在华人社区较少发生。

三、运用社会行动策略的原则

社会行动由于是一种可能付出较高资源和代价的争取手段,因此通常会谨慎使用。同时社会工作者也会秉承“案主自决”原则,向社区居民交代清楚采取社会行动的利弊、可能得到的回报(收获)和可能付出的代价,由居民自己决定是否采用社会行动方式。一旦居民决定采用,社会工作者会坚守一系列原则,控制行动的节奏,使行动能够朝理性的方向发展,达到为社区受损群体争取利益的目标。香港学者莫庆联、甘炳光认为,社会行动模式中运用社会行动策略的原则应有以下几点:

(一) 渐进原则

对话性行动、抗议性行动、对抗性行动及暴力性行动,是社会行动策略由温和走向冲突的连续性及一体化的渐进过程。一般而言,无权无势的群众,在心态上希望用和平的方法解决问题,社会行动是没有其他选择下的最后选择。如果群众面对的问题迫切,而当权者却无动于衷,沟通渠道也有障碍时,则有较大的机会使用社会行动策略。但一般是由最温和的方法起步,当行不通时才提高行动的层次。较少人一开始就有目的地使用对抗性行动,以建立自己的可信性和实力,来使对方就范。当社会行动升级至对抗性行动时,由于可能会逾越法律的限制,因此需要群众了解到行动可能带来的后果。事实上,较多人是使用"混合策略"的,即对话性行动和抗议性行动交互使用,以达到局外有人声援,局内有人代言的效果。

(二) 争取让步而非破坏

无论是抗议性行动还是对抗性行动,最终的目的不是要破坏现行制度和环境,而是迫使当权者对话,使争取权益的群众有机会通过谈判及妥协,争取对方让步。抗议性行动主要靠舆论及社会的支持,而对抗性行动则首先使当权者有所损失,从而导致其作出退让。

(三) 行动的连串性

一般而言,稍有规模的社会事件,都不可能靠一次行动就获得完全解决。因此,当某一行动不成功时,应有一连串的行动形式跟进。如果当权者能够预测民众下一步的行动方式,事实上就已经构成了压力。

(四) 争取舆论支持,避免使用暴力

大部分的社会行动都不期望用暴力来达到预期的结果,而是通过有秩序及和平的方法,在法律允许的范围内争取舆论及公众的支持。所以群众会将自己塑造成无辜、被歧视、被亏待的善良者,以争取公众的支持。如果事件不能得到公众支持,无论行动的对抗性有多大,也只会被认为是"无事生非",反而不能达到所争取的目标。

(五) 认真考虑有关因素

在运用社会行动策略时,社区工作者必须考虑以下因素:

(1) 群众的资源。包括组织能力、知识、金钱、结盟等。一般而言,对抗性行动所要求的资源比抗议性行动要高。即使在同一程度的行动中,不同活动的资源要求也不同,如抗议性活动中,集会示威比记者招待会费用高。而类似拒交费用的行动,则要持久才能奏效,因此需要大量的资源以巩固内在凝聚力。至于请愿行动却只需要事前收集意见,推举代表、事后作出交代便可。

(2) 群众的投入程度。群众投入的人数、投入程度以及心理准备是否可以应对激烈的行动,如对抗性的行动,可能会超越法律的容忍程度,因此风险较大,其对群众投身的要求自然要高于抗议性行动。

(3) 社会气氛。社会气氛越自由开放,人民的权利意识越强,对较激烈的行动的容忍程度就越高。如果人民惧怕社会行动会带来动乱,自然会排斥较激烈的对抗性行动。

(4) 事件的本质。如果事件惹人同情及支持,则应该多采用对话性及抗议性行动;如果事件惹人争议,或政策牵涉面较广,则采用对抗性行动的机会较多。

第三节 社会行动中工作者角色与工作方法

一、社会行动中工作者的角色

(一) 社会行动中工作者的角色

传统的社会工作强调工作者的辅助者(facilitator)或使能者(enabler)的角色,并多采用非主导(non-directive)的方法协助解决问题。但在社会行动中,社区工作者不再局限于使能者的角色,而采用较主导的角色(directive role)。

(1) 倡导者(advocate):社会行动中的社会工作者,很多时候扮演倡导者的角色。他们一方面做提升意识的工作,使群众认识到自己是政策不公平的受害者。另一方面采取较为主导的方法通过组织工作,鼓励居民团结起来,争取本身利益。

(2) 行动者(activist):社区工作者经常与居民领袖并肩工作,帮助群众或团体既维护自己的利益又运用传媒的影响,向政府施加压力,影响正式组织的决策过程。

(3) 教育者:社会工作者协助人们认清问题,找出问题的根源,以及思考可能的解决办法;训练居民学习行动技巧及政策分析技巧;在面对当权者的威胁和操纵时,唤醒居民,教育居民进行反操纵。

(4) 资源提供者:提供社会行动组织过程中所需资源,这些资源包括经费、人力、会场、宣传传单、刊物及研究等。

(二) 对社会行动中社工专业角色的反思

社会工作的主要社会价值是肯定个人存在的价值。因此,社会工作的整体目标是服务个人,发展个人的潜能。在20世纪60年代以前,社会工作主要是协助个人适应环境。随着欧美60年代民权运动的兴起，社会因素对社会工作产生了重要的影响，从而导致了社会工作的社会价值的转变：即认为人的问题不是其不能适应环境的问题，而是环境并不理想，不符合人的需要，因此社会因素成为个人价值肯定的前提。由此，社会工作发展出两种不同的工作模式：一方面是强调个人适应社会，社工把协助个人解决行动及心理问题作为最有效的方法；另一方面是强调改革社会以适应个人，认为个人的问题只有通过社会环境的改善，才可能通过集体的改变得到解决。显然，社会行动作为改变环境和政策的一种方法，是受到社会工作专业的肯定的，并被视为社会工作的一个重要组成部分。

在社会行动被肯定的同时，我们也发现社会行动中的社工也极容易作出与专业相抵触的行为，从而形成有关专业角色的争执。

1. 关于"当事人自决原则"的运用问题。既然社会工作肯定人的尊严和价值，因此，无论采取何种工作模式的社会工作者都应该相信以当事人（或服务对象）的意愿为介入的依据，这就是所谓"当事人自决"的社会工作原则。但自决权在行使的时候，往往受到社会条件的制约。如西方社会十分重视个人权力的运用，个人自决与社会的其他制度是能够互相配合的。但在华人社会里，一般缺乏自决的意识，人们日常所接触的制度也不鼓励其行使这个权力。社会行动中的社工认为制度限制，使当事人比社工对环境的敏感度低，因而需要社工"家长式"的介入，即为了当事人的利益，但却未能获得当事人同意，而干涉其个人或社会环境。这显然有可能构成对当事人自决原则的违背。但是我们也应该看到当事人自决原则是建立在个人主义基础上的社会价值，它强调了人可以理智地、自由地决定与自己利益相关的事务。而社会行动是在个人自由受到外界社会因素影响时介入社区的，且也没有把个人主义作为行动的社会价值基础，因此使得所谓违背"当事人自决原则"有了其存在的道德基础（王卓祺，1989）。

2. 关于社会行动的界限的问题。社会工作作为一个专业，除了要对案主负责外，还要对社会和公众负责，专业为社会行动定下了规则和底线，其实也反映了大部分民众的普遍看法。民众基本上可以接受记者招待会、签名行动及请愿等较为温和的行动，而认为游行、围困当权者及罢工等形式过于激进。显然，无论是社会大众，还是社工专业自律守则，都不希望社工在从事社会行动时出现不讲道德、不顾及他人利益，甚至是超出法律界限的状况。如果社会行动不得已要有违法行为，也应该是针对那些贬抑人性及尊严的邪恶法律。向不公正的法律进行挑战，其实才是专业人士应有的责任，社工在尊重良知及人际关系等真理的情况下与当权者抗衡，不让邪恶发展下去，其实是高尚情操的表现。但社工应该清醒地认识到：不是任何社会事件都要用激烈的行动去解决，也没有必要对每一条不符合公正的法律都进行激进的挑战。无政府主义不是社工的出路，只有当激烈行动和激进挑战是实践公正的惟一途径时，社工才应出于专业的责任而起来抗争(莫庆联,1999)。

二、社会行动的工作方法

(一)社会行动的介入方法

1. 集体行动

社会行动的对象大多是无权无势的居民,他们并不拥有与当权者抗衡的资源及地位,惟一拥有的是人数和团结力量。因此,社会行动通常都要求居民团结起来,参与集体行动,以加强行动的声势,使当权者感受到问题的严重性。如果要使行动成功,必须把受影响的群众动员起来,通过不同的途径参与及支持整个争取行动。

2. 由居民的切身问题及具体事件介入

社会行动通常以事件(issue)形式介入:首先要找出居民最关注及最急切需要解决的事件,然后将居民联系起来,表达对事件的不满,共同找出彼此想要争取的目标及可行的解决办法。

事件的本质是社会行动成败的决定性因素。如果事件不是居民最切身关注的,则很难动员居民参与争取行动;若事件明显地反映了社会的不公平、不合理及居民被压迫的现象,行动则较容易获得公众的支持,当权者也会在较大的压力下作出响应。因此,社会行动会从具体、单一、容易理解及居民急切需要解决的问题入手,逐步将问题演化为社会需要关注的事件。

3. 较多运用冲突策略及非建制的途径

由于社会行动把问题看成是利益冲突,是社会资源和权力分配的不公平造成的,因此问题并不容易通过协商或互相合作的策略来解决。加上发起行动的群体多数缺乏专业知识,也没有相应的社会地位和足够的金钱,所以他们可运用的方法十分有限,冲突(conflict or confrontation)、对峙(contest)或破坏性(disruptive)策略便成为他们较多运用及较有成效的方法。通过与当权者或事件的对方的抗衡和对峙,加强了居民讨价还价的能力,迫使对方让步。国外常用的冲突策略包括游行、示威、请愿、静坐等。

社会行动多采用非建制途径(non-institutionalized means)争取权益。所谓非建制途径,是指非政府架构下的途径,例如通过居民大会、记者招待会表达居民的不满。通常居民首先是通过制度化(建制化)的途径提出要求,例如约见政府部门、写信投诉、要求议会讨论等。当这些制度化认可的途径都不能对居民的要求作出合理的答复和适当的回应的时候,就只能采用非建制的途径去争取了。

值得注意的是,并不是所有的社会行动都需要采用对抗性及非建制途径。假如对方愿意展开对话和让步,则不必要使用对峙策略。一些非对抗性及社会接纳的方式，如向议员游说、向有关人员提供资料、通过调查研究去反映真实情况等，都值得运用，所以社会行动有时也会同时运用共识协商及冲突对峙的方法。至于采取何种策略或如何将两种策略并用，则要考虑事件的性质、对手的反应及行动是否容易成功等因素。

4. 争取第三者支持

社会行动除了较多运用冲突策略手法外，另一个常见的手法是争取第三者的支持。所谓第三者，通常是指社会大众、传播媒介及有影响力的人士（如议员、人民代表等有地位的人士）。由于争取行动者拥有的权力有限，尽管采用了冲突及对峙的策略，也可能无法迫使当权者或事件的对方作出让步。另一方面，如果对抗或破坏性策略使用不当，也会使公众反感，误认为是滋事分子在破坏社会秩序。因此，社会行动在方式上会首先将事件向公众表达，而通常运用的方法是通过传播媒介将事件报道出来，尤其是对受压迫者的艰苦状况及当权者不合理的作为向公众披露，以争取公众的认同，制造舆论支持。

一般而言，当权者不太在乎行动者所施加的直接压力，而较为惧怕舆论或公众的指责。所以要使事件有效表达出来，新闻界的同情及支持十分重要，而运用传播媒介及尽量获得新闻界的关注便成为社会行动惯用的方法。在双方对峙的局面下，如果能得到有力的第三者的支持及协助，增加压力或从中斡旋，当权者愿意展开对话的机会则会大增。社会行动如能得到舆论的支持、传媒的同情及有权人士的帮助，争取的目标会较容易达到。

这里需要说明的是，争取第三者的支持这种方法，较常见于有社区工作者推动的社会行动中。但在一些专业团体或拥有较多权力的组织所进行的社会行动中，不一定需要争取第三者支持。如医生、护士为提高薪水而进行罢工或怠工，行动本身所带来的压力较多，就是没有第三者支持，政府也不得不与他们谈判并作出让步。因此，只要团体有强大的实力及所采取的行动能造成很大的冲击，社会行动并不一定要争取第三者支持。

（二）社会行动的介入步骤

曾有学者提出社会行动的步骤包括以下几个方面：(1)工作者察觉居民对某些问题特别关切；(2)利用这些问题为中心，发动居民参与及商讨对策；(3)将问题向外宣传，引起社会人士及政府的关注、同情和支持；(4)问题得以解决（梁祖彬，1990）。但这个行动步骤较为概括，而表 6－1 是香港学者莫庆联、甘炳光对其改良后的行动步骤，较为直观。

表 6-1 社会行动的介入策略

<table>
<tr><th>阶 段</th><th>工 作 重 点</th></tr>
<tr><td>酝酿期</td><td>找出共同关注的问题,进行初步的资料收集、预估群众的反应及他们的参与的意愿,初步制订争取事件的目标及对手的反应。</td></tr>
<tr><td>宣传组织期</td><td>广泛宣传社区问题,召开居民大会,目的是:
(a) 推举代表,成立争取关注组;
(b) 定出争取的要项;
(c) 通过争取的行动系列;
(d) 统一步伐,团结士气。
或
1. 先召开座谈会,物色核心领袖;
2. 将在座代表组成争取关注组;
3. 关注组协助召开居民大会商议各项行动要求,提高团结力量。</td></tr>
<tr><td>行动期
(A) 对话性行动</td><td>1. 接触官方,尝试约见并陈述意见。
2. 进行调查,收集数据。</td></tr>
<tr><td>(B) 抗议性行动</td><td>1. 进行签名行动,争取基层支持。
2. 发动群众参加行动,迫使对方谈判或让步。
请愿 示威 → a. 初步/直接目标,如
(i)有关部门;
(ii)上级的主管部门。
第三者协助施加压力 → a
请愿 公开要求 → b. 第三者(间接目标),如
(i) 传播媒介;
(ii) 区市人民代表大会;
(iii) 市人民代表;
(iv) 社区其他组织。
b → a</td></tr>
<tr><td>(C) 对抗性行动</td><td>1. 直接干扰部门运作。
2. 争取第三者的了解及支持,迫使谈判及让步。</td></tr>
<tr><td>总结期</td><td>1. 问题得到改善。
2. 总结及检讨行动。</td></tr>
</table>

资料来源:莫庆联、甘炳光:《社会行动》,载甘炳光等编:《社区工作:理论与实践》,香港中文大学出版社 1994 年版。

（三）策划社会行动的考虑因素

包伯(K. Bobo)等人提出,在选取社区事件后,策划社会行动时,应就以下六个方面的因素进行认真考虑,即目标;工作者及群众的取向;组织考虑;盟友及对手;当权者及战术运动。而每一方面的考虑因素中又可以细化为几个具体的可能性,因此可以据此来制定行动策略(K. Bobo, J. Kendall & S. Max, 1991)。

但这些因素中没有涉及工作者的价值观和对工作的期望，而这一点在制订社会行动策略时也是不可忽略的，见表6－2所示。

表6－2　策划社会行动的考虑因素

目　标	1. 列出行动的长远目标。 2. 行动的短期目标是什么？ 3. 短期目标达到后如何走向长期目标？ 4. 行动是否对民众生活质量有实质改善？ 5. 能否使民众觉得有权？ 6. 可否改变不合理的权力关系？
工作者及群众的工作取向	1. 工作者如何看待社会财富分配？用什么手法改变社会？ 2. 工作者期望自己认同行动及投入的程度如何？ 3. 在社区内谁会关心这个问题？他们能否参与？ a. 这是谁的问题？ b. 如果成功了，他们得到什么？ c. 有何风险？ d. 实力从哪里来？
组织考虑	1. 列出各项在行动时可动用的资源，例如金钱、组织者数目、设施、声誉等。 2. 整个行动要花费多少钱？ 3. 通过行动，能否使组织：(a)成员人数增加？(b)领袖的经验增多？(c)筹到更多金钱？ 4. 如要使运动策略成功，需要解决什么内部问题？
盟友及对手	1. 谁是你的盟友？ a. 社区内外各有多少？ b. 他们与你的关系怎样？熟悉程度如何？ c. 社会人士的支持有多少？ d. 大众传媒的态度怎样？ 2. 谁是反对你的人？ a. 如果你取得成功，反对你的人将付出什么代价？ b. 他们会如何反对你、阻挠你？ c. 他们有实力吗？
当权者	1. 直接当权者：(a)谁有实力决定你的命运？(b)你有什么实力可以打垮他？ 2. 间接当权者：(a)谁有能力去影响直接当权者？(b)你有什么实力使“间接当权者”助你一臂之力？
战　术	针对每位当权者，列出各种使对方感受压力的战术。这些战术能否： 1. 显示你的实力？ 2. 提高你们的士气？ 3. 使传媒报道？ 4. 是否有趣味？

资料来源：莫庆联、甘炳光：《社会行动》，载甘炳光等编：《社区工作：理论与实践》，香港中文大学出版社1994年版。

第四节 社会行动的评价与讨论

一、社会行动的评价

（一）优点

1. 易广泛吸纳群众。社会行动通常都是从居民最关注及最急切需要解决的事件入手，因此容易将居民联系起来，广泛吸纳受到影响的人群参与其中。同时社会行动大都采取集体行动方式，群众较容易宣泄不满情绪，表达意见，有利于确定争取的目标和解决问题的方式。

2. 易于培养领袖。社区领袖对于社会行动和居民而言都是相当重要的，因为他们能够团结和领导有共同信念和利益的群众，争取合理的权益；且他们能够带领群众走向独立自主，从而充分体现民主参与的精神。社会行动中普遍运用的集体行动方式、冲突策略及争取第三者的支持等，都要求由居民领袖带领才能完成。而这些过程中又涉及如何促进团结、权责分工及游说、谈判等技巧，因此有利于培养社区领袖多方面的能力。

3. 能够使问题迅速解决。社会行动中较多运用集体行动、冲突策略及非建制的途径，同时又利用传媒和舆论造成社会影响，而在形式上既有较温和的对话行动，也有逐步升级的抗议及对抗性行动，从而给当权者或事件的对方造成一定压力，使问题能够较迅速的解决。

（二）缺点

1. 易被政党或利益团体操纵。社会行动毕竟是一种集体行动，也是一个向当权者施加压力的过程。这就有可能吸引那些对当权者不满的在野政党或利益团体的注意。尽管他们与社会行动事件没有直接的关系，但他们可能会通过提供资源支持等方式控制社会行动中的大众，引导他们为自己政党或团体的目标服务，而这种被政党操纵的情况在社会行动中较易出现。

2. 可能激化矛盾。社会行动中大量运用冲突策略和非建制途径解决问题，尤其是具有激进色彩的对抗性手段的不慎使用，就可能激化对立的情绪，使当权者一方完全采取不合作的态度；此外，也有可能使冲突中的某方采取行动，而这一行动又在政府可施加控制的范围之外。

3. 长于挑战，却不善于建设。从居民最迫切需要解决的事件入手，使社会行动从一开始就是一种被动反映。从过程来看，社会行动试图挑战造成社会问题的不公正制度或试图通过当权者的让步，来改善不平等的社会政策，但从结果上看，这种改善只是针对事件或问题本身所作出的妥协或资源分配的调整，且当权者更多地将这种妥协与让步视之为缓解矛盾的权宜之计。所以相对而言，社会行动本身是缺乏长远的、根本的目标及努力主动改造和建设的意识。

二、社会行动在中国的适用性讨论

社会行动发端于美国本土，其能不能适用于政治、经济、文化及社会结构都不相同的中国，是一个值得探讨的问题。基于社会行动在全世界范围内的争议性，无论是海外还是中国学者都对社会行动在中国的发展持谨慎态度。其基本的考虑是：一是中国实行单一制的国家结构形式，国家权力集中程度高，维护政权稳定则是主要的目标，而社会行动这类挑战制度和现行政策的活动，是当今中国政治体制所难以接纳的。二是中国民众社会心理与文化取向。中国人的思维方式受儒家影响颇深，性格上属于和合性，倾向中庸之道，并且尊重权威，常以和谐、息事宁人，容忍来应对周围环境的变化，较少用冲突方式来解决问题。三是中国的城乡社区属于行政性社区，政府的行政命令及社会控制功能通过社区延伸至每一个人，而在民众的观念里社区意识较为淡漠，当个人及家庭发生困难时仍以求助家族、单位或政府为主，较少依赖社区或邻里，因此社区归属感不强，自然也难以形成对凝聚力要求较高的社会行动。

海内外学者对中国社会行动所持的不置可否的态度，从发展的观点看来是有可商榷之处的。一个基本的大前提就是中国经过了 20 多年全方位的改革开放，不但经济有了飞速的发展，社会结构也发生了根本的变化。基层政权及民主建设得到重视，社区的服务功能得到挖掘，而更为关键的是民众的自我意识日益提高，他们已经开始学会运用法律维护自己的权益，利用社会舆论来呼唤社会公正。而在近 10 年的时间里，社区冲突事件在我国农村和城市都呈上升趋势。在农村，社区冲突的焦点主要是围绕农民的权益，尤其与土地承包、摊派与收费不合理等涉及农民经济利益的问题有关；而在城市则主要聚焦于社区的治安、环境、住宅动迁等问题。这类社区冲突事件较容易促成社区意识的觉醒，进而使居民形成团结的力量。也就是说，当社区居民的实际的经济利益和生存环境利益受到威胁时，无论在什么制度和文化背景中，都会引发居民为维护自身权益而采取种种抗争行动。如居民会因为社区治安不良而求助市长值班电话；会因为房屋修缮困难投诉政府有关部门；会因社区环境的恶劣而争取新闻媒体的曝光等等，而这些又都是没有经过任何组织和动员，完全是居民的自我觉醒。这一切都表明，温和、适度和理智的社会行动模式可以成为解决中国社区问题的一个途径。问题的关键是，要正确认识社会冲突的正负功能，即社会行动虽然是促进社区意识发展的重要手段，但引发社会行动的社会冲突事件多属于当地社区与政府、企业之间的利益冲突，所以在社区工作过程中，社会工作者应在专业伦理的指导下，运用社会行动促进社区的团结，或通过化解冲突因素，来促进社区与政府的合作。

尽管如此，在中国仍缺乏开展激进社会行动的土壤，无论政府及学界也无意倡导社会行动模式在社区内出现。但是，随着中国基层民主建设步伐的加快、社区居民自我意识的觉醒、法律制度的健全、新闻媒体监督功能的加强，政府容忍程度和社会控制能力的提高，以及社区工作者专业化程度的提升，非激进的社会行动也将在中国发挥其维护弱势群体利益，改善不合理制度和政策的积极作用。

附：案例分析[①]

运用社会行动策略，解决火炬村的干部违纪问题

（一）问题描述[②]

火炬村位于湖南靠近长沙市城区，是一个有 4 800 人的城郊村，原有耕地 800 多亩。自 1993 年火炬村被列入长沙市城区发展规划后，前往征地的商家和机关单位络绎不绝。至 1999 年初，村里先后卖地 321 亩，集体总收入 5 280 万元。然而，火炬村却并没有因此富裕起来，5 年中，村民仅每人领到 300 元现金，而其他收入除一部分用于兴办企业外，大部分流入“黑洞”——3 000 万公款因村干部们吃喝玩乐、违纪乱支、违规担保贷款等原因而流失。

1997 年 5 月，火炬村村民提出清账的要求，但直到次年 6 月才得到批准。其间村民多次到乡、区、市上访未果。1997 年 12 月，气愤的村民们将村部大门封了 12 天，此后一路上访，一封有 1 652 名村民签名按手印的“状子”由乡一直呈到中纪委，最后区纪委才批准由村民代表大会对村级财务进行清理的要求。然而，在清查出惊人的“黑洞”后，火炬村的问题却没有得到解决，涉嫌重大经济问题的大部分村领导仍担任要职。并对参与清账者进行威胁恐吓，700 多万元的债务仍背在村民身上。

火炬村所面临的困境载于 1999 年 1 月的《半月谈》杂志，因其后没有跟踪报道，故问题解决与否不得而知。可以看出，在整个事件中，村民虽受到不公正待遇但仍积极行动，为村子的发展寻找出路，到后期也开始进行激烈的行动。所以，对于火炬村的问题，可以尝试运用社会行动的工作模式，作为解决问题的主要策略。

（二）工作目标

任务目标：通过社会行动，依法追究村涉嫌领导的责任，追回尽可能多的非

① 本案例分析改写自中国青年政治学院社会工作与管理系 99 级严樨同学的《社区工作》课程作业《针对火炬村问题的社区工作方法建议》，2001 年 12 月。

② 资料来源：《半月谈》1999 年第 1 期。

法侵吞的公款。建立收支一目了然的村务公开制度,选举产生村民信得过的领导班子。

过程目标:进一步提升村民的社会意识和政治意识,改变他们的无能及无助感,加强他们解决问题的能力。在参与社会行动的过程中,使村民认识到自己的权利和改变困境的能力,认识到可利用资源及利用方法,更加明白团结的能量,增强战胜腐败现象的信心。

(三)介入策略

1. 集体行动

在火炬村的困境中,村民是受害对象和利益被侵害者,无权无势且社会资源极为缺乏,惟一拥有的能力是人数及团结的力量。而村民也通过签名和按手印的方式向有关部门呈交“状子”,来反映自己的意见和要求。社会工作者应在此基础上,帮助村民团结起来,加强声势,共同面对问题,采取集体的行动,给村子的当权者施加压力。

2. 从村民面对的不公平现象入手

发展火炬村是村民的共同愿望,而村干部的腐化堕落和村务不公开是目前困难的直接原因,也是村民不满的矛头指向。因此社会工作者也可抓住此点,动员村民积极参与。

3. 较多运用冲突策略和非建制途径

火炬村的问题如果用协调和相互合作的策略来解决是最佳的方式。但是从村民一年多上访的艰难经历和所获得的遗憾结果可知:只有冲突策略和非建制途径才能有效地解决问题。我们看到村民实际已采用了包括封村部大门等非建制的途径,其效果的确比单纯的请愿好一些,因此,在资源匮乏的特殊情况下,这种方式更有利于与当权者开展对话并令其妥协让步。

4. 争取第三者的支持

由于村民处于无权的状态,争取如社会大众、传播媒介及有影响力的人士(如人民代表、政协委员)的支持就显得尤为重要。事实上,能通过《半月谈》杂志“新闻热线栏目”的报道来反映情况,既是在争取第三者支持方面的实际努力,也反映了村民权利意识的增强。社会工作者应帮助村民继续深入加强这方面的工作,如请《半月谈》记者对事件进行跟踪报道;邀请更有影响力的媒体(如中央电视台的名牌栏目“焦点访谈”)加入,寻求当地人民代表的支持等。

(四)工作者的角色

在火炬村事件的社会行动中,由于村民在社工没有介入之前就已经作出了相当程度的努力来改变不利的处境。因此工作者介入后倡导者的角色并不明显,而主要还是活动家、教育者和资源提供者的角色。因此工作重点不是鼓动村民,而是为行动指引合理的方向,鼓励村民挑战不合理的制度和做法,提供信息、资料方面的支持,训练居民的行动技巧。由于火炬村的村民已选出清账小组,因此工作者也可利用小组成员在村民中的良好声誉,培养他们成为社会行动的领袖。

(五)具体的行动策略

1. 政治社会行动

政治社会行动是通过政治过程以达成目的,获取目标,包括游说、请愿、公听会、立法倡导和监督行政。不过火炬村面临的困难较少是因为压迫性社会政策所致,所以,更多的是将游说、请愿作为一项工作策略,目的是引起政府有关部门的重视,使之能够参与并解决问题。

在这个行动中,因为服务对象——村民是相对缺少文化知识的农民,所以游说者角色,主要可由工作者承担,包括提供专业意见给人民代表以争取支持,为村民和上级政府连接关系,与新闻媒体接触等。

同时也可以运用法律手段,收集证据,起诉贪污者。从报道中看,在过去5年里,村民主要运用的是上访的方式。社会工作者如果介入,可为村民提供了相关的法律知识,指导他们由重上访走向重上告,运用清账小组收集的大量证据将贪官绳之以法。

2. 直接行动

第一,抗议性行动。首先可以进行签名行动。尽管火炬村村民已有过一纸1 652名村民签名和按手印的联名诉状,但其产生的效果仍不够理想。由此可以考虑运用一人一信的方式向更高级政府部门投诉,并且在原签名者的基础上争取更多的村民参与到行动中来,以过半数为好。其次是群众集会,这种形式是由社工和村民领袖共同组织,目的是让村民认识所受的不公平对待,同时也能获得社会的同情与支持。再次是请愿和游行。游行请愿是一种较为激烈和敏感的抗议方式,也是一种非建制的行动策略。在我国游行示威需要得到政府有关部门批准,因此社工应引导村民在守法的范围内采取行动,表达不满,给村干部以压力。最后是象征性的公众行为。如书写宣传海报,展示抗议性的旗帜,呼喊抗议性的口号等。

第二,对抗性行动。如在各个方面与村干部不合作。

在上述行动过程中,社工应帮助村民分析每一种行动所产生的影响和后果,行动对问题解决的预期成效,让村民在充分考虑和权衡利弊后自决。另外社工也应对行动局势进行控制,防止过激行为,以及被指责为滋事。在我国特定的国情条件下,政治社会行动一般比较容易为社会接受,且效果一般也比激烈的对抗性行动来得理想。

主要参考文献

1. 合一基层发展中心:《基层发展中心的旧市区组织工作》,载香港社会服务联会社区发展部编《社区发展资料汇编 1993~1994》。

2. 莫庆联、甘炳光:《社会行动》,载甘炳光、梁祖彬等编《社区工作:理论与实践》,香港中文大学出版社 1994 年版。

3. 王卓祺:《社会行动与香港》,(香港)青文书屋 1989 年版。

4. 莫庆联:《社会行动与专业守则》,载《规范与创新——迈向二十一世纪社区发展工作》,香港社会服务联会社区发展部 1999 年版。

5. 梁祖彬:《社区工作理论与实践》,载邓演超、梁祖彬主编《穗港社区工作理论与实践》,广东高等教育出版社 1990 年版。

6. Bryant, R. 1981. *Community Action*, *in Readings in Community Work*. Edited by Henderson, P. and Thomas D. N., London: George Allen and Unwin.

7. Bobo, K., Kendall, J. & Max S. 1991. *Organization for Social Change: A Manual for Activist in the 1990s*. Washington: Seven Locks Press.

8. Rothman, J. 1987. *Three Models of Community Organization Practice*, *Their Mixing and Phasing*, *In Strategies of Community Organization*, Edited by Cox F. E. et al. Illinois: F. E. Peacock.

9. Warren, R. L. 1975. *Types of Purposive Social Change at the Community Level*, *in Readings in Community Organization Practice*, Edited by Kramer, R. M. and Specht, H. New Jersey: Prentice-Hall.

第七章

社区照顾

第一节　社区照顾的历史、理念及目标

一、社区照顾的缘起与发展背景

“社区照顾”的概念起源于英国，是20世纪50年代以来英国社会服务策略方面的一个概念，也是社会服务的一种方式，亦可以看作是1945年至1970年英国福利国家建构的过程中逐渐发展起来的一种社会工作模式。

英国是当今世界福利国家中社区照顾历史最悠久的国家，已有五十余年的历史。在这五十余年来的发展中，英国的政治、经济、社会福利政策的变化以及社会变迁对社区照顾的发展构成直接的影响，从而形成英国社区照顾的独特经验。

“社区照顾”的发展最初是起源于第二次世界大战后的“反院舍化”运动。而引发这一运动的原因则可追溯到1920年代。欧洲的许多大型的对弱势群体服务的机构是在19世纪建立的，院舍照顾已有百余年的历史，这种照顾方式弊端在20世纪20年代至50年代逐渐显露。这些收容孤儿或贫困儿的儿童院、老人院、精神病医院等福利院舍，将各类虚弱的人士集中在一起照顾，或分别照顾。20年代至30年代，有2 500名身心障碍者被强迫结扎，以预防他们生育低能后代人；精神病院禁止患者外出，病患者衣衫简陋，饭食单调乏味。这些问题在舆论的压力下，政府开始介入，于1924年派“皇家精神与心理疾病患者委员会”做调查。这个委员会发现精神病患者一旦离开医院，没有后续的“社区照顾”体系，仍然造成精神病患的“烙印”现象。于是他们提出应尽可能采取社区服务，以便使病患者能在家中接受介入治疗。这个事件可以看作是社区照顾理念的雏形。

50年代初期，英国社会开始关注精神病患者长期住院照顾所产生的一些非

人性化的后果，同时也关注到对老人和残疾人长期住院所产生的依赖性，以及逐渐失去重新适应社会能力的问题。“社区照顾”开始的动机：主要是希望改变以往大型机构（儿童院、老人院、精神病医院）对服务对象照顾方式的负面（欠缺人性，不够人道）影响，将大型机构解散，由小型的、社区型的机构取代。从而使服务对象能够回到社区和家庭，在家居或居住社区的环境中能够得到专业人士的支援和照顾。因此，提倡将需要照顾的人士留在其原来生活的社区，接受各种正式的社会服务和非正式系统的照顾，由这些倡导便发展起“社区照顾”的概念。

二、社区照顾的基本理念

社区照顾是指在社区内对那些身体和精神有需要的人（如：老人、儿童、弱能者和残障者），通过正式或非正式的社会服务系统对其给予援助性的服务与支持。

1960 年，社区照顾才正式成为英国政府的政策。1963 年，英国卫生部提出《健康与福利——社区照顾的发展》文件，指出，社区照顾的对象包括妇女、老人、精神病患者及肢体残障者。对于社区照顾服务，主张志愿部门与地方政府应扮演主要角色，特别在许多地方政府没有责任提供的方面，志愿服务部门是最主要的提供者。

源于英国的“社区照顾”可以分为两类：

1. 在社区内接受照顾（care in the community）。“在社区内接受照顾”是指有需要，并且依赖外来照顾的人，在社区内设的小型服务机构或家庭住所中，接受专业工作人员的照顾。

2. 由社区负责照顾（care by the community）。“由社区负责照顾”则是指有需要的人的照顾服务，其一部分服务是由家庭、朋友、邻居及区内志愿者人士为其提供，这种照顾模式强调的是动用社区内非专业人士提供照顾服务。

上述的两类社区照顾形式，是 20 世纪 60 至 80 年代英国政府在两个不同时期“社区照顾”的服务导向和服务理念。“社区照顾”的内涵所发生的变化同时也包含了英国社会福利政策的变化，确切地说，“社区照顾”的推动是与政府紧缩社会福利的开支和推动社会服务市场化的社会政策直接相关。1970 年以前，英国的社区照顾是以接受照顾的人群的需求为考虑，国家福利承担着这种照顾责任。因此，“在社区内接受照顾”（care in the community）的服务导向强调：有照顾需要的人士在社区内设的小型服务机构或住所中，接受专业工作人员的照顾。1970 年以后，西方国家逐渐对“福利国家”制度感到吃力，福利国家受到了来自政治右派的批判。英国在意识形态上“新保守主义”色彩，导致国家福利政策开始发生变化：削减福利开支，将社会服务的责任重心交给个人、家庭及社区。撒切尔夫人执政期间，1981 年英国卫生与社会安全部发表的《步入高龄化》

(Growing Older)白皮书指出:care in the community 意指 care by the community。该文件强调社区照顾就是由非正式照顾者来照顾,鼓励非正式支持网络来承担照顾工作。这样的解释就将社区照顾责任从政府手中进一步转给非正式部门。社区照顾概念的这一变化,可以理解为英国政府自 20 世纪 70 年代以后,为了解决福利国家来自财政、经济、政府科层及合法化等危机,而实行的一套削减福利的有效方法,可以节省照顾成本,减低政府的福利责任。同样,我们也可以将福利政策的变化,看作是福利国家对建构切实可行的福利制度的一种探索性修正,看作是对社区照顾服务模式的资源支持系统的调整和完善。从经济效益上看,这的确可以削减政府的福利经费开支,但是从社会效益上看,"社区照顾"渐渐地融合了政府的、非政府服务团体、民间以及市场在内的各种资源;非专业人士的志愿参与不仅为有需要的"被照顾者"提供照顾性服务,而且还建立了体现社区人文关怀、令社区人有归属感的服务模式。

1980 年以来英国社区照顾政策日益完善,建立了一整套新的服务框架,其基本精神是经济效益与管理,强调"照顾混合经济",提倡志愿、非正式与商业部门共同负起照顾的责任。"照顾混合经济"的导向意味着"由社区负责照顾"(care by the community),是对照顾系统资源的高度整合。

我们可以将"社区内接受照顾"和"由社区负责照顾"看作是两种互补的照顾模式。后者所强调的非正式照顾系统所体现的社区人文关怀、社区人的归属感是这一服务模式最重要的特色。我们还可以从不同的视角来看待"社区照顾"服务模式的出现、变化与形成。从现象上看,它是纠正大型院舍对服务对象照顾负面影响的产物;从社会思潮上看,它的理念亦受到这一时期人本主义思潮的影响;从社会福利政策的变化上看,它亦受到福利国家来自财政与经济重负的直接影响。因此,了解这一时期的社会脉络,对我们理解"社区照顾"的理念及其两个基本假设十分重要。

三、社区照顾的基本假设

"社区照顾"的服务理念是基于下面两个基本假设:

第一,服务对象生活的原环境优于机构的环境。虽然大型院舍服务的机构可以对有服务需要的人士提供专业化服务与照顾,对于大多数接受院舍服务照顾的服务对象来说,长期的院舍照顾会导致被照顾人士的个人的生活能力下降。让服务对象在自己生活的原环境——自己的家中或社区中类似家(homely)的环境内,使之尽可能地过着正常的生活,社区提供适当的照顾与支持,使其个人生活得到高度的独立自主性,并协助他们发挥最大的潜能,是有利于个人能力的保持和身心的康复。

第二,社区可以有效地利用非正式资源对需要康复服务的服务对象实现支持和照顾。众所周知,个人、家庭和社区蕴涵着丰富的对服务对象提供支持和照顾的非正式资源。“社区照顾”的服务模式可以由志愿团体将社区内疏远的网络连接起来,将那些松散的资源整合起来,并对其有效地利用,实现正式服务系统和非正式照顾系统互补,有效地满足社区内有服务需求的人士,以达至建立理想和关怀的社区生活。

四、社区照顾的目标

对英国“社区照顾”的社会政治、经济和历史原因的叙述,使我们有一个对这一服务模式产生的历史背景的了解。社区照顾的目标又带出一种新的文化,一种“以人为本”的社会意识,即社区照顾的服务模式还包含着对建立理想和关怀社区的期望。C. Heginbotham 在《回归社区:志愿者道德与社区照顾》一书中提出了被人们称之为:“源自关怀社区的照顾”(care within a caring community)的五点理想,可以看作是社区照顾的目标。

第一,新公民社会意识。重建新公民意识,就是要加强居民在社区的义务参与,建立社区中互助互爱的关系,抗衡个人主义给都市带来的疏离与孤立的文化。Heginbotham 认为社区是建立新公民社会意识的重要基础,政府应尽量协助每个社区去推动区内居民参与义务工作。

第二,政府与社区建立伙伴关系。在社区照顾中,政府与社区的参与应该是相辅相成、互补长短的关系,所以,服务的模式不是以家居照顾取代院舍照顾,而是正规与非正规服务的结合,从而实现有效的提供照顾。

第三,帮助服务对象正常地融入社区。社区照顾的目标应该是以协助服务对象正常地融入社区为主,使他们可以建立自己的生活方式和社交关系。

第四,使服务使用者参与表达他们的愿望,并能够承当倡议者的角色。社区照顾的目标除了提供照顾外,还要使服务使用者参与表达他们的需要。

第五,建立理想和关怀的社区。建立理想社区的主要方法就是有志愿团体在社区内形成有效的支持网络,将社区内松散的资源连接起来,通过居民的参与,发展自我潜能和对社会的影响力。

Heginbotham 关于社区照顾目标的理想,是对资本主义社会市场化过程,造成人与人之间的疏离与孤立关系这一社会现状的反思。重建新公民意识,强调居民的义务参与和积极互动,建立理想和关怀社区的目标,需要多方努力和长时间的推动才有可能实现,特别是政府的支持与物质资源的投入是非常重要的。

第二节　社区照顾的任务与策略

一、社区照顾的任务

由于社区照顾是根据服务对象的需要而确定服务工作的取向，因此，可以将社区照顾理解为一个内涵相当广泛的服务模式。社会工作专业人员可以通过“社区照顾”这一管理与服务的基本模式，根据不同的国家和地区工作对象的需求和环境条件的不同，形成以实践为取向的、符合本土情况的社区照顾的模式。下面我们从实践的角度划分出三个方面的工作，介绍社区照顾的任务与内容。

(1) 将社区内有特殊困难而自己不能解决并需要长期照顾的服务对象留在社区内接受服务。以英国为例，就医后出院的老人、伤残人士以及精神病康复者，回到社区后都能得到社区的照顾及支援服务。社会工作者运用“照顾管理”(careing management)工作模式，对每一个有需求的个案进行认真的评估，制定照顾计划，根据服务对象的需要，结合不同专业和不同机构的服务系统提供社区照顾。“照顾管理”的工作过程是一个对服务对象的需要不断评估、不断协调相关支持网络系统的过程。

(2) 使有困难的社区居民(个人或家庭)所需要的家庭照顾社会化，减轻家庭的负担。在社区内有需求的服务对象，其家庭承担着照顾服务者的大部分工作，其中服务对象的医疗、康复锻炼、生活起居与卫生饮食照顾，需要大量的人力、物力的支持。家庭照顾的社会化是将服务者的支持服务通过机构的不同专业实行分类、分项，对有需要者进行服务。例如，入户的支持性服务有：心理辅导服务、医务护理服务、康复治疗等。社会化服务还包括购物服务、送餐服务、家庭清洁服务等。

(3) 挖掘社区的各种人力资源，建立社区支持网络，使社区居民建立起互助、互帮的责任意识，实现社区成员之间的高度互动，形成社区内居民的良好的人际关系。

社区照顾的服务是由下述提供正式与非正式服务的四种支持资源组成：提供正式服务的机构有，政府福利机构的专业化服务和市场化的服务组织；提供非正式服务的有，民间社团与志愿组织以及被照顾者亲属及邻里的支持。在这些支持资源中，非正式服务是通过建立社区照顾服务的支持网络，为服务对象提供志愿性服务。建立社区照顾的支持网络是社区照顾与服务实施中的重要环节。

建立社区居民志愿参与的照顾与服务的社会支持网络，要考虑在不同的文化与历史背景中，人们习惯寻求帮助的方式。在我国的城市和农村，人们遇到困难时最先考虑的是家庭成员、亲戚、同事、朋友和邻居等非正式的社会支持与援助。因此,在目前社区福利资源相对不足的情况下,挖掘社区内各种人力资源,建立社区支持网络,使社区内居民建立起互助、互帮的责任意识,实现社区成员之间的高度互动,就成为社区照顾与服务实施的一个十分迫切的任务。

二、社区照顾的策略

社区照顾的策略主要是指,我们使用什么方式使服务的使用者和服务者相互理解沟通,进而建立起彼此信任的关系,我们使用什么方法建立社区照顾的服务网络,以完成社区照顾的任务,实现社区照顾服务的目标。

第一,确定社区照顾的服务对象群及居住所在,与之建立起相互信任的关系;并探索他们自身的潜能与资源,帮助他们建立自信心。

社区照顾是以提供地区化服务为先决因素的,因此,社会工作者要有效地推展社区照顾,首先必须了解本地区服务对象群所居住的地区、服务对象的需要。在了解的过程中,社会工作者要在与服务对象的积极互动中,建立起彼此信任的关系,在对他们的需要深切了解的过程中,要注意探索他们自身已有的能力和可以运用的资源,以及那些可以发掘的潜能与资源。社会工作者在这个过程中,要帮助服务对象改变态度或学习某些技能和方法,帮助他们建立起自信心,使他们看到自己的力量和发展的可能性。

第二,建立社区照顾网络和自助组织。

社区照顾支持网络和服务对象的自助组织工作,是由社会工作者在确定服务对象的需求之后,察看社区的志愿者能够提供的服务和服务对象个人与家庭潜在的服务资源与这些服务的需求者的需要之间的对应关系。一般说来,在社区层面服务的照顾网络可以根据服务对象的需要在以下三个层面建立自助组织,满足社区不同服务对象的需要。

(1) 直接服务的自助组织服务系统,主要是由离被照顾者最近距离的人构成:家人、亲友、邻居和社区内的志愿者。他们可以为被照顾者提供购物、清洁家居、送饭服务等工作。社区内的医务志愿者还可以为被照顾者提供专业的义务服务。

(2) 同类型服务对象的互助组织的服务系统。社区内同类型服务对象可以组织成互助小组,例如:癌症病人小组、单亲妈妈小组、下岗自强小组等。小组内服务对象之间可以分享他们各自的经验与感受,提升他们的互助意识和生活信念。

(3) 社区危机处理的自助组织服务系统。在社区生活的个人与家庭,遇到各种突发事件,所需求助的最为快捷有效的支持系统就是社区的危机处理自助服务系统。社区可以动员具有不同专业技能的退休老人和热心的社区居民,组成不同类型的小组,以对不同类型的危机事件给予帮助。例如:老年人突然病危、家庭纠纷、青少年离家出走等问题。社区危机处理的服务可以为居民提供即时的帮助和支持服务。

以志愿者提供服务的非正式的社区照顾网络能否长期坚持下去,往往需要考虑对志愿者服务依赖比重的适宜程度。由于对服务对象提供的服务是长期的,单靠非正式服务系统可能会导致对需要者的服务不能持续。因此,社区照顾的正式服务系统所需的福利资源就必然依赖政府的投入。

第三节 社区照顾实施中的专业角色与方法

一、社会工作者的专业角色

社区照顾的对象涉及不同的弱势群体,所涉及的工作范围十分广泛。目前,我国的社区工作者的主要角色是管理,而专业的社会工作服务还处在起步阶段,下面将我国香港地区社会工作者在社区照顾实施中的专业角色做一简单介绍。社会工作者在社区照顾中包括下列的专业角色:治疗者、辅导者、倡议者、顾问。

(1) 治疗者:社会工作者以个案或小组的方式介入,为有需要的个人和家庭提供心理治疗、家庭治疗或小组治疗。

(2) 辅导者:社会工作者以辅导者或教师的角色介入到有需要的家庭,为家庭成员提供辅导服务,也可以为社区有共同需要的多个家庭提供小组训练课程。

(3) 倡议者:社会工作者以倡议者的身份为社区有需要的个人或家庭倡议,争取合适的服务。

(4) 顾问:社会工作者在个案和小组中,向有需要的个人和家庭提供活动和发展方向上的意见,社工与有需要的个人和家庭构成伙伴关系,社工所提出的意见只供参考,不介入决定过程。

二、社区照顾的专业技巧与服务方式

结合我国国情的适切性,社区照顾专业过程的技巧与服务方式中资源调动、社区联络、社区教育、社区照顾训练、支持服务等方法可以在本土借鉴,运用于我国的社区照顾服务。社区照顾的技巧与服务方式,可以分为社区层面和个人家庭层面。在社区层面的技巧与服务方式包括:资源调动、社区联络、社区教育、社区照顾训练;个人家庭层面的服务方式,如:支持服务,则属于微观服务,其服务方式还可以参照前面所讨论的社会工作者的专业角色的内容。下面我们仅就上述专业技巧和服务方式做一介绍。

1. 资源调动:社区照顾需要庞大的人力、物力资源完成服务,来自政府福利的正式的资源(人、财、物)仅仅是一部分,而另一部分来自非正式系统资源——

志愿者服务、民间社团和服务对象的家人，则是社区照顾的重要资源。社会工作者要在社区内通过多种形式拓展社区照顾的服务资源，如：招聘一般服务的志愿者和专业服务的志愿者，发展与社区内社会组织（商务机构或公司）的社区关系，争取员工参与志愿者服务。与此同时，社会工作者还要联合社区周边固定的福利服务机构，如：儿童福利院、老人院、康复中心等，担当社区照顾的专业性服务工作。在社区照顾服务中，由于需要专业性服务的被照顾者居住分散，往往需要较多的资源，因此，在社区内的小型机构集中那些需要专业性服务的被照顾者，可以节约资源。社会工作者在社区照顾服务资源调动中要考虑志愿者服务队伍的稳定与壮大问题，如：发动志愿者参加社区照顾服务时，需要做大量的宣传、教育和鼓动工作；要定期宣传那些已经做起志愿服务的社区居民，要积极表扬他们的奉献精神；对志愿者要给予必要的车费、津贴补助。社会工作者还要考虑资源有效使用的问题，如：对非专业服务的志愿者要定期进行专业培训，要做分类训练计划的统筹安排；对长期从事志愿者服务的人员要定期嘉奖。

2. 社区联络：社区联络指维护和发展社区整体良好公众形象的公共关系工作，其作用在于通过社区公共关系的拓展工作，使社会各界人士对社区照顾保持长期持续的支持和资助。社区联络工作可以通过公关活动如召开新闻发布会、发放宣传品等方式充分传播社区组织形象，塑造组织形象。社区联络工作也可以开展筹款活动，如，在社区居民中为有困难的人士或家庭进行募捐；向企事业单位游说慈善捐款，对特殊的捐款者可以授予“社区荣誉居民”称号等。社区组织形象的塑造是一个长期的工作，社会联络的专门负责人员要明确形象目标的合理定位，坚持在长期计划的指导下逐步实现、摄取发展目标。

3. 社区教育：社区教育可以理解为在社区居民中广泛地开展“社区照顾”理念的传播和推广的教育。由于过去我国是计划经济体制下的单位制福利制度，使得社区居民长期缺乏社区归属意识和社区照顾意识。因此，建立起社区居民对社区的归属感就必须在建构社区照顾的服务框架的同时，进行社区照顾意识的教育，这种教育也为建立社区照顾的非正式支持网络起到动员和倡导的作用。发展社区教育可以有以下几种方式：第一，以社区为单位，对服务需要者的家人、朋友和社区志愿者进行宣传；第二，以社区服务对象的需要为内容，进行大型巡回宣传工作、小型讲座，提升社区内居民互相关爱、互相帮助的意识；第三，以社区照顾所提供的服务为内容，向社区居民介绍社区照顾的各类服务。

4. 社区照顾训练：训练是指在社区内对非专业人员进行一些有关照顾的基本知识与技能的训练，。其训练对象包括：与服务对象所接触的邻里、志愿者、各类服务人员、家人，服务对象也可以接受训练。训练内容和程度可以根据服务对象的需要而定；也可以根据服务者的水平而定，接受不同的训练；还可以根据新知识和新技术的发展与推广而定。第一，对社区志愿者及服务对象的家人进行家居照顾训练,其内容包括:了解服务对象的困难与需要;学习疏导服务对象情绪的一些心理知识;教授简单的护理知识与方法。第二,对社区照顾的服务对象进行心理健康和身体康复的训练,其内容要根据服务对象的身体条件、个人潜能,由相关的专业人士恰当合理地设计训练课程。第三,在社区从事全职服务的工作人员,要定期进行更新知识的服务培训和拓展服务知识的培训。

5. 支持服务:支持服务是指在社区建立一支以专业服务机构为依托,通过热线呼叫,为社区有需要人士提供各类家居服务的服务支持系统。支持服务的人员可以是社区从事各种职业的离退休人士、志愿者和下岗再就业人员。支持服务系统可以为本社区的缺乏资源的有需要的人士或家庭提供免费服务;为本社区有资源的有需要的人士或家庭提供收费服务。支持服务系统属于非营利性服务,是社区自助性服务组织。目前我国城市社区服务中心的热线服务,就属于这类支持服务。在发展这类支持服务时,要注意:第一,对提供免费服务的家庭界定十分费力,因此可以根据社区最低生活保障的家庭对象为界定点;第二,支持服务要防止服务的营利性倾向。

从上述社会工作者角色和介入的行动,可以看到"社区照顾"是社会工作三大方法的整合工作模式。以服务对象的需要为导向,社会工作者从微观的个案工作方法、中观的小组工作到宏观的社区工作方法,每个层面的工作都有人、财、物的调动、管理与服务的整合。

第四节 社区照顾的评价与讨论

一、英国"社区照顾"模式的启发和借鉴

英国的社区照顾已经有五十余年的历史。近年来随着社会政治、经济的变化,社会福利政策的变化,社区照顾也在变迁中积累了丰富的理论与实践经验,今天已经成为一项重要的社会福利制度。

英国"社区照顾"模式的发展,在近30年的历史中受到来自不同方面力量的纠正,使其不断完善。就其成功的一面来说,以社区为依托以家庭为重点的社区照顾,被照顾者避免了机构式照顾所产生的负面影响,家庭在照顾过程负担过重的问题又通过社会化服务加以改善,在社会政策的调整与变化中非正式照顾系统的资源得到了重视和有效使用,志愿者服务使社区公民参与意识提升,使服务对象更能积极地融入社区,实现建立理想和关怀社区的目标。

在对社区照顾诸多积极效果的肯定的同时,1980年以来亦有不少对社区照顾政策与实践的批评性意见。一些学者从女性主义的视角对社区照顾的政策提出意见,认为:社区照顾就是假设了家庭对依赖于它的成员有最基本的责任(英

国在法律上没有规定成年子女有赡养父母的义务,也没有规定父母有照顾成年子女的义务),在家庭中,女性则是主要的照顾者;一些女权主义者认为:社区照顾的“社区”代表着女性照顾,倡导社区照顾等于强化女性社会和家庭中照顾角色的意识形态。一些从社会政策角度提出的批评认为:社区照顾是政府在最小支出情况下的一种福利服务手段,是政府减少福利支出的策略;社区照顾缺乏政府的投入,尤其是所需资源的配置。

英国的“社区照顾”,作为一种新的服务理念和服务模式,半个世纪以来它的发展、变化和探索为我们提供了一种思考:社会福利作为一种制度的安排,个人的生命在这个制度中,应该是扮演着两种角色:参与者与享受者、照顾者与被照顾者,即个人既是年富有为时的积极、主动的参与者——照顾者,同时,个人又作为老而无为时的享受者——被照顾者。参与者与享受者、照顾者与被照顾者之间可以是在个人人生的不同阶段与他人的一种积极有效的互动,这个互动的过程是政府正式的福利服务和非正式的志愿服务的结合,恰恰建构了体现社区人文关怀理念的社区照顾的服务框架。在这个意义上的社区照顾对个人、社区,以至于国家都具有积极的建设性的启发,对一切建构社会福利与社会保障制度的现代国家都具有积极的影响和意义。

人类社会发展、社会制度的建构过程存在着某些“共同性”,英国等发达国家和我国香港地区的社会福利制度建构的成功与不足对我国社会福利与社会保障制度的建构具有借鉴作用。我们国家正处在社会转型时期,我国的社会福利与社会保障制度正处在建立健全中,退休人员的社会化管理使社区社会保障制度的管理职能和社会政策的落实职能在强化。我国在今后相当一段时间内社区照顾的需求,将随着老龄社会的到来和社会养老的种种问题逐步呈现,社区的服务将面临着空前的机会和挑战。因此,回应服务对象的需要而创造新的适合我国国情的服务模式是社会工作专业的一项重要的实务。

二、“社区照顾”适用性的讨论

当我们讨论英国“社区照顾”,作为一种新的服务理念和服务模式的优点与不足时,我们是立足于这一服务模式对我国的借鉴意义来讨论这个问题。

我国社区服务的发展同社区建设以及我国体制改革和社会转型密切相关,它是社会转型所带来的社会福利与社会保障制度的变化,是过去由单位为主宰的福利发放体制向以社区为主导的体制转变的结果。当个人的社会福利与社会保障落脚在社区,在社区层面为有需要的居民提供不同的服务,发展“社区照顾”的服务模式就成为社区服务的重要任务。

我国在历史上一直以孝道为本的家庭养老理念,这与西方所提倡的社区照顾的理念是有共同性的。近年来我国在老年人社区照顾方面积极倡导“居家养老”,发展与支持“家庭照顾”,并已经形成多种形式的社区服务网络。在一些大中城市,以社区服务机构为依托的“居家养老”提供的照顾手段多种多样,例如:自我照顾、夫妻照顾、亲子照顾、亲属照顾、邻里照顾、护工照顾等。以街道一级为管辖范围的社区服务,应因老年人不同阶段的问题,各类不同性质的服务已经广泛发展,构成社区照顾的服务网络系统。例如,作为机构养老与服务的社区照顾有:老人服务中心、托老所、养老院、家庭病床、老年护理院、老年食堂等;以丰富老年人晚年生活为内容的老年俱乐部、老年大学、老年人活动中心等。这些依托于“社区服务中心”这一级福利性服务机构的社区照顾,在基层社区开展多种有助于老年人身体健康的活动,在小组社会工作和社区社会工作层面积累了丰富的管理与服务的经验,非常需要我们认真总结这些来自本土的照顾经验。

就我国城乡整体而论,街道办事处下属的社会福利机构——社区服务中心,自1990年以来,已经形成相对规范的管理与服务模式。在街道办事处下属的社区居委会一级管理的“社区照顾”(即对高龄老人的居家服务和日间照料)还处于摸索阶段,并且各省市地区的发展水平不一。2001年民政部“星光计划”支持下的“日间照料室”为社区居委会一级的老年人社区照顾提供了服务的基本平台。在这个平台上建构老年人的服务支持系统将是今后一段时间我国发展社区照顾工作的一个重要工作。

我国“社区照顾”正处在推展的起步阶段,在一段时间内将影响社区照顾的一些主要问题是:第一,实施社区照顾服务,就意味着在街道一级的社区服务中心和社区一级的居委会同时面对老人的不同需求提供更为人性化的服务,由于社区居委会的福利资源的缺乏,专业服务工作人员的缺乏,将导致对老年人日间照料服务的缺位;第二,社区志愿者服务支持网络的维护与坚持需要一定的资金支持,在没有营利性服务收入作为补贴的社区,政府要有一定的补贴投入,使志愿者及其社团能够形成稳定的参与的机制;第三,“社区照顾”作为服务模式需要根据我国国情在实践中创新与发展;第四,社区照顾还需要有关部门建立健全相应的法规与政策,与现行的社会福利政策与社会保障制度相配套。

当我们使用并借鉴来自西方的社区照顾的理念,发展我国社区照顾服务,我们既不必将英国的“社区照顾”搬过来重建一种新的服务模式,也不必将它理解为同我们今天社区服务完全相异的内容。我们应该将社区照顾作为一种可以发展多种形式社区服务的可能性思路,作为一种立足于我国现有条件,丰富、完善和发展现有社区服务的策略。这就需要我们对近年来已经做起来的“社区服务”各种服务形式的优点与不足进行反思、总结、评估。并在此基础上整合社区现有的各类服务,同时挖掘社区内潜在的资源,发展非营利性服务和志愿者服务,使社区建立起为各类有需要的人提供家庭的支持和服务,从而达到丰富、完善和发展现有社区服务的目的。

主要参考文献

1. 夏学銮:《社区照顾的理论、政策与实践》,北京大学出版社 1997 年版。

2. 甘炳光、梁祖彬等:《社区工作》,香港中文大学出版社 1994 年版。

3. 高鉴国:《中国社区工作者手册》,民族出版社 2002 年版。

4. 林香生、黄玉唱,刘继同译:《社会工作实践:社区工作》,香港理工大学应用社会科学系出版 2002 年版。

5. 周月清:《英国社区照顾:源起与争议》,(台北)五南出版社 2000 年版。

6. 赖雨阳:《社区工作与社会福利社区化》,(台湾)洪叶文化事业有限公司 2002 年版。

7. Heginbotham, C. 1990. *Return to Community: The Voluntary Ethic and community Care*, London: Bedford Square Press.

第八章

社区工作者

社区工作的推动主要依靠社区工作者的实务活动来体现。但是,现实社区的多样性、社区居民需求的多元性以及社会对社区工作者期待的不同性,决定了社区工作者在工作过程中的角色不是单一的,而是由一组角色构成的。在本节中,我们将从社会工作的专业意义出发,讨论在社区工作的社会工作者的概念、使命、所应具备的素质,以及角色与任务。

第一节 社区工作者的涵义及使命

一、社区工作者的涵义

(一) 社区工作者是专业社会工作者

就其内容而言,社区社会工作具有两个基本特征:一是社会工作的场域在社区,二是工作的方法主要是运用社会工作专业的三大方法之一——社区工作方法来完成推动社区发展的任务。因此,社区工作者是指在社区工作的社会工作者。他们或者受雇于政府机构,或者在非营利的社会福利机构(如社区中心),在社区中运用社区工作方法,组织社区居民,动员社区资源,解决社区问题,促进社区进步和发展的专业社会工作者。

1. 社区工作者的专业性

为什么社区工作应由专业社会工作者来承担?因为社区工作者是一个职业,而任何职业的发展都要追求其在处理某些事务方面的独特性和权威性,这就是专业性问题,否则这个职业就无法与其他职业形成区隔,独立成"行业"。医生、律师、会计师、建设师等职业的发展都明显体现了这一特征。社区工作者的工作对象主要是社区和社区居民,其任务通过运用社会工作的方法来解决社区的具体问题,满足居民的多元需求,并通过这一过程带动居民对社区事务的关心,培养居民的参与精神,形成对社区的认同,从而达到增强社区的凝聚力,提升居民生活质量的目标。历经将近百年的发展，社会工作已经建构起独特的专业理论体系、专业权威、专业伦理和专业文化，并在国际社会获得了普遍的认可。而经过高等院校专业训练的社会工作者，已经成为各国社会福利行业提供专业服务的主要人力资源。社会工作者因其拥有良好的专业素质和社会服务的品质，从而能够在解决社会问题、缓解社会矛盾、维护社会公正方面扮演积极的角色。

在我国，随着城市体制改革和社区建设工作的不断深入发展，“社区专职工作者”开始逐步取代传统的“居委会干部”。以北京市为例，2002年8月，北京市人事局、民政局、劳动和社会保障局联合印发的《北京市社区专职工作者管理意见》（京人发[2002]89号），规定了社区专职工作者的任职条件、选举和聘用办法，制定了工资、培训和考评等管理制度，并明确提出了“社区专职工作者必须具备社会工作专业理论和方法，具备一定程度的社会工作基本能力与基本技术以及相关知识”。而早在1996年，上海市浦东新区就开始试点由专业社会工作者管理社区服务中心，提供社会服务。2003年，我国第一家非政府的专业社会工作机构——上海乐群社工服务社成立，并开始向一些社区提供专业社会服务。所有这些，一定程度上标志着我国社区工作者专业化和职业化过程的开始。

2. 社区工作者的执业资格

既然社区工作者是专业社会工作者，就强调其必须具有一定的执业资格。世界上一些国家和地区，对社会工作者执业资格的要求分为两个层次：一是以是否经过社会工作专业教育和训练并获得专业文凭（大专以上学历）作为“入职”的基本资格，否则只能从事辅助工作，如社区中心的行政秘书，社区敬老院的护理员等。二是受过专业教育的社会工作者，参加执业资格考试，通过者获准为注册社工，或取得从业执照，方能在社会福利的行政或服务机构求职和进行私人执业。尽管不同国家和地区在受教育程度的规定上有差别，但国际社会工作界普遍认可的专业社会工作者应符合以下要求：一是具有社会工作执业执照（Licence）；二是具有社会工作的专业教育背景；三是受社会工作专业伦理约束；四是应为社会工作专业组织的成员；五是以社会工作为一种职业生涯。

在我国，接受过专业训练的社会工作者的数量还不多，社会工作者的专业地位和职业地位尚未确立。因此，当务之急应建立执业资格制度，然后根据专业发展的状况，调整和规范执业资格标准。可喜的是，上海市已率先在全国建立了社会工作者职业资格考试制度，并要求相关人员都必须在近年内获得这一资格，从而有力地提升了社会工作的准入门槛以及专业和职业地位。此外，北京市对社区专职工作者执业资格的要求也值得借鉴。

（二）社区工作者是职业社会工作者

1. 社区工作者的工作机构

社会工作者大部分受雇于社会福利机构，这些机构或者是政府主管的（公部门），或者是独立的非营利组织（私部门）。在美国，也有少部分社工机构是私人开业的。这些社会福利机构都是社会工作专业组织的团体会员，接受专业伦理守则的规范和规制，其使命是强调服务精神，追求人类的福利与社会的发展，努力实现助人自助和人与社会和谐美满的目标。受雇于社会福利机构的社区社会工作者，其工作的场域主要在社区。一般是两种形式：一是在社区中的服务设施中服务，即社区工作者所服务的机构在某社区设有服务设施，如青少年中心、老人日间托管中心、社区服务中心等，这类社区工作者的岗位是固定的，除非有调职的情况出现；二是在社区发展的项目中服务，即由机构将社区工作者组成一个"项目工作组"，深入到社区工作，这类社区一般是有突出社会问题亟待解决的"问题社区"或"贫困社区"。后一类社区工作者的岗位是随项目需要而定的，当项目结束后，社区工作者或者随"项目工作组"撤出社区，转移到另外一个"问题社区"；或者被重新安排到新的项目工作组，进入到其他社区。

无论社区工作者的工作形式如何，其所服务的社会福利机构都对社区工作实务活动有很大的影响，具体表现在（王思斌，1998）：一是社会福利机构的目标与功能将决定选择何种"社区"作为案主，同时机构也会决定什么是"改变的目标"。例如机构的政策决定促进农村社区的整体发展是其工作目标，那么在机构中服务的社区工作者一般就会在乡村工作，而不会在城市社区；其工作理念也要聚焦于农村社区的经济、政治、社会、文化的综合发展，而不单单是社会福利方面。二是社会福利机构也会影响社区工作过程的"阶段与步骤"。例如社区工作者所服务的社区存在大量问题，且资源相当匮乏，但他们在设计服务方案时却需要认真考虑所服务机构的财政资源情况以及所能给予时间限定，并以此为基础，决定工作过程的阶段和步骤的优先次序。三是社会福利机构对结案阶段工作的影响。在社区工作中，以"项目工作组"进入社区工作的情况较为多见，当社区居民的权力意识和参与意识得到提升，社区凝聚力得到增强，解决问题的能力和技巧得到提高，社区问题得到适当解决，并培养了一支社区领袖队伍后，这个社区通常被认为是可以"自助"的社区，"项目工作组"也就完成了"助人"的使命，结案撤离社区。但由于社区的具体情况不同，"项目工作组"在机构所规定的服务内，未能达到预期的工作目标，这时机构的决策就对"结案阶段"有重要影响。

在我国，社区工作者的工作机构主要是两种：一是街道办事处。街道办事处作为政府的派出机构，是目前中国社区建设主要依托的基层政府组织，社会工作者主要是在民政科、居民科或社区办公室、社区服务中心等部门从事有关社区福利或社区建设工作，这部分人员属于国家公务员或事业单位编制干部，其中有些是经过正规社会工作专业训练的本、专科毕业生。二是社区居民委员会。社区居民委员会作为基层社区居民自治组织,其成员不是政府公务员和事业编制干部,而是由社区居民选举产生的。从全国的情况看,目前社区居民委员会成员一般来源于离退休的社区居民、街道招聘的社区事业干部、社区专职工作者。其中离退休人员基本是居住在本社区,传统社区居委会的成员大部分由他们担任,这种情况会随着历史发展和社区进步而逐渐消失;社区事业干部属于过渡形式,主要解决传统社区居民委员会干部年龄偏大、文化偏低、能力不强的问题,其会被未来的社区专职工作者所取代。在北京,社区专职工作者是通过执业资格考试合格后,又通过选举,而由街道办事处聘用到社区居委会工作的人员。按照北京市的规划,未来社区居委会成员绝大部分由社区专职工作者担任。不过,对于以上两类社区工作者,因其工作内容及工作方法多为政府行政事务或行政工作的延伸,故目前学术界多数人和部分政府官员并不赞成将他们纳入社会工作者的范畴。此外,还有一些非政府、非营利的在社区开展社会工作的机构,如上海基督教青年会、乐群社工服务社等。这些机构派出的社区工作人员都是专业社会工作者,且机构与政府的关系是提供服务与购买服务的分工合作关系。最后这类机构应当是我国社区社会工作组织发展的方向。

2. 社区工作者的职业生涯

职业生涯发展是指社区工作者个人的职业规划。通常是指在管理者的协助下,将社区工作作为事业目标,尽可能发挥技能和潜力,获得理想的事业前程,从而达到“自我实现”。社区工作者职业生涯发展的关键是不断保持一个高素质和高意愿的工作状态。为此,一方面要通过多种形式的教育和训练活动,提高社区工作者素质,帮助他们更好地应对烦琐的工作和多元化的需求,使之从工作成就中获得心理的满足,稳定事业目标。另一方面需要通过一系列的激励和督导措施,来减少工作倦怠感,维持其良好的工作意愿。

目前我国各级政府对于社区工作者岗位培训的认识基本一致,如北京市要求社区专职工作者每年都应参加一次区(县)级专业培训。但在激励和督导方面,则主要运用考核、评议、奖惩等措施来实现管理,并不能从根本上激发他们的工作动机。因此从长远发展角度看,建立社区工作者的职称或专业职务等级制度,使之能够有良好的升迁渠道,才是激励社区工作者长久奉献社区的保障措施。为此,上海市目前已设置了社工员、初级社工师、社工师三个专业职务等级,但这项制度还是比较简单和粗糙,有待逐步细化。

3. 社区工作者职业保护与监管

职业保护与监管主要涉及的是如何从立法层面保护社区社会工作者的权益和服务对象的权益。作为一个助人专业,社会工作有其基本价值取向,如尊重人,相信人是独特的个体以及人有改进的能力;强调社会工作者在具体工作中应遵守接纳他人、非批判、个人化、保密和当事人自决等实践原则,并通过“社会工作者协会”这类的专业组织制定出专业伦理守则来约束社会工作者的职业行为,实践专业自律。但作为一个职业,社区社会工作者从事的毕竟是一个不断与“问题”打交道,与“人”打交道的工作,因此在处理问题,尤其是人的问题时,往往会涉及方式方法的“合理”与“合情”,以及由此引发的“公平性”争议,而这类争议不是道德层面的专业伦理可以仲裁的,因此一些国家和地区纷纷通过制定社会工作者条例、颁布社会工作师法等一系列政策、法规和法律,来实现对社会工作者的职业保护和监管。虽然我国目前出台这类政策和立法的时机尚不成熟,但必须认识到这是社区工作者职业化走向成熟的重要一环。

二、社区工作者的使命

(一) 使命的涵义

“使命”是一个抽象的名词,其用于描绘一个专业时,通常表现为两层涵义:一是可以用作界定专业的定位和策略;二是可以表现出专业的价值、文化和行为。亚力舒策略管理中心(Ashridge Strategic Management Centre),曾综合不同观点发展出了一套亚力舒使命模式(Ashridge Mission Model),强调使命是通过价值、目的、策略、行为四个要素的互动、联系及强化过程而形成的(A. Campbell & S. Yeung, 1990)。虽然这个模式主要是针对社会服务机构所提出的。但我们认为也同样可以用于解释“专业”。其中价值——反映了专业的信念;目的——反映了专业生存的理由;策略——反映了专业达成目标的规划;行为——反映了专业运作的政策和行动模式。可见,作为一个专业,其使命是非常重要的,它不仅能够反映一个专业的信念和价值观、目的与策略,而且也能展示出专业的发展方向以及专业在社会公众中的鲜明形象。社会工作是一个专业,其价值基础是人道主义和社会公正;其目标是满足人类需求,协助个人和团体解决社会问题;其策略是帮助人们通过自助和互助来适应社会环境;其行为强调了现代行为科学知识和技术的综合运用。

(二) 社会工作的使命与社区工作的使命取向

传统社会工作一直是以“济贫扶弱”作为使命和任务(郑丽珍,1996)。从历史发展检视,这主要是由两方面的原因促成的:一是从志愿组织的社会工作实务看,欧美19世纪的社会变迁,使得人与人之间的关系不再像封建社会那样息息相关、互相依存,其中受到冲击最大的是缺乏经济能力的老弱妇孺、鳏寡孤独等弱势人群。基于人类社会博爱互助的人性和改善个人生活适应的需求,一些人通过基督教会或志愿组织提供“济贫扶弱”的服务给社会上的弱势人群,这些慈善义举就成为社会工作发展的源头,也成为社会工作传统的使命和任务。二是从国家和政府的社会福利实务看,以英国“济贫法”为代表的社会救助措施的出台以及政府福利责任的确定,社会工作也开始参与政府社会福利制度和服务的规划与推行,期望通过更为宏观的公共救助和社会安全来应对外在的社会、经济和政治变迁所带来的社会不安与不幸,而这些努力也是在认同“济贫扶弱”这一传统社会工作使命与任务基础上作出的。

社会工作在发展成为专业的过程中,在认同“济贫扶弱”是社会工作专业责无旁贷的使命和任务的同时,却在社会工作方法论上出现了两种迥异取向:一是源于慈善组织会社(Charity Organization)的实务活动。当时深受精神分析学派影响的玛丽·瑞奇曼(Mary Richmond)主掌慈善组织会社的活动,主张以社会治疗(Social Diagnosis)分析的方法来检视案主个人需要与环境互动的问题,进而提升其个人适应不良环境的能力,所以强调的是个案工作的社会诊断方法。二是源于睦邻组织运动(Settlement House Movement)的实务活动。该运动在简·亚当斯(Jane Addans)的领导下,强调运用社会学的观点,通过发动社区力量,组织社区居民助人自助,从事社会改革,来改善其个人与家庭的生活,所以强调的是社区发展的社会改革方法。这两种取向在方法论上有各自的关注点,但却都相信人的问题应该放在其所在的大环境中来观察,而处理的方向也应朝向通过环境的改善或社会的改革来增强个人及其家人的生活功能。他们所建构的“个人在环境中”(the-person-in-his-situation)的知识体系,成为社会工作专业的知识典范(paradigm)。

在社会工作强调个案诊断治疗模式和社区发展社会改革模式并重的同时,从方法论意义上看,社区工作的任务侧重“改变社会”甚于“帮助个人”,因为社区工作更直接面对社会发展潮流以及充满协商的政治形势,更关注社会变迁可能带给弱势群体的不幸与不公正,即在追求“济贫扶弱”的使命时,更以“社会改革”为行动宗旨,并将社会工作逐步推向关心“人类福祉、社会正义以及个人尊严”为使命的专业。

(三)社区工作者的使命和任务

1. 寻求社会公正

社会公正也被称之为“分配的公正”(distributive justice),其核心内涵反映的是社会资源的分配过程,强调将社会中的利益或负担,通过社会种种制度来达成分配,例如财产制度、工资和利润的管制、个人权力的保护、住房的安排、福利措施等。社区工作的基本目的是实现社会资源的再分配,缔造一个公平正义的社会。而一个公平正义的社会应符合以下的条件:一是具备一个公正的社会制度,使全体人民无论是贫贱富贵、有权和无权、健全和残疾、男女老少及少数民族等都能够受惠;二是在这个制度下,特别是在法律制度下,人人受到平等对待;三是全体人民的生活都受到保障,人民的基本需求,如衣、食、住、行及医疗等,都应得到满足。社区工作者的使命就是为建立这样的公平正义的社会而努力,包括改善不合理的制度、倡导更加公平的社会政策和资源分配等。

2. 促进意识提升

意识提升是指一个人不断自我教育、不断拓宽视野、不断理性分析的过程，其中包括认识个人所面对的困难，也是生活在这个社区的其他部分居民同样面对的问题；认识到社区的问题不完全是个人造成的，社会结构和制度也是造成困难的重要因素等。社区工作者要通过促进社区居民的意识提升，使居民放弃个人取向的解决问题方法，并能够联合其他居民一起想办法处理问题（莫泰基，1995）。具体行动包括：一是能够与其他居民一起分享他们所面对的困难，找出"共同问题"，并安排解决的优先次序；二是联合其他居民一起表达看法，来争取社区以外的支持和认同，问题严重时，甚至要召开新闻发布会，来向公众表达；三是懂得通过集体的力量，挖掘社区资源，达成自发自助解决问题的目标。

3. 推动集体参与

集体参与强调的是运用集体智慧去解决社区问题。社区工作者相信集体参与是解决社区问题和提升居民意识的重要途径，因此工作者应该帮助居民认识到每个人的思维方法是不同的，知识也是有限的，通过集体参与可以使大家交流意见，形成不同观点的碰撞，有助于拓宽个人的眼界，调整个人的私欲，也有助于根据集体的意愿作出决策。这种决策往往也是大多数人愿意接受和施行的。

在社区工作者看来，集体参与的重要性主要表现在以下几方面：一是工作者相信只有居民自己才最清楚社区问题和需要，而外界人士，包括社区工作者对居民的处境和困难未必有深刻的了解和体会，因此居民应该通过参与界定自己的问题和需要，并提出解决问题所需要的援助与方法，这样可以形成更好的决策，减少居民对决策的反感，增强合作的可能，提高目标实现的几率；二是基于民主的价值观，工作者认为每个人应享有同等的权力和机会去表达自己的意见，每个人都有参与公共事务的权力，因而要努力使居民有实践自己参与权力的机会，并使居民有一个学习民主技能（如自由发言、表达意见、参与表决等）的过程；三是工作者认为社区参与也可以激发个人成长，实现社区工作以人为发展中心的目标。人们通过积极参与社区活动，提高人的潜能，使社区成员能为自己开拓更多的实际经验和资源网络，从而提高社区整体的自助能力、政治能力和社会意识。

第二节 社区工作者的素质及教育

社会工作往往被界定为助人的专业或解决问题的专业，或协助个人、家庭、团体及社区激发潜力或改变的专业。由于社会工作专业所涉及的问题、服务对象、工作场域、介入模式和工作技巧等相当复杂，所以一直存在专业所需要的人才是专才（specialist）还是通才（generalist）的争论。从微观的"社会治疗"出发，工作方法主要以"临床"或"治疗"为协助重点，教育也主要集中教授协助的方法和技巧,培养的是"专才"的社会工作者。而从宏观的"社会改革"入手,则强调用"社区发展"来改革社会政策、改善社会环境,教育也侧重于增进学生社会和政策的知识,训练其解决社会问题的能力,培养的是"通才"的社会工作者。图8-1反映的就是不同的社会工作策略及方法对社会工作者的才能要求,以及将产生的效果。可见社区工作者需要发展为一个"通才",才能够适应社区工作的要求。其独特的素质主要体现在道德伦理、知识结构和技术能力三个方面。

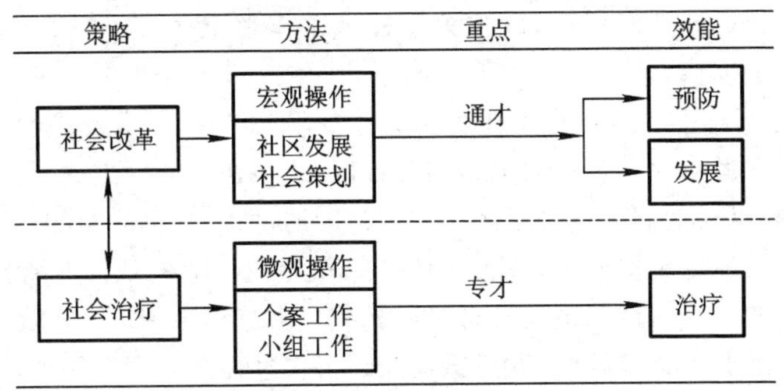

图8-1 社会工作的策略和方法对社会工作者才能的要求

资料来源:许毓涛:《市场经济下社会工作教育及课程之设计》,载《发展 探索 本土——华人社区社会工作教育发展研讨会论文集》,中国和平出版社1996年版。

一、社区工作者的道德伦理素质

(一)道德伦理素质对于社区工作者的重要性

所谓道德是指通过真、善、美及是与非的价值理念来调整人与人之间的行为规范。它依靠人们对其的认同来发挥作用,靠遵守道德者的自律和社会的他律来约束和指导人们的行为。所谓伦理是研究人类如何生活、如何达到至善的道理和准则。其中包含了所有的人类活动,从日常的行为到专业的行为。所谓道德职责则主要指如何合乎道德的生活和实践职责。

社会工作专业的价值与目标是将人类的行为引向更合乎道德的层面,道德伦理素质对社区工作者的重要性主要表现在三个方面(Susan Manning, 1997):一是道德伦理可以具体地指导社会工作者如何应用观察、思考、感觉及行动来达成社会工作的目的;二是道德伦理具有促进社会转型的能力,可以将具有破坏性的社会结构改变成适合社会工作目的与价值的社会结构,这种改造社会结构的实务还可进一步促使社会工作同僚及组织的成员向更高层次的道德方向发展;三是专业的道德伦理还具有改造文化的能力。社会工作者的每一个决策和行动都是在传达社工专业的价值,同时也间接地传达社会的价值。在一些社会工作者看来,这种道德功能是“社会良知”的一部分,而这种良知除了具有判断好与坏、是与非的价值尺度外,也伴随有推广这些价值的义务。可以说,社会良知不仅可以提高人的道德水平,也可以进一步达到传播和推广社会工作的目的。

(二)社区工作者的道德素质的体现——工作态度

社会工作是助人的工作,这一本质决定了社会工作所注重的既不是为个人利益斤斤计较的利己主义,也不是合理利己的互惠模式,而是以奉献为中心的利他主义。在社区工作中,工作者所持有的工作态度是极为重要的,其表现可以直接影响到工作的成败。所以,以下关于社区工作者工作,态度的要求是十分重要的:

1. 奉献精神。社区社会工作者在进行专业工作时,出发点是奉献而不是索取。社区工作者一般的工作对象是困难社区,或正在遭遇困难的社区居民,属于缺乏资源的一群,他们在接受社区工作者帮助的过程中,可以给的回报多是对社区工作者个人的肯定和赞扬,或者对社会工作专业价值的认同和肯定。也就是说社区工作者在工作过程中是没有及时的物质和声誉报酬的,这就要求社区工作者具有奉献意识,并以良好的意愿投入到工作过程中。当然作为一个专业,当社会对其存在价值给予肯定时,就会通过相应的社会制度和资源再分配机制给予一定职业薪酬和声望报酬,但这些回报一般都发生在社会工作实务过程之外。

2. 忍辱负重。社区工作者的服务对象通常是困难社区的居民,或处于困难中的社区居民,他们的正常的社会生活都受到了一定程度的破坏,所以居民的观念、意识和情绪可能暂时是偏离社会的正常标准。所以当社区工作者与他们交往,甚至为他们服务时,经常会遇到被抱怨和误解的情况,所谓“好心得不到好报”。这就要求社区工作者有忍辱负重的气度,而不能感情用事。

3. 敬业负责。社区工作者的奉献和忍辱负重,并不是为了标榜自己人格的高尚和伟大,而是出于一种职业态度和事业心,出于推动社会进步和维护社会公平的职业追求。只有热爱自己的事业,持有对专业负责、对服务对象负责的态度,才能够把自己的才能贡献给这个有益于人类进步的事业。

二、社区工作者的知识结构

社会工作作为一门学科和专业,其知识基础由三部分构成(王思斌,1998):一是理论知识,来自于心理学、社会学、政治学、经济学、伦理学、人类生态学等知识,可以帮助社会工作者建立观念和行动指引,分析社会问题的性质、产生的原因、变革的规律以及解决策略。二是介入知识。介入作为一种服务活动,也是以科学知识为基础的行动。介入知识是指那些能够帮助社会工作者综合运用理论知识,并根据现实状况作出具体的分析,并设计服务方案,与受助者一起去实施方案,解决其问题并达成变迁的系统。三是实践知识。实践是社会工作的核心,如果把社会工作看作是一个从开始介入到最后实现工作目标的过程,实践知识主要是指社会工作者具体与受助人交往或帮助受助人与其他人交往时所使用的知识和技巧。这些知识尤其与社会工作者的工作经验有关。

在社会工作中,由于社区工作属于宏观操作方法,而行动取向又是偏重社会改革,所以客观上要求社区工作者应向通才方向发展,因此其知识结构有以下特点:

(一) 有关社会的知识

社区工作的对象主要是社区及社区居民,而社区是社会的载体,是一个浓缩的社会。社区中各种问题的发生都是各种社会因素相互作用的结果。社区工作者对社会的充分认识有助于他们对问题的认识和了解,也有助于问题的解决。社区工作者需要掌握的社会知识包括:一是有关社会结构的知识。社会结构主要是指各主要社会群体在社会中的地位、关系中的相互关联状态,即不同阶级、阶层、职业群体、性别和年龄群体、种族、宗教群体等在社会中的地位。人们在社会结构中的地位对其获取生存和发展资料有重要影响,这种本质上属于利益分配的关系结构会形成各种社会力量,作用并影响着现实社会的运行。社区工作关注的焦点就是社会的不平等分配结构中的弱者或弱势阶层的处境,并希望通过各种途径和方法来改变这种处境。掌握社会结构的知识有助于社区工作者了解和分析社会资源、社会利益分配的格局,也有助于解决宏观性社会问题。二是有关社会互动的知识。社会互动理论是从人的行为的角度研究社会如何能够正常运行的理论。这种理论关注人如何相互作用,借助何种中介进行相互作用和如何有效、成功地与他人合作,进而达到对社会结构的认识。社会互动的知识对社区工作者而言,可以帮助理解具体社区中人与人的互动过程和规律,社会团结状况,以便选择适当的介入模式,更好地推动社区居民参与,达到运用集体力量,通过互助和自助解决社区问题,增进社区凝聚力的目标。三是有关社会问题和社会变迁的知识。社会问题是影响社区正常生活、运行和发展的重要因素,社区工作的任务目标就是要解决社区实际存在的问题,所以需要通过运用社会学的理论和方法,来了解社会问题的成因、变化过程及规律,进而对社区问题作出客观、正确的认定,并设计出合乎实际的、有效的解决问题的方案。社会变迁则属于宏观的理论,社区工作者可以借助这种理论对某一类社会问题有一个一般的认识,并使之成为解决具体问题的参照。另一方面,社区工作者也可以通过分析社会变迁对社区及其居民的影响,阐述通过推动社会变迁来解决社区的具体问题。

(二) 有关政治制度和政治行为的知识

政治制度和政治行为知识主要来自政治学。政治学以国家、政府、权力分配、政治组织为主要研究对象,涉及一切权力现象,包括在各种场合中的权力产生及权力运作。从宏观而言,政治学研究的是国家的政治制度和政党政治,关心的是社会中的权力分配以及由此带来的利益在不同阶级、阶层、社会集团中的分配。从微观角度,政治学研究的是政治行为,这些行为可表现为一个组织、机构、群体中的权力分配、管理与控制、决策过程及利益分配偏向。

在社区工作看来,社会问题的出现是与社会的政治制度相关的,政治制度造成了社会不平等,造就了社会上的统治有权阶层,也造就了政治上的弱势群体,维护弱势群体的利益成为社区工作的主要任务。另一方面,社区工作有时也是在某种制度框架内实施和执行政策的过程,所以必然涉及相关法律、社会政策的制定或修改,以及为弱势群体利益而采取社会行动,通过社会冲突来达到期望的目标,这些都属于政治行为。总之,在社区工作中,政治行为是普遍存在的,因此需要社区工作者了解和把握政治权力结构、法律和政策的制度和实施过程,以及政治的实际和微观运行状况等等。

(三)有关经济学和管理学的知识

经济学是通过对生产、分配、消费等环节的研究,研究人们的经济关系及其调整过程,分析如何有效地配置资源,以生产更多物质产品为人类服务。人在经济过程中的地位、作用和差距必然影响其在社会和政治上的地位、作用、差异甚至是不平等。社区工作与经济学有密切的关系,如经济不发达会导致贫困甚至贫困社区的出现;经济过程中的就业不充分,会使社区居民的收入下降,生活得不到保障;社会产品分配不合理也造成贫穷等。社区工作与经济的联系还在于其采用何种方式来解决社区的贫穷问题,传统的社区工作主要是运用社会政策资源或建立社会支持网络来救济和帮助贫困者,而近几年许多社区工作者运用“经济合作社”模式,创造了更多的就业机会,使贫困者通过就业缓解经济上的贫困和消除社会排斥。

管理学主要是通过计划、组织、指挥、人事、控制与监督等功能,善用各种资源,并通过各种活动的安排,来促进并提升工作的效率与效果,从而达到组织目标的实现和个人需求的满足。社会工作的慈善缘起,使之常被认为是不计成本,只求付出的情感性行为,这些模糊看法阻碍了社会工作向科学、理性的专业和学科方向的发展。由此社会工作开始将管理的概念运用于实务过程中,其中计划和评估对社区工作影响最深(万育维,1996)。计划可以帮助社区工作者收集过去和现在有关服务及社区需要的资料,以便预计未来的发展,并设计和推行最有效和可行的行动计划,来达到机构宗旨和目标。评估则主要是帮助社区工作者“交代”(accountability)和“控制”(control),使社会确认社区服务的价值和目标,以及通过科学的评估过程来体现服务的效率和效益。

三、社区工作者的能力要求

在社区工作过程中，社区工作者所承担的任务是非常复杂的，所解决的问题涉及房屋问题、道路和照明改善、居住环境卫生的改善、社区治安防范等等，所要开展的活动涉及社区教育、文体娱乐活动、升学和就业辅导，社区支持网络搭建等等。这些任务的完成，需要社区工作者具有较强的工作能力、处理问题与解决问题的能力。具体而言，社区工作者应具有的能力有以下几方面。

（一）社会交往能力

社区工作的是一个变化万千的工作。在工作过程中，会涉及很多的问题，例如不同利益者之间的冲突、人际关系问题、法律问题、合作与协调问题、与社区内各类组织和单位的关系等等。社区工作的推展也相当复杂，不但要求问题得到解决，更重要的是要推动社区居民通过参与活动和工作得到各方面的发展和成长。这些都要求社区工作者有较强的社会交往能力，具体表现在：一是交往对象的多样性对工作者的交往能力提出高要求。由于工作的需要，社区工作者往往要接触各种不同年龄、性别、民族、背景、职业的居民，并与他们建立关系，了解他们的问题和需要，把他们组织起来共同研究、策划和推行工作等等。不同阶级、不同阶层、不同职业群体的社区居民，其生活方式也有相当的差异，所以要求工作者具备与各类社区成员交往的能力。此外，为了更好地开展社区工作，工作者还必须与社区资源的占有者打交道，包括政府有关部门的官员、辖区企事业单位的领导以及那些富有的捐款人等，这些都需要具有特殊的交往能力。二是交往环境的复杂性要求工作者有娴熟的交往技巧。社区工作的性质使工作者经常要"转战"不同环境状况的社区，工作的推展要经历不同的工作阶段，而工作过程也会时时受到各种不同的内外因素影响而有所改变。不同工作情景的社区，对工作者的交往能力的要求也不同，即使是在同一社区环境下，随着居民态度、行为的改变，交往的方式和技巧也要发生变化。例如在农村社区发展实践中，介入社区初期，如果能懂当地的方言和风土人情，就会较快地与居民建立起初步关系，而在介入中期，能够通过组织社区活动，展示唱歌、绘画、演讲、幽默等能力，则有助于与居民建立起相互信任的关系。

（二）组织能力

社区工作的主要内容是社区组织，这就要求社区工作者有足够的组织能力将居民动员、团结起来，形成社区的凝聚力，同心同德实现社区的发展目标。在社区工作中，组织能力的运用主要体现在以下几方面：一是帮助社区解决问题和达到自助。社区工作就是通过工作者与社区居民的接触，引发他们关注社区事件，鼓励居民参与社区事务，组织社区居民通过参与解决社区问题，增进社会归属感；二是挖掘社区资源，通过工作者的协调，使资源更有效和公平地运用于社区。包括推动居民建立互助网络,鼓励居民发扬守望相助的精神;三是推行公民教育,培养社区领袖。社区工作者经常要与社区领袖和普通居民进行磋商、交谈与合作,以取得他们的支持,启发他们的自组织功能,达到提升社会意识的目标。

（三）行政和管理能力

对社区工作者行政和管理能力的要求来自于以下两方面:一是作为社区工作本身,其本身的工作重点如与社区内团体、组织、政府部门等建立关系;与社区居民建立关系并取得信任;推动和建立居民组织;资源的挖掘、掌握和运用;设立良好的资讯、沟通网络、建立动员系统等等,都要求工作者具有一定的行政知识和管理能力。二是伴随着社会服务整合化的趋势,"以社区为本"的综合服务日益增多,基本精神是不要把服务对象分割为老人、妇女、儿童等,应为社区内所有的人提供服务,并强调要将鼓励社区参与的社区工作手法运用于不同的服务中。"以社区为本"的综合服务,是将社区内各服务机构之间所拥有的各类资源进行更有效的调动,避免重复浪费或遗漏等情况的出现。这种互相协调的工作模式要求社区工作者具有计划、组织、人事、财政及服务等多方面的行政协调能力。

在我国,社区组织中一直存在"行政化"的倾向,这与计划经济时代政府大包大揽所有社会事务有关。随着社会主义市场经济体制的建立,政府职能有了很大的改变,一部分职能转移给市场,另一部分行政职能则采取了逐级下放的措施,这就使得街道和社区居委会组织的行政工作日趋增加,需要通过管理来提升工作效率和效益。为此我国的专业社区工作者更需具有行政能力,因为中国的专业的社会工作者会在相当长的时期里是与"半专业"的社区工作者共事,甚至接受其领导,所以较强的"行政能力"更容易让"半专业"者承认"专业"者的能力,在得到这种初步认同后,作为专业的知识和能力所发挥的作用才能够体现优势,进而使"专业"获得接纳。

四、社区工作者的教育与培训

如前所述,社区工作的性质决定了要求社区工作者应当具有良好的道德素养、丰富的知识和卓越的能力,而这些离不开对社区工作者的专业教育或专业培训。从社会工作者训练的范围看,分为学院教育和在职训练两种。学院教育是指由大专院校社会工作系或专业所提供的有关社区工作方面的课程教育。在职训练是指由社会福利机构为从事社区工作的员工提供的训练或进修机会(甘炳光,1992)。目前我国社区工作者的在职训练也称岗位培训,主要由市、区政府或街道组织提供。社区工作者的教育和训练应是一个连贯的过程,学校教育提供的只是基础理论的学习,学生毕业后仍需要在工作岗位上继续接受训练,这种训练不仅能巩固学校教育的成果,而且有助于理论与实践的结合,使学校向更深层次发展。当前我国社区工作者的教育应从以下几方面着手。

（一）社区工作课程教育应配合社会的发展

大专院校社会工作系或专业所提供的社区工作课程和训练，是要培养一批有足够准备，愿意投身社区工作的生力军，而他们所面对的时代是不断变化的，因而其知识储备也会与以往的学生有所不同，这就要求学院的训练内容要根据社会的变迁做相应的调整。我国正处于社会的转型期，大专院校应跟进社会的发展，研究中国社区建设的发展现状和趋势，不断调整课程内容，培养真正能适应时代要求的社区工作者。从中国政治、经济和社会的发展看，学院教育应努力培养具备以下素质的社区工作者：

1. 具备社会政策的分析能力。近年来，随着我国社会保障制度的完善，政策的执行已基本落实在街道和居委会层面，以最低生活保障制度为例，目前城市贫困家庭的实际经济状况的调查和审核都由社区居委会承担。此外还有许多新的社会政策也不断出现，因此要求社区工作者掌握社会政策并具有分析能力，学习从不同的角度分析社会政策的优劣，以便更好地执行社会政策，并为社区居民争取更加合理的政策。

2. 具备基层动员的能力。社区工作者应积极了解我国政治形势的发展和政府行政体制的运作，学习与各种单位、团体打交道的技巧，以便能争取更多的政府与社会资源来支持社区建设工作。另一方面，社区工作者也应协助社区居民委员会逐步加强其“自治”功能，广泛动员居民参与社区事务，选举他们认为合适的社区居民委员会主任，加强社区自治组织的政治参与和监察的力量。

3. 具备综合社会服务的能力。社区工作者的主要工作对象是弱势群体，这一群体多持有认命、无助和无能的心态，为此，社区工作者要深入了解他们的需要，协助解决他们的实际生活困难，为他们争取更多的社会支持，倡导社会互助和关怀的精神，并教育社区居民建立关怀社区的重要性。在我国，社区主要是一个“服务平台”，社区工作者不仅要能进入社区发展工作，也要能将社区工作手法应用于其他的服务中。即要掌握“社区导向”的社会工作介入策略，开展社区康复、社区矫治、社区青少年和社区老人等多元化服务，帮助这些服务对象关心社区，参与社区事务，并组织他们争取权益，提升他们的社区意识。

（二）学院教育应重视社区工作价值观的培养

学院的社区工作课程的教学不仅是传授社区工作的基本知识及技巧，更重要的是社区工作的信念、价值体系的教育。社区工作强调对社会的负责和承担，其中涉及一些价值体系和意识形态的冲击，例如平等、公正、民主、人权、参与、自决、操纵等等，学生对社区工作价值观、意识形态的认识和反省有助于促进学生的个人成长和社区工作使命感的建立。如果社区工作教育只强调知识和技巧的传播，忽视了社区工作价值观的灌输，培养出的社区工作者只是一些懂得去做（Know-how）的技术人员，他们对社区工作的投入程度将会大打折扣，也势必会造成社区工作者的流失。学院在社区工作价值观课程的设计方面,应要求学生多作批判性探讨,帮助其反思社区工作者在社会上的使命,另一方面,也要多安排社区实践活动,让学生亲身接触和感受社区居民,尤其是生活贫困居民的生活状况。

（三）提倡参与和反省的教学方法

社区工作者在训练居民时,常采用"行动与反省"(action and reflection)的方法。这种方法着重鼓励居民参与行动,在行动过程中不断给予居民反省的机会,让居民在实践参与及事后反省中得到学习。这种学习方法也适用于学院社区工作训练课程。社区工作涉及的范围十分广泛,小到社区中某一居民的问题,大至社会政策的改变,所以单靠书本及讲授很难让学生了解社区的实际情况,如果能让学生亲自参与和体验,然后在过程中让他们多观察和反省,将对训练成效大有帮助。具体方法如:在社区工作训练课程中安排一定课时让学生到社区居委会、社区服务中心等机构参观,帮助学生深入认识社区工作;通过实习活动,让学生有更深、更直接的参与和体验;教师与学生共同策划课堂以外的活动和计划,设计类似"暑期社区工作体验计划",让学生进入社区进行调查研究,了解社区的需要,开展社区教育活动等,在自由开放的环境中学习知识等等。

（四）社区工作者的在职训练

一般意义的社区工作者在职训练包括两部分,一是对新加入社区工作的人员进行职前训练,让他们能够按部就班地融入新的工作环境和适应新的工作岗位,同时也帮助他们缩短学院教授的理论与实践工作的差距。二是机构有系统地安排有一定工作经验的社区工作者进修,协助他们吸收新的理论知识和方法,更好地胜任工作。在我国,由于社会工作教育开展的时间不长,所以在社区中实际从事社区工作的人员几乎没有受过社会工作专业训练,因此中国社区工作者在职训练的主要任务是对实际从事社区工作人员进行专业训练,使之掌握一定的社会工作专业的价值、知识和技巧,帮助其提升服务的水平,改善服务质量,并逐步向专业社区工作者过渡,而院校的社会工作系或专业对在职训练负有义不容辞的责任,这也是推广社会工作专业的重要途径。以北京市为例,在北京市民政局的安排下已进行了两部分社区工作者的训练:一是对社区服务中心工作人员进行短期培训。这个课程由社会工作专业教师设计和教授,训练的时间约为4周。二是对全市社区居委会人员进行岗位训练。2003年度的岗位训练课时约80小时,其中有一半的课程是与社会工作专业密切相关。这个训练由各区县负责实施,只有个别区政府委托高等院校社会工作系进行岗位培训,多数区县则委托给其区属职工大学、党校等机构,因此教师中有相当部分没有接触过社会工作专业,为此对教师也进行了围绕课程的集中培训。

第三节 社区工作者的角色

一、专业社会工作者的角色发展

社区工作者的角色与社会工作者的角色是一种承袭关系。从社会工作者角色的发展看,大致有三类角色最为突出:

第一,助人的角色。在社会福利制度化以前,善心人士的布施和乡村士绅的义举,都属于在扮演助人的角色,也反映了社区人群在应对天灾人祸时的一种紧急的或临时的补救措施,但这类措施与工作的性质在机构宗旨或任务、组织结构、工作人员、经费来源、服务对象及工作方法与程序等方面,都没有一定的规章和制度可循。与一般慈善组织和慈善人士助人的行为相比,社会工作者的助人不是简单的"给予"、"施舍",而是"助人自助"的行为和过程。

第二,教导的角色。在社会福利制度化后的前期,主要是以救济院的一般教导性角色最为鲜明,包括对鳏寡孤独、贫困残疾、游民乞丐、精神病患者及罪犯的综合收容教养,这种教导的角色希望助人者本身成为受助者的人格典范和生活榜样。应该说,社会工作的职业以及社会对社会工作角色期待,决定了社会工作者也需扮演教导者的角色。

第三,多元的介入角色。随着社会福利制度化和社会工作专业化的发展,社会工作者的介入角色逐步衍生区分为微观和宏观的两个层面(施教欲,1996):

(1) 从微观层面看,多元的介入角色就是对个人、家庭和团体等不同的"案主",根据四项基本标准来提供不同类型的服务并担任不同的角色。这四项基本标准为:一是服务对象的特点;二是服务的介入程度,指服务将对案主家庭或案主个人自主领域干预的大小(如从强制性的完全干预或约束,到志愿性的从旁协助和辅导,乃至到任由服务消费者自由选择的咨询服务);三是服务项目的范围,包括经济、医疗、就业、教育和心理协助、辅导和矫治;四是服务供给的密集程度。以这四项标准为基础,依照从密集到松散的的程度,可分为替代或收容性、矫治性、保护性、支持性、补充性和发展性等六类服务,从而构成服务的连续性。

(2) 从宏观层面看,多元介入的角色就是以社区、组织或机构、区域福利体系和服务网络等层面为服务的对象主体,期望通过社会政策及立法的倡导与推动、福利体系和服务输送网络的建立与畅通、社区生活质量的提升以及社会问题的预防与改善等,即通过"社会途径"(social approaches)而非"临床服务"(clinic practices),达到增进人群福祉和建立社会福利的目标。根据罗斯曼和的看法,这种"宏观的社会工作"包括政策途径、行政途径和社区工作途径三种。社会工作者的角色在政策途径方面,主要是要倡导和推动社会政策及立法,可能扮演政策分析师、立法推动联盟的社会运动勇士或弱势群体的权力维护者等;在行政途径方面,主要是机构之间政策、业务、人员、案主及经费的协调与配合,可能扮演亲善大使、谋士和说客、募捐能手、大众传媒的客串者、谈判和协商顾问等;在社区工作途径方面,为建立福利社区和推动社区组织工作以及各种社区行动方案,扮演上述两种途径的各种多元角色。其中社区的亲善大使和社区资源道德动员和组织者的角色最为突出。

二、社区工作者的角色

在社区工作过程中,社会工作者扮演着重要的角色。与管理、治理社区的政府和社区组织中的工作人员相比,社会工作者的角色带有独特的专业性,即强调他们是在社区工作理论和原则的指导下,协助社区居民达到预期目标。具体的角色如下(林香生、黄玉唱,2002):

(一) 使能者

使能者的角色主要表现在地区发展模式中,社区工作者发挥作用的方式是协助社区居民团结一致,通过有组织的方法来解决问题。在使能者的角色中,社区居民的努力是推动社区问题改善的关键,而工作者的责任是帮助社区居民能够实现社区问题的解决和达致社区的改变。在使能者的角色下,社区工作者帮助居民的方式有以下几种:一是鼓励居民表达自己的利益诉求,并提供机会使他们的感受可以被社区组织或相关部门认识。二是促进居民交流和沟通,尤其是当社区居民有共同的不满时,通过交流和沟通,可以帮助他们走向团结一致并尝试组织起来共同解决问题。

社会工作者在组织居民的过程中,要充分表达对居民的信任,相信并鼓励他们能够通过自己的努力达到目标,并向居民承诺愿意与他们一起工作,共同面对和解决问题。如,一方面帮助社区居民建立良好的人际关系,使他们能够进行合乎逻辑的讨论和作出理性的决策,另一方面也通过寻找共同目标,帮助社区居民把握工作的共同基础并促进他们合作意识的提升。

(二) 中介者

社会工作者的中介者角色是帮助社区居民确定和运用各种资源。在这种角色下,工作者成为社区居民与其所需要的资源的主要联系人。例如,社会工作者可以为社区居民提供相关的福利服务,或寻求外界的帮助来支持社区团体及社区居民。尤其是当社区居民需要服务,但又不符合一些政策要求的资格,同时又缺乏资源支持时,社会工作者的中介者角色就是非常重要的了。如对于处在最低生活保障线以上,但生活仍很困难的居民,社区工作者就要努力去发掘这类居民可运用的资源,或寻求政策范围内的特例处理。

（三）服务计划者/提供者

一般而言，在社区工作的社区工作者是以“机构人”身份进入社区的，即是通过其所服务的机构来满足社区的需求，维护社区的利益。因此，社区工作者作为社会福利机构的服务计划者和提供者，其工作内容包括：一是要评估社区的需求和资源，以便能够通过规划来确定服务的优先次序，以满足社区居民的需求；二是需监控和评估服务计划的执行情况。这些服务计划包括社会调查、儿童托管服务计划、老人志愿服务计划、社区贫困者支持计划，等等。

（四）教育者

教育者的角色是指通过提供机会，让社区居民学习特定的社会技能；通过提供信息，使居民更有效地扮演与发挥社区主人的角色功能，并预防社区问题的发生。在社区工作中，教育者的角色功能有三个方面：一是传授给社区居民一些解决问题的办法和技能，例如谈判、游说、挖掘资源等；二是促进社区居民的行为改变和意识提升，如教育社区居民认识个人所面对的问题可能也是其他人面对的，居民所遭遇的问题不完全是个人原因造成的，而是社会结构转型和社会制度不公平带来的；三是预防问题的形成和发展。社区工作者经常扮演公共教育的角色，例如通过反吸烟运动宣传、艾滋病知识宣传、环境保护宣传等，来增进社会大众对社区问题的关注，鼓励他们参与问题的讨论，从而达到提高其健康、环保等社会意识的效果，也有助于遏制社会问题的形成和发展。

（五）倡导者

在社区中，社区工作者所扮演的中介人角色往往不能满足社区居民的需求，尤其是在利益问题上。因此需要工作者代表社区居民，运用专业知识和技术维护社区居民的利益。在这种倡导者角色的扮演过程中，工作者一般会直接代表社区中的弱势群体或利益受损群体，实现对其利益的保护。例如通过与社区内有关部门打交道，改变他们不关注弱势群体的问题，不愿意提供服务的现状等。倡导者角色还包括影响社会政策制定或改变的活动，一方面发现社会政策的不合理之处，提出改善和修订的意见，另一方面也通过具体的服务活动了解社会政策没有涉及的问题领域，推进新的社会政策出台。

在倡导者角色中，工作者多是以弱势群体的代表或是其领袖身份出现，关注的是政策和政府行政措施中的缺陷，因此较容易引起政府有关部门的不满，以至于对社会工作者及其专业产生抗拒。这就需要社区工作者在工作过程中一方面持有科学的态度，据理力争，另一方面也应促进弱势群体与政府有关部门建立积极性关系，使双方能够向共同解决问题的方向努力。

（六）社会活动家

这个角色比倡导者角色行为更为激烈。社区工作者在扮演这一角色时，更关注社会的结构性问题，认为改变社区居民处境的惟一方法是将他们组织起来与不合理的权力结构进行抗争。所以他们在动员社区居民在介入具体和特定的社会问题的同时,也挑战那些处于主导地位的权力结构。这一角色下的社区工作者的策略通常较为激进,一般是通过建立基层组织,并采取罢工、抗议、联合抵制等方法,让政府和社会其他人士了解社区居民的处境,并促进社会作出相应的改变。社会活动家在社会工作专业领域也是一个充满争议的角色,而判断社工介入社会行动是否适当的一个重要原则,就是看这些行动是否是作为受助者的社区居民所愿意并希望采取的措施。如果受助者团体的行为或社会行动受到了社工个人的偏好,或社工所服务的机构既得利益所控制,就是偏离了专业的准则。

三、影响社区工作者角色扮演的因素

从上述角色的阐述中,可以看出社区工作者所扮演的角色是多元化的,既包括中立性的角色,也包括倡导性角色。在具体的社区工作实务中,工作者角色的扮演是一个复杂的过程,这不仅是因为社会环境的错综复杂,也是因为人们所持有的价值观也很不相同。因此,不会有绝对正确的行动目标和方案可以让社区工作者遵从,所以社区工作者在扮演角色时,经常要认真考虑那些可能影响你选择角色的一些因素。这些因素是(林香生、黄玉唱,2002):

(一) 社区工作者的目标和价值

社区工作者也是一个人,所以在其扮演角色时也不可避免地受到个人价值体系的影响。那些认为只有通过激烈改革现行制度、计划和政策的社区工作者,会倾向于扮演激进的角色,如倡导者和组织者。而那些认为通过地方社区领袖和公民参与等渐进途径来改善社会问题的工作者,则会比较倾向于扮演助人者和使能者的角色。

在社区工作过程中,不同类型的工作者对社区问题也会有不同的理解,工作者的目标也会对其所扮演的角色产生明显的影响。这里并不是指角色选择过程有问题,而是指确定目标方向的方式可能存在问题,所以工作者可以提出建议,进行倡导和促进工作。这里更为关键的是工作者对其自己的价值应当诚实,而最为重要的是,最后的决定应留给社区居民及其团体。

(二) 社区工作的介入模式

美国著名的社区工作学者罗夫曼认为,社区工作者的角色与社区工作实践的方式有密切关系,即在不同的介入模式中,工作者的角色也不同。例如在地区发展模式中,工作者的角色是使能者、助人者和中介者;在社会策划模式中,工作者的角色是专家、服务的规划者和提供者;在社会行动模式中,工作者的角色是倡导者、行动者、教育者和资源提供者;在社区照顾模式中,工作者的角色是治疗者、辅导/教师、中介者、倡导者和顾问等。可见,在受特定主题和方法控制的社

区工作介入模式里,工作者会被指定扮演能够配合这种模式的重要角色。

（三）工作阶段

社区工作是一种过程性或阶段性工作。不同的阶段决定了社区工作者所要扮演的角色。实际上,工作者的中立角色或指导性角色的程度经常是根据介入社区的不同时期而变化,或者要根据特殊的情况和事件作出调整。例如在组织居民的初期,居民往往是缺乏自信,并不愿意进行集体介入,所以这时的工作者应积极建立联系和提供建议,并在讨论政策和策略的会议中,保持一个非指导性的角色,以避免社区居民过分依赖社区工作者。而在每个工作阶段,工作者都应以他所理解的人们的需求为基础,以便作出居民可以接受的抉择。

（四）赞助人的影响

社区工作者都是“机构人”,而社会福利机构的经费主要来自政府和捐款人,这些赞助人通常也会对社区工作实践的角色产生重要影响。赞助人作为社会福利机构的董事会成员,担当着决策服务方案的角色。所以社区工作者介入什么样的社区、何种情况的社区被界定为问题社区,如何解决这些问题,以及采取什么实践角色,都将受到赞助人指令和期望的影响。一般而言,那些依靠政府资助的计划,争议会比较少,但政府通常会要求采取循序渐进的方针和运用共识策略。如果赞助人就是受助人自己,或者是受助人自己花钱来雇佣机构的社区工作者帮助他们自己的话,工作者通常有较大的自由去咨询社区居民并把保障他们的利益为目标。

主要参考文献

1. 王思斌主编:《社会工作导论》,北京大学出版社 1998 年版。

2. 郑丽珍:《旧典范新体认:社会工作教育的省思》,载(台湾)《社区发展季刊》1996 年 12 月第 76 期。

3. 莫泰基:《社区工作的性质及其基础理论》,载莫泰基等主编:《香港社区工作反思与前瞻》,(香港)中华书局 1995 年版。

4. 万育维:《社会福利服务——理论与实践》,(台湾)三民书局印行 1996 年版。

5. 甘炳光:《寻求社区工作训练的突破》,载香港基督教女青年会编著:《社区工作新程式》,(香港)商务印书馆 1992 年版。

6. 施教欲:《国内县市政府社会工作员角色定位的探讨》,载(香港)《社区发展季刊》1996 年 12 月第 76 期。

7. 林香生、黄玉唱编,刘继同译:《社会工作实践:社区工作》,香港理工大学应用社会科学系出版 2002 年版。

8. Campbell, A. & Yeung, S. 1990. *Do You Need a Mission Statement?* London: Economist Publication.

9. Manning, Susan. 1997. *Social Work as Moral Citizen*: *Ethic in Action*, In *Social Work*, Volume 42, Number 3, May.

第九章

社区工作方法与技巧

通过前面各章节的学习，我们已经了解了社区工作的基本概念、社区工作实践的基本理论和模式。本章我们将进一步学习社区工作介入的一些关键性的技巧和方法，包括社区分析与规划制定、工作关系建立、社区工作组织、组织的维系与发展、社区工作项目的评估等。这些都是从事社区工作必不可少的基本方法和技巧。

第一节　社区分析技巧

一、社区分析

在社区工作中遇到的第一个课题便是“如何去认识和分析社区?”只有尽可能多地了解社区，才有可能搞好社区工作。了解社区是一项基础性的、系统性的工作，包括收集有关社区的各种资料，了解社区及居民的需要，了解社区拥有的资源等，在此基础上才能拟定工作计划，实施工作介入。这里，我们所指的“社区”，其实就是社区工作者的“案主”。在具体的工作实践中，我们把这个“社区”分为两部分。一是地域性的社区，如我国城市中的街道、社区居委会所辖的范围；二是功能性的社区，即指有相同问题、共同兴趣和需要及一定文化背景的社会群体，如下岗职工、单亲家庭、流浪儿童、独居老人等。

要全面深入地分析、认识社区，首先要完成三项基本任务：探索社区背景、寻找工作方向、探索社区动力和建立社区关系。

（一）探索社区背景

对社区背景的了解包括三方面的内容：

1. 社区的基本情况

社区居民的人口及其成分：人口的规模和流动状况、年龄的比例和分布、家庭的规模和类型、民族状况等。

住房状况：住房的结构、类型，设施的配套情况，人均居住面积等。

就业情况:就业的人数和职业类别,失业的人数,双薪家庭、单薪家庭、双下岗家庭的数量等。

社区的地理环境、交通:面积、位置、行政区划、交通设施及道路状况。

社区的基础设施与资源状况:电力、供水、排水、卫生、照明等设施,邮电、通讯及娱乐场所及其满足社区居民需要的状况。

社会服务:医疗保健、教育、社会福利服务等。

社区的历史、经济、政治、文化传统:小区的历史、曾经有过的重要事件及其影响、社会舆论和风俗习惯等。

价值观念:社区中居民的态度、遵守的规范、参与社区的意愿和行为等。

2. 社区居民及团体的关系与权力结构

社区机构和组织:政治经济和其他特定团体的规模和作用发挥。

社区权力分配和领导:居民个人或团体的政治参与、对政府决策的影响等。

3. 社区问题和社区需要

社区问题:存在于社区中,对社区居民生活有不良影响的事件或问题。

社区需要:在以上这些方面还有哪些不足够的地方。

应该说,对社区基本情况的了解,既是社区工作计划的前提,也会对日后开展社区工作有很大帮助;而对社区团体和居民的关系及权力分布的了解,则会对社区工作者发动居民、组织社区活动提供指导;对社区问题和社区需要的了解,则是社区工作的出发点和归结点。在实践中,以社区居民所关心的事作为切入点,引起居民的兴趣和投入,是社区工作介入的关键。

(二) 收集社区资料的方法

收集社区资料的方法有很多,通常可采用以下几种方法:

1. 文献分析方法

一般来说我们可以通过查阅四个方面的资料,丰富对社区的认识。即:人口普查数据、地方志及其政府相关资料、社区机构原始记录资料、媒体报道和评论、其他个人或团体资料。

人口普查数据:获得人口的年龄、性别、家庭结构、就业等基本信息。

地方志及其政府相关资料:从地方志、地图、资料手册、政府资料中获得对社区的了解。

社区机构原始记录资料:社区前任领导的工作记录、讲话、工作计划和总结等。

媒体报道、个人或团体资料:报纸报道、个案访谈、团体座谈等形式,都是我们进行社区分析经常用的收集资料的方法。

2. 参与式观察法

进入社区直接参与和观察,是一种积极的收集资料的方式。可以到街心公园、游乐场、商店等人们经常聚集的日常活动场所，通过与人们自然交流，近距离观察其行为方式，了解真实的社区生活状态，而且可以为建立社区工作关系奠定基础。需要注意的是，这种观察并不是完全被动的，不能停留在做一个纯粹的观察者，所以应积极地与被观察者交流。

3. 访问法

“访问法”一般是指以口头方式，针对社区中部分有代表性的人物收集资料。适用于较大型且较难进行家庭普查的社区。运用访问法，通过面对面的谈话，能比较深入地了解社区的需要，而且较容易与受访者建立关系。但是访问法需要花费很多时间，并还要将访谈所得的数据和信息整理和诠释。且若访问的对象过少，或代表性不足，则所得的数据参考的价值就非常有限。

访问可以从自己熟悉的人开始，之后再请受访者建议几位值得访问的人，有可能是地方上的领导人物，这些人或许对社区有较全面性的了解，但是他们也可能对社区中较细微或较底层的问题感到较陌生，因此列访问名单时必须注意受访者的年龄、性别、社会经济地位及职业的分布，并应尽量涵盖各个层次的不同群体。

运用推荐法进行访问时，要向受访者提起是谁推荐他受访的。访谈时如果能让受访者了解你认为他是代表某个群体的，也较能引导受访者思考该群体对社区有哪些想法及意见。

一般访谈会问到的问题有：我们社区目前需要改善的部分有哪些？如何能让我们社区成为更好的社区？社区居民需要哪些设施或服务来使生活更舒适方便？目前社区是否有急迫需要解决的问题？

4. 社区普查法

社区普查是通过问卷或访问对社区中的每一户进行调查，了解他们对社区需要的想法。而且，经验告诉我们，如果将社区普查设计成社区居民能共同参与的活动，那将是促进社区参与、凝聚社区共识的好机会。

“社区普查法”适用于较小型的社区，如居委会、楼门（院）的形式，都非常适合透过普查了解居民的社区需要。这种普查能有系统且全面地了解居民对社区的要求和期望，及对社区问题的切身感受，并且通过调查工作者开始与社区居民建立关系，为日后工作奠定基础。当然，这种方法要求调查者要有社会调查的专业知识或是借助有关的专业人员，得到的资料才会比较可信。

方法及步骤：

（1）确定调查的主题及目标。希望从调查中获得什么信息。

（2）界定调查的问题与范围。如本次调查只着重于居民对社区环境的需求，或是了解居民对于组建家政服务队的意愿及想法等等。

如：针对居民对于社区环境需求的调查，可以从下面的问题去考虑：

目前社区内现存的问题有哪些？（交通、治安、卫生、噪音扰民、娱乐设施……）

目前社区内需优先改善的问题有哪些？（交通、治安、卫生、噪音扰民、娱乐设施……）

过去社区内曾办过的社区活动？（依数据或居民记忆设计选项）

对过去开展（参与）活动的看法？

过去是否有引起全社区关注及参与的活动？

您认为目前社区还需要哪些服务或建设会使社区变得更好？（托儿所、幼儿园、图书馆、小型公园、治安维护服务、垃圾处理……）

如果未来社区内举办活动，您愿意参与吗？

您觉得自己可以贡献给社区的是什么？（美工、编辑、计算机或其他专业、人力支持、财物提供、担任义工、担任干部负责行政工作……）

(3) 设计问卷。如果社区中没有社会调查的专业人才，则需寻求外部资源协助社区拟订问卷。

(4) 问卷发送及回收。这项工作最好动用社区居民进行，一方面增加居民参与的机会，另外透过相识的邻里关系运作调查，也对问卷的回收及有效性有所帮助。

(5) 数据整理及分析。这项工作也需要由社会调查的专业人才进行，较能掌握所获得的信息。

(6) 公布“社区普查结果”。工作者可通过社区居民大会、社区媒体（公布栏、报纸等）公布结果。如果是通过社区居民大会公布普查结果，则更可以创造一个引发居民共同思考社区现状及问题的机会，也让社区居民有机会在一起思考、决定社区未来的发展方向。

收集社区资料的方法有很多，关键是要持续不断地进行，才能适应社会发展变化给人们的生活带来的影响，因此要取得社区工作的高品质服务效果也要不断从社区分析中寻找突破口，只有不断创新才能满足人们不断提升的需要，而且不间断的调查还可以帮助我们预见问题和需要，做好预防，争取工作的积极主动。

二、问题及需求分析

社区的问题和需求是社区工作的重要导向，对社区问题和需要的了解，可以为社区工作者如何更好地开展工作指明方向。因为人的需要有多种多样，基本来说可以划分为基本需要（如衣、食、住、行）和心理需要（如归属感、安全感、自我实现等）。当社区中大部分人的某些需求得不到满足时就会形成社区问题。所以了解社区问题和需要就成为社区工作的第一要务。

(一) 需要的概念、层次和类型

社区工作开始于对“需要”的把握。每一个人都希望生活在一个亲切、卫生、舒适、安全、快乐的环境里,对于社区中的需要可以进行两种划分:

1. 马斯洛(A. H. Maslow)的需求层次论

(1) 生理需要(physiological needs)。与有机体生存有直接关系,人和动物所共有的,包括饮食、性、排泄和睡眠。生理需要是最基本的需要,如果不能得到起码的满足,它就会完全支配这个人的活动。

(2) 安全需要(safety needs)。安全的需要包括住宅、工作场所、秩序、安全感、可预言性。处于这一层次,人们首先是要减少生活中的不确定性,如儿童失去父母就会出现焦虑不安、失去信赖、寻求安定的行为。成人失去了工作也会产生焦虑、烦躁、不稳定感等。

(3) 归属与爱的需要(belongingness and love needs)。在前两类需要基本满足的前提下,人们就会寻求在人与人之间建立健康亲密的关系,即彼此关心、尊敬和信任,需要爱与被爱。现代社会中,单位制解体、人口流动频繁、家庭破裂增加、利益冲突加剧,使得人与人之间陌生、疏远,于是建立一个人人向往、有亲密感、彼此关怀、易于接触的社区,便成为了现实的要求。

(4) 尊重的需要(esteem need)。尊重一方面是要求别人对自己重视,进而产生威信、认可、地位等情感;另一方面要求自尊,与此相应的是适应、胜任、信心等情感。两种情感来源于人们在从事有益于社会的活动之中,而社区便可以为人们提供满足这种需要的条件。

(5) 自我实现的需要(self - actualization)。位于需要的最高层次。自我实现被定义为潜在能、能力和天资在一个人的发展过程中的不断实现,是个人自身内在本性的更充分把握和认可,或者说自我实现的需要就是一个人自我进步的愿望,就是把他的潜能变为现实的需要,也是把自己变为理想的人的需要。

2. 伯列绍(J. Bradshaw)的需求类型论

(1) 感觉到的需要(felt need)。是指大多数居民感觉到某些需要和期望不能得到满足并且把它说出来的需要。这些需要可能是基于现实的考虑,有时也可能是主观的感觉而已。因此,工作人员在进行社区工作时,一方面要充分尊重居民的这种需要,同时又要注意区分一些期望过高,不切实际的需要。

(2) 表达了的需要(expressed need)。当一项服务的需求人数增加使得供不应求时,那么社区就会对这种服务存在需求。这种由居民的实际需要表达出来的需求,称为“表达了的需要”。

(3) 标准上的需要(normative need)。当某项服务的专家认为该项服务必须符合他们定下的质和量的标准时,才合乎规格。不符合规格时就会有“标准上的需要”。

(4) 比较性的需要(comparative need)。当某个社区使用某种服务,而与此类型相似的社区却没有此项服务时,则后者便有因比较而产生的对于此项服务的需要,称为"比较性的需要"。

(二) 社区问题分析

有了对社区基本情况的了解和对需要的认识,我们必须策略地将资料进行梳理,对社区的问题进行描述和界定,明确问题的范围、起源和动力,进而找到解决问题的关键,即介入社区的角度。

1. 描述问题

在对社区情况进行了解时,我们会发现居民对一些问题尤为关注,描述问题就是讲"居民是怎样感受这种问题的"。明白居民的思想感情和对问题的认识与描述,理解居民对问题的体验。

2. 界定问题

要弄清:居民所认同的"问题"是如何界定的?为什么如此界定?已经是一种"问题"还是仅仅为一种"状态"?是由来已久的历史问题,还是一种概念上的问题,亦或是有明确指标的问题?要从居民的立场上去考虑,而不能从自己的观点出发将社区事务的状态视为是有问题。

3. 明确问题的范围

即弄清受问题影响的人数有多少?居民受影响的方式如何?状况持续的时间及居民认定为"问题"存在的时间有多久?问题集中的地点和人群?涉及的价值观冲突有哪些?改善这个问题对个人和社区有什么得失、影响?

4. 问题的起源和动力

找出导致问题产生、渗透和加剧的原因,进而思考解决这些问题的可能的动力因素。如:是否有可以解决问题的人?行动的方法如何?在什么条件下可以行动?人们愿意为行动做哪些贡献?

总之,社区因为面对迫切的需要而组织居民共同解决问题,并使人心得以凝聚,居民因此而更愿意走出家门为自己的社区尽一份心力,这已经被许多先进的社区经验所证实。但是,往往大部分的居民都觉得社区中的许多需求很难实现,也不知道如何开始,所以当面对社区中较不迫切需要的问题时,居民往往容易采取"把自己顾好"的态度及作法。但是如果社区居民发现有很多居民都同样感受到问题、有同样的需要,也有意愿解决问题、实现共同的需求时,那么"社区意识"就已经逐渐形成了。社区工作作为一个组织的过程,目的就是让居民从参与的过程中,互相认识、进而引发共通的情感,愿意互通有无、互相协助,共同为提升社区生活的品质而努力。

三、社区动力及资源分析

社区动力主要是指可以对社区发展起到积极推进作用的力量。如居民的类型、居民中的领袖、专业人员、政府公务员的数量和对社区工作的态度,社区中是否有其他社会团体、组织,能否与社区工作结成联盟,开展合作等等。

目前我们的社区中也会有一些社区单位,如:部队、医院、学校和托幼园所、养老机构等,有些是可以共享的人力资源,有些是可以共享的物质资源。而居民中的政府官员、企业人士、教育工作者又都可以成为积极参与的行动者和居民领袖,可以帮助宣传、呼吁或直接引进资源协助小区开展工作。

所以,我们首先要从以下两个方面对社区动力进行分析:

(一) 社区体系分析

社区体系分析是指对存在于社区内众多的个人、团体或组织做个别的分析,以了解其特性,然后分门别类,并按其共同点归纳成不同的体系,例如按其功能、性质等区分出不同类型、不同取向、不同层次的体系。在分析体系时,可以将注意力放在那些会影响体系和外界关系的因素上面,具体包括:

——目标:包括成文的或不成文的目标。

——信念:组织背后的取向和指导思想。如政治上的取向、对社会福利的观点。

——构成:社区主要包括哪些人或组织,他们的背景、动机、阶层、投入程度、能力如何。

——资源及来源:直接或间接的权力、影响力、金钱、人力、资讯、网络关系、调动能力等。

——期望:在某些问题或事件上社区期望得到什么结果、获得什么益处。

——其他:组织在社区工作及活动中的活跃程度、发展阶段、组织风格、领袖的威望等。

由此,我们可以对社区的结构和组织有个基本的了解,并在此基础上把握其可能的行动方向和立场,见表9－1所示。

表9－1　主要社区体系分析表

主要团体	家庭	经济	政治	教育	卫生	福利
社团单位	家庭、住宅	公司、工厂	机关、政党	学校、学会	医院、药房	福利机构
社会关系	父母、子女	商人、雇主	官员、民众	教师、学生	医生、病人	求助者、工作者

(二) 社区互动分析

互动分析是指运用社会交换理论分析社区体系之间的互动,即对社区内各种群体的关系彼此之间的交往联系的程度及状况进行分析，进而摸清工作者可以利用和发展的关系和动力，以便更有针对性地整合社区的资源，推进社区工作。

社区互动分析首先是基于三个基本的假设(冯伟华,1997)：

(1) 每个社区体系都有其独特的需要及期望，组织的行为取向决定于这些需要和动机；

(2) 社区体系的趋向是希望达成其目的和取得所需的物资、权利、满足感等；

(3) 如果缺乏互动的基础，组织就不会有交换互动。交换通常会涉及获取一些利益和需要付出代价，社区体系倾向尽可能多地获取利益同时减少付出代价。

需要澄清以下这些基本概念：

——社区利益(profit)：人们通常都是趋利的，要获得回报，便需付出代价，代价可以分为实质性代价，如金钱、人力、物力，还可以分为非实质性代价，如声望、形象的受损，压力、屈服、顺从。了解人们对利益的选择，才可以更有效地调动社区资源。

——社区价值(value)：物以稀为贵。较少获得或是难得到的东西价值自然就大，反之亦然。另外，对于不同的人，价值也不同。不同的价值追求，会影响人们在社区参与中投入的热情，了解不同群体的价值取舍，会帮助我们有针对性地调动大家参与的积极性。

——社区局限性交换(resteicted exchange)与概念性交换(generalized exchange)："局限性交换"有明确的对手，基本上交换是在互惠的基础上进行的，换句话说，即交换的对手清楚回报来自谁，亦知道代价付给了谁。"概念性交换"则缺乏明确的对手，交换的过程也未必按照互惠的原则进行。如某团体谴责对消费者权益的损害，自身不会有即时性的回报，但可以树立好的组织形象，获得公众的赞扬和舆论的支持。对这方面的清晰把握，可以使我们找准工作重点，提高办事效率。

体系之间的交换通常遵循着以下的原则：

(1) 按照组织体系的目标、期望和需要及环境因素的影响来寻求回报与代价；

(2) 如果组织体系因某种行为或决定获得回报，则该体系会倾向继续这些行为或决定；

(3) 如体系缺乏某些资源或回报时，则该体系会倾向付出较多的代价去换取这些资源或回报。

社区中通常存在着四类体系的互动关系：

(1) 交换关系(exchange relation):体系之间按各自的需要和动机互相分享资源和影响力,满足自己的需要,其关系状态通常是友好、合作的伙伴关系。

(2) 权力依赖关系(power dependency relation):体系之间如果因信念、立场或价值的分歧无法形成互惠的交换关系,但在某些事情上又需要对方的资源,于是可能以权力促使对方提供资源,这种关系可能不是友好的,甚至是对立的、敌对的。

(3) 授权式关系(mandated relation):基于法律、法规的限制,或是财政上的赞助与受助的关系,使体系之间出现不对等的关系,可能是依附的、附属的或是从属的关系。

(4) 联合组织(federation):体系并非总是独立运作,有时会因需要增加影响力和资源等,与其他组织体系结为联盟,在互惠交换的基础上保持合作关系。彼此都有可能分享到更多的资源,但同时不可避免地也需要付出自己所拥有的部分资源和放弃一定的自主性。

(5) 竞争关系(competed relation):由于在信念和价值立场上的分歧,但在社区中又为了获取相近的资源而出现竞争和对立的关系。如党派之争、组织利益的竞争等。

在此基础上,通过收集各方面的资料,进行系统分析,描绘出社区内各体系之间的复杂关系和互动情况。

(三) 社区动力的分析步骤

(1) 找出社区内活跃的人、团体、组织、机构,分析他们的目标、组织结构、信念和期望、资源及权力来源等特性,以获得对其行动取向和动机的把握;

(2) 将各个组织按取向和功能的不同进行分类,然后分析彼此之间的关系状况,看看是否有分歧或冲突,进而获得对社区内不同体系的互动关系的全面了解;

(3) 由于在静态的社区环境中不易观察到彼此的关系,因而可以从一些社区事件入手,通过观察分析发现各组织团体的不同的立场、行动取向和行为的动机。

社会工作者借助社区丰富的信息渠道和信息载体、组织机构的文件、深入的访问等途径,按照上述分析步骤,就可以获得社区较为全面而准确的动力网络图,为进一步制定工作方案打下坚实的基础。

四、工作项目与计划的制定

社区工作的推行一般要依靠不同的项目实施来达到其目标,因此,项目的选择和工作计划的制定是必不可少的。简言之,制定计划就是运用一些既定的原则、标准,按照实际的环境、需要,配合不同的资源调动,将项目、步骤以适当的次序排列出来。工作计划的制定,不仅可以保证活动按照既定的方向进行,同时可以加强工作人员之间的沟通和协调分工,使资源合理配置。还有,它有利于增进工作人员对活动的理解,提升自信心以及领导能力。

大致来说,制定工作计划可以参照如下步骤进行(朱昌熙,1997),如图9-1。

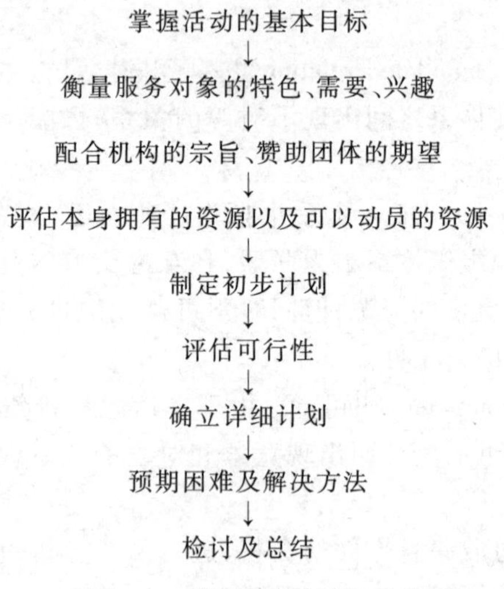

图9-1 制定工作计划的步骤

(1)掌握活动的基本目标:在计划制定的过程中,工作者可将一些不同的目标,按照有限的次序排列出来,然后在讨论实施步骤的过程中,再慢慢地筛选出最适当的目标。

(2)衡量服务对象的特色、需要、兴趣:除了在目标的确立上必须考虑服务对象的需要以外,为了确保工作者在目标、形式、时间安排等方面都以服务对象为中心,在整个计划的制定中也需参考服务对象的背景,以提高服务的针对性和居民的参与率。

(3)配合机构的宗旨、赞助团体的期望:应该考虑不同类型机构的特点,采取对应的活动方式。比如,政府赞助的公益基金可能会倾向于采取较为缓和而非激烈的活动方式。这些因素在活动计划中是不可忽略的。

(4)评估本身拥有的资源以及可以动员的资源:除了环境、情景的因素,工作者也需要评估自身所拥有的资源、人力、物力、财力等。

(5)制定初步计划:根据目标、资源和客观条件限制,工作者可以制定初步的工作计划。包括订立具体目标、对象、形式、活动的日程表。

(6)评估可行性:当大致的计划定出以后,下一个步骤便是对各个活动的可行性作出比较。列出长短处,也应该考虑其对资源的需要,然后作出选择。

(7) 确立详细计划：当基本的活动目标、形式被确立后，便是按照初步计划，仔细地将执行内容列出。包括：目标、对象、形式、日期、时间、场地、程序表、人力分配、资源要求、可能遇到的困难及解决的预案等。

(8) 预期困难及解决方法：整个计划制定出来后，工作者必须进一步全面评估其设计过程中是否有被忽略的某些因素，以及在推行过程中可能遇到的各项困难和克服该问题的可行方法。此外，还需要随时根据实际情况的变化、发展，重新修订或调节某些项目。

总之，一份好的项目计划，应该能够为工作者按部就班地开展工作提供足够的指引。但必须注意的是程序并非一成不变，而应该是随环境的转变而不断更新的。因此，工作者必须保持高度的敏锐性和警觉性，去发掘新的变化，重新进行部署。这样，才能保证活动可以真正达到预期的效果。

第二节　社区工作关系建立和问题介入

良好的社区工作实践关键是建立起工作者和社区的关系、联结。能否进入社区与居民建立紧密的联系，使他们积极地参与到社区的工作之中，是对工作者的考验和锻炼，而这种工作关系的建立，要求工作者必须能熟练掌握和灵活运用多种技巧和方法。本节中我们着重讲述在社区工作中建立联系的原则、目的、过程和方法、步骤。

一、社区工作关系建立与维系的原则

社区工作十分强调以“社会网络”为中心的价值理念，强调以居民感觉到的需要为依据的原则，重视协同合作，提供机会使人们相互支持，创造更为平等和相互关怀的社会。因此工作者在工作关系建立与维系上要遵守以下原则：

1. 掌握群众参与的动机，有针对性地进行动员

群众对社区工作的参与动机往往是各不相同的，有些是为了获取某种实际利益；有些完全是为了奉献社会；有些是为了提高能力、增长技能。只有了解了参与者的动机，才能“对症下药”取得事半功倍的动员效果。

2. 让群众看到参与带来社区问题解决的成效

以往人们不愿参与社区的集体事务，很大程度上是因为人们感到许多参与都是形式上的，没有什么效果。所以让群众看到由于大家的积极参与带来了社区问题的转变或者是转变后所带来的希望，便能有效地鼓舞人们积极投身社区事务之中。可用“角色示范”的方法让“过来人”现身说法，效果会比较直接。

3. 为参与者带来个人的改变

群众参与不仅对社区事务有帮助同时对参与者本人也是一个锻炼的机会，

可以丰富他们的生活，令其增强自信，提高面对压力时的应变能力，获得个人的进一步完善和发展。

4. 注意选择动员对象

我们不能指望所有居民都肯参与到社区工作之中，这是不切合实际的。因为任何组织内部都会存在个别冷漠、消极甚至抗拒的成员，那不是理想的动员对象。社区工作者应宣传动员那些态度积极、工作热情的社区成员，或者针对那些虽有兴趣但仍采取观望态度的成员。

5. 让参与者有成就感

成就能增加人们的自信。根据参加者的兴趣和意愿分配给参加者一定的任务，待其完成后给予肯定，让他感到自己的价值，进而会更加积极地投入。

6. 减少参与者付出的代价

以往居民不愿参与是因为参与的代价太大，如长时间开会，使参与缺乏效率。所以工作者应巧妙支援及合理地安排，使参加者体会到无须付出太多的时间、金钱或精力，使他们保持参与的热情。

7. 注意工作者自身素质对居民参与的影响

工作者的工作成效和自身良好的能力素养，可以产生一种号召力和吸引力，吸引居民积极参与。所以工作者留给居民的初步印象，对动员效果会产生决定性的影响。

因此，社区工作者要让居民有机会了解你并对你的人格、信仰和价值观念有初步的评价，了解工作者会为社区带来何种资源，了解工作着怎样帮助其解决社区面临的问题，进而激发人们去思考社区行动的可行性，调动其参与的积极性。与此同时建立工作关系还可以增加工作者对社区的居民及其生活的理解，可以使工作者的工作动机和效果更明显。

二、社区工作关系建立的过程与方法

工作关系的建立是一个目标指向的活动。工作者为了一个目标的实现或特定任务的完成，而进入社区应该是有计划和有准备的，应该从与居民的接触和与政府部门的接触两方面着手。

(一) 与社区居民的接触

居民是社区工作的资源，也是社区工作的归结点。居民是社区工作者开展社区工作的依靠对象，又是我们实现社区工作目标的受益群体。接触居民可以是正式的，也可以是非正式的；可以是一对一的，也可以是集体的；可以通过讲话、访问、电话交流、电子媒介等不同形式进行。

1. 接触的动机

社区工作者接触居民的目的不外乎两方面，首先是增加对居民和社区的了解，便于制定计划开展工作。其次是建立关系，提高居民对社区工作的参与热情，协助工作者开展工作。香港学者胡文龙将这种接触又分为两种；探索性接触和招揽性接触（explorative lontaut and recruiting contact）（胡文龙，1997）。

（1）探索性接触：了解社区成员的所思、所想、生活的环境、对事物的感受和看法、他们的社交方式、状态和人际网络等等。通过工作者的亲身感受，去界定社区问题和需要，寻找社区工作的方向。同时，让居民了解社区工作者的角色、任务，使居民进一步接纳与认同工作者，为日后建立信任合作的关系打下基础。

（2）招揽性接触：社区工作的开展离不开居民的参与和支持，因此能否运用技巧和情感“招揽”居民、吸引居民，使居民主动进入工作内容之中，而非“置身度外”便显得相当重要。使居民们由冷漠、无奈转变成热情与投入，进而获得自我提升，这是工作者的目标和任务，所以这种招揽性的接触，不仅有任务性的价值，还有教育性和发展性的功能。

2. 接触的原则

工作者在与居民接触中的态度和行为表现十分关键。

首先，工作者要用人格魅力去影响和感染居民，以真诚、热情、认真而开放的态度，保持与居民沟通的良好、顺畅。注意用心去聆听居民的想法，用整个人与居民做接触，用自己的目光、语言信息，排除与居民交流中的障碍。

其次，工作者要运用互动过程，通过工作者提出有深度的问题，让居民自己面对这个处境，并在尝试给出自己的答案时，能深刻地反省自己的位置和问题的成因，进一步“看到”自己不同的选择和行动带来的不同效果，以便有机会再选择和再行动。因为提问可以给居民机会来思索、讨论和分析解决问题的可行性，感受到自己的智慧。

3. 接触的过程

（1）准备

① 考虑清楚接触的目标和出发点。是为了收集资料、增进了解、建立关系、提供帮助还是树立形象？访问对象需要什么样的工作者，是亲切、乐于助人、资源丰富还是易相处？目标明确才便于日后评估效果。

② 选择建立联系的对象。根据访问的目标选择合适的受访对象，如以前接触过的居民，受事件影响的有关人士或属于特定利益群体的成员，并且要将先后次序排好。既不要有遗漏，也无须与一些不必要交谈的人浪费时间。

③ 选择访问的时间。目的不同，对象不同，选择的时间也应有所区别，如：家庭主妇与职业女性的时间就应有很大分别，有宗教信仰的人也要避开礼拜的时间进行访问等，要留心重要的节日、假期，流行的电视剧、做饭时间、午休时间都要尽量避开。

④ 准备话题，引导访问的开始。如提前了解访问对象的需要。可直接谈论

对方的兴趣或展现工作者的吸引力,促使其继续对工作者发生兴趣。

⑤ 穿着得体。要留意被访者的文化背景,包括对人和事所持的价值观,自己希望在对方心目中留下什么印象。初次访问不能与访问对象有太大的距离,但也不能穿着太随意,如T恤衫、牛仔裤、拖鞋、学生装等都不适宜,应给人以整洁、大方、成熟可信的印象。

⑥ 预想可能会遇到的问题和克服困难的方法,以免临场阵脚大乱。事先做一些预演或与旁人讨论一下可能的情境,以使自己保持冷静、自信、不受对方影响以免破坏自己的情绪。

⑦ 对前往访问的场所环境有所了解,要做好准备。进行访问的环境可根据被访者对谈话内容的态度来确定。可以在居民家中、街心公园、餐厅、路边等进行。

(2) 与居民接触

对于第一次接触的居民,首先是设法建立信任关系和引起谈话兴趣,所以要分层次地展开。

① 介绍自己:要准备一两段开场白,根据不同的情况和对象,采取不同的自我介绍方式。

Ⅰ. 可说明自己是由与访问对象熟识的一个朋友介绍而来的。

Ⅱ. 可用自己和访问对象都熟悉或有好感的活动作为谈话线索介绍自己,如上周的消夏晚会,前天的社区会演是自己策划的等等。

Ⅲ. 对对自己抱不信任态度的人可适时出示证件,打消其顾虑。

Ⅳ. 赠送一些物品或宣传单让其收存,加强对工作者的信任和好感。

Ⅴ. 态度热情、诚恳,面带笑容,并清晰地介绍访问的目的,表达对被访者的关心和一定的关注。

② 展开话题。在获得对方接纳或不拒绝的情况下,工作者要抓住时机,继续交谈使内容逐步转向正题。注意避开一些敏感的话题,从普通、容易回答的问题提问,话题要从简单到复杂,由具体到一般再到抽象;由感性到理性;由浅入深,也可运用周围正在发生的事情来展开话题。

③ 维持谈话。为了减少访问对象的疑虑并使其精神放松,应尽早根据谈话的目标,继续谈话。此时谈话的方式也从封闭式转为开放式的,尽可能地摸索居民的真实感受。工作者要用心聆听,积极、主动地了解和理解、提问、测试对象,体谅、周到地关心访问对象本人及其家庭情况,令其感受到温暖。

(3) 结束对话和访问

初次接触不要太长,除非他有特殊的个人问题需要及时和深入了解。肯定、小结个人及任务目标完成的情况,临别留下进一步联系的方式,鼓励他们主动联络工作者。

(4) 接触以后

① 记录主要资料。离开被访者后记下有关资料:有用的信息及数字、被访者的背景、谈话留下的印象、受访者的反应、热心程度、是否容易被调动、他的人际网络情况等。

② 总结。目标达到的情况、自己对访问对象的感受、评估访问对象以前和现在有什么不同、自己有什么做得不妥之处和遗漏的地方、是否有补救的余地等。

二十四点能帮助你与群众交谈的方法(甘炳光,1997)

1. 说一些你相信他们会感兴趣的事物。
2. 在屋内找些可以谈及的东西引起话题。
3. 用他们的水平和他们沟通。
4. 了解你自己。
5. 知道何时聆听及何时说话。
6. 在同一时间内只说一件事。
7. 让他们说。
8. 感知他们的感受。
9. 让他们知道,他们对你和这个社区都是重要的。
10. 让他们的念头涌现。
11. 发问。
12. 肯定和表扬他们。
13. 不要和他们争辩。
14. 不要强迫他们用你的方法去思考。
15. 聆听多于说话。
16. 多提问,像你和他商讨一件事一样(平等)而非搜集资料式或盘问式提问。
17. 不要答应一些你不能遵守的承诺。
18. 如你不知答案,交回给他们(讨论)或迟些告诉他(结果)。
19. 或者让他迟些再接触你。
20. 运用电话做跟进工作。
21. 知道自己的限制。
22. 忠于自己。
23. 知道怎样将责任交托出去。
24. 安排下次探望时间。

* 取材于美国北卡罗莱纳州《公屋居民领袖手册》。

总之,与居民接触是做好社区工作的第一步,工作者要以高度的热情投入到自己的工作中,真正地用心去了解他们的需要和心声,熟悉他们的喜怒哀乐和心理特征,将爱与关怀传递给被访者,这比技巧和方法更重要。

（二）与地区团体和政府部门的接触

1. 工作者与不同组织交往的重要性

工作者在协助案主解决问题、获取资源或协助他们善用不同机构的服务时，甚至工作者协助服务对象谋求改变机构的常规运作，使其服务更适合服务对象的需要都会与各种团体或政府机构发生接触，有时工作者还要向这些组织和机构施加压力，谋求政策的改变，因此了解这些组织的运作，有助于工作者向服务对象提供服务。同时，任何组织和部门都无法拥有一切资源、自给自足，工作中必定会要得到各种组织和机构的协助，许多组织受政府的资助，因而也会受到政府评估和管理。此外，现在社区工作推动中所需的资金和物质帮助来自政府方面的与实际需要是远远不够的，还需要向各企业、公司、资金会申请和争取捐赠资助，这是工作者开展工作的强大后盾。另外，社区内的其他机构作为合作与竞争的伙伴也不容轻视，良好的合作可以集中优势，克服弱势，获得共同的发展。

2. 影响组织行为的各种因素

（1）组织分析

① 了解组织的目的、任务、结构，组织文化的表现和特点；

② 注意关注组织内有影响的人士，表面人物与真正有影响力的人是有分别的；

③ 注意组织内的成员执行任务的表现、价值观和性格，哪些是工作者要交往的成员；

④ 应为各组织机构建立档案；

⑤ 收集资料的方法：包括入区时的走访、不定时的探访，集体文化娱乐活动、请各组织部门领导观看文艺演出，请组织以外的人士谈话，如服务对象及区内的重要人物；另外还有组织间交换期刊和报纸等。

（2）组织关系分析

任何组织都会有自己的目标、提供服务的类型或主要的功能，其稳定发展需要不断地从环境中汲取各种资源，与相关的组织交往也是汲取资源的一个重要方法。这种交往是为了从中获益，而能否获益，受到组织之间关系的影响。在组织关系分析中需注意以下各项：

① 组织关系的变化不是一成不变的，因而，交往要因时制宜，以能维持和谐关系、增加未来合作可能性为出发点；

② 团体或组织服务对象遇到问题时，视其具体情况分析所需资源及可能予以其协助的组织；

③ 分析不同组织和团体在某问题上的利益及组织间的关系：交换关系、权力倚赖关系还是授权关系；

④ 摸索不同组织在提供资源上的合作意愿和动机；

⑤ 根据不同组织间的关系来计划不同的交往工作。

通常组织间关系的状况会有一定的规划，政府组织对服务对象来说通常是权力倚赖关系；而权力主管部门和下级之间则一般是授权关系；当上级需要下级提供信息或支持时则又可转变为交换关系。因此，不同组织关系下的交往方法也各不相同。交换关系下，双方应明确彼此的期望和建立合作目标、任务，以保持双方共同获利；权力依赖关系中，寻求帮助一方要想方设法吸引对方合作，所以要不断维持吸引和压力，并防范对方反攻以维持对方的合作；授权关系下，要处理好各组织的期望，不断发现合作中各自可获得的利益，以增强各组织参与的积极性，且双方要有一定的规范和职责范围，尽可能减少纷争和互相猜测的行为，巩固交往。

总之，在目前社会竞争加剧，社会资源相对短缺的背景下，如何为自身组织吸引更多的资源，的确是每个组织的领导都要思考和努力解决的问题。扩大对外交往，保持与政府、企事业单位和各种兄弟组织和机构的友好合作，增加自立的社会资源，是组织保持活力和发展中十分重要的环节。

三、介入社区工作的策略

进入社区开展工作之初的表现如何，对日后社区工作的开展至关重要。香港的经验中用“阶段性介入模式”作为介入社区的指导，对我们做好进入社区前的准备应该有一定的启发（莫庆联，1997）。

所谓“阶段性介入模式”是指将社区工作过程划分为清晰和可行的步骤或阶段，每一步骤都规定了一系列应采取的行动。通常将这一过程划分为摸索期、发动期、巩固期和总结期。

（一）工作前期的重点

（1）筹划工作机构的规模。要开展工作首先要有办公经费、办公地点和工作者队伍，三者缺一不可。

（2）建立人事管理制度。我们常说“没有规矩不成方圆”，工作的开展首先要有制度保证，人员的保证。所以对人员的培训、分工与角色安排要首先确定下来，才能给员工以安定感、归属感。

（3）深入基层，建立信任关系。居民支持和参与是社区活动的保证，因而社区工作者要通过家访调查开展地区性活动、提供咨询服务、宣传动员、介入社区事件等来建立与居民的信任关系。

（4）加强地区联络，搞好地区关系。良好的地区关系会成为社区的宝贵资源。所以善于运用地区关系不仅可以为组织发展创造良好的外部环境，还可从中得到人才物等方面的支援，改变社区资源短缺的现状。因此，各种访问、出席地区活动等就是工作者一项经常性的工作。

(5) 了解社区需要。前面曾涉及到,在此不赘述。

(二) 进入基层,建立关系的方法

开展地区性工作是一项十分复杂的工程,社区工作者要深入进去才能有效制定和推行工作计划,真正促进居民福利的改善。因此,首先要了解影响进入社区的因素有哪些,然后才能设计采取何种方式介入。

1. 影响进入基层因素

(1) 社区工作者对社区问题的把握是否清晰、准确?清晰则目标明确,反之则没有方向感。

(2) 社会问题解决是否迫切?如果十分迫切则运用危机介入的方法,很快就可进入基层。

(3) 社区权力动态是否复杂?如果社区的权力动态相当复杂,社工通常倾向采取稳妥的工作方法,采用各种服务及温和、缓进的方法与社区建立信任关系,等稳定立足后再作其他打算。

(4) 工作者和机构的思路是否是明确:如果机构关注的是社会政策,则进入社区会较少采用服务手法,而以居民大会和社区咨询宣传等手法,较快地进入社区,不用慢慢地探索需要和建立关系。

2. 进入基层,建立关系

(1) 开展全区性活动。进入社区之初,为了尽快打开局面,可主办一些"综艺晚会"、"慰问演出"之类的全区性的大活动,让更多的居民有机会接触和了解社区机构及其工作人员。在活动中穿插机构介绍、人员亮相,可以初步树立工作者形象,虽然不很深入,但日后深入社区时不会因不相识,而受到阻力,所以是经常被采用的工作方法之一。

(2) 举办大众化的参与性活动。一些娱乐性、参与性极强的活动,如"老少新春同游"、"家庭运动会"等群众易于参与的活动,容易建立工作者和居民的关系,比大型晚会更有人情味,更具凝聚力。

(3) 宣传咨询活动。利用社区服务宣传咨询活动,拉近彼此距离也是一个好方法。如开展房屋改革政策宣传、生活救济政策咨询及现场办公等活动。通过运用宣传展牌、散发宣传单张、专家及工作者现场解答居民问题等方式,为居民提供具体的帮助,有些还可作为日后拜访的对象,不失为取信于民,服务于民的好方法。

(4) 介入社区事件。当社区中出现一些亟待解决的问题,如房屋拆迁所引起的纠纷,由工作者进入社区向居民做宣传解释和调解工作,会化解纠纷、缓和矛盾,同时也让工作者近距离了解居民的心声。有时一些问题的解决还可以通过召开居民代表座谈会或居民大会进行政策宣传,排除居民的疑虑,更好地配合政府的工作。

(5) 经常深入社区。居民对工作者的抗拒或疏远,一般是由于彼此缺乏信任了解、有距离感而产生的。工作者要建立与居民的关系,就要多在社区内出现,让居民有机会了解和认识自己。随时随地就居民关心的问题与之交谈,并介绍自己所计划的工作,征询意见等。这种自然化的交往可降低居民的防卫心理,使工作者更易于深入社区。

(6) 家庭访问。利用前面的一些活动中或相关资料中了解的居民情况选择入户访问的对象,以家庭访问的形式来进入社区也是比较常用且有效的方法。只是要注意访问对象的选择和事后的综合分析。

(7) 利用社区媒介展开宣传动员。广泛地向社区居民进行宣传是树立形象和建立关系的好方法。通过在社区居民经常经过或出现的地方设宣传栏,向居民派发有关宣传品等,推介社区工作计划中的一些活动,吸引居民参加;普及有关的知识和政策规定,便于居民保护自身权益不受侵害等,都十分有利于深化工作者和居民的关系,可以灵活运用。

3. 选取工作对象的考虑

关系建立只是初步介入了社区,接下来工作者要进行的是选取工作对象。例如,社区内可能有不同的群体,哪一个才是适当的介入对象?有些人会采用生活贫困程度作为选取的考虑,如老人、低保对象、单亲家庭便符合最贫困的要求。除此以外,还可用下列因素作为选取工作对象的考虑:

(1) 工作对象是否面临十分紧急的社会不公?如政府规划征地拆迁后,没有居民安置的措施或落实不力,使居民无家可归,这时工作者介入的迫切性便有所增加。

(2) 受影响的工作对象人数是否很多?他们自己拥有的资源又是否充裕?如果介入的社区问题影响人数众多,再加上这些人或群体的政治经济影响力及资源较少,则工作者应尽快去帮助他们。

(3) 工作者的价值取向如何?人力资源调动是否充足?如果工作者相信政府的政策是合理的资源再分配政策,则基层议论的虽多,但工作者也只是要做些解释性的工作而不会真正介入。介入者主观的理解,其实是客观分析之外一个影响介入的主要因素。当然,如果人手充裕,工作者人员可选择介入的事情便相对地增多。

(4) 整个社会有没有去协助这种工作对象的气氛?如果近来整个社会很注重服务独居老人,则工作者可能受一种潮流及气氛的推动,而增加了介入协助独居老人的机会。

(5) 受影响的工作对象想改变现状的动机及能力是否强大?社区工作者选取介入对象的另一考虑是居民自己是否也想改变?工作者的角色并不纯粹是一个社会改革的倡导者,而应是一个卷入居民参与,以期改变不合理政策的推动者。如果参与者动机不强,再加上参与的能力(如组织力、分析力等)较弱,都会影响工作者选取他们作为介入对象。

(6) 区内有没有其他人正协助这些工作对象? 如果有,是否有效? 如果已有其他机构和志愿团体在协助某一个或某一对象群体,而且取得了不错的成绩,也会减弱工作者再去提供帮助的动机,以免资源重叠。

(7) 能改变这群对象处境的机会是否很大? 工作者介入社区也会有相当实际的考虑,如果估计介入可使服务对象获得改变的可能性较大,则介入的动机会更强。因为要说服别人去打没把握之仗有时候并不容易。

(8) 所提供的服务是否会影响到其他群体的利益? 如购物中心、停车场、卫生站等的场地选择,可能带来对周围居民生活的影响,要小心处理。

4. 介入社区问题的原则

在选取介入社区问题的原则上,我们参照布伯(K. Bobo)等人的意见,提出下列主要的原则(莫庆联,1997):

(1) 能真正改善市民的生活;

(2) 令社区居民感到自己有能力去改变处境;

(3) 令居民感到值得花工夫去争取的;

(4) 事件有胜算的机会;

(5) 事件是很多社区居民广泛地感受到的;

(6) 事件是社区居民深刻及迫切地感受到的;

(7) 事件是很容易去了解及掌握的;

(8) 事件针对的政府部门是相当清楚的;

(9) 事件何时开始及何时结束是有清楚的时间表;

(10) 事件不会令社区居民内部分裂及分化;

(11) 事件能培养一些社区的居民领袖;

(12) 事件能与一个美好社会的价值观互相吻合。

一个好的社区事件应能尽量满足上述各项准则,若有几个事件要选择,工作者可将每个介入的事件运用上述的原则加以比较,进而找出应介入的事件。

总之,建立关系、介入社区是社区工作者的基本功,要有计划、有步骤地逐层展开,并非易事。除了可运用前面介绍的一些方法,还要注意调动居民参与的热情,充分的居民参与是社区工作的重要力量也是社区工作目标之一,对居民自身的发展和小区工作的推动都十分重要。在此基础上,社区工作关系得以建立。

第三节 社区组织工作技巧

第二节中我们讨论了社区工作关系的建立和进入社区的技巧和方法,本节中我们重点讨论如何建立和维系一个活跃的、具有生命力的组织的方法和技巧，其中包括：社区宣传教育与传媒利用、居民活动的组织、社区领袖和志愿者队伍培训、社区资源整合的方法。

一、社区宣传教育与传媒利用

（一）社区宣传教育

宣传教育是社区工作者必须精通的一种工作方法，因为社区互助、领袖培养、社会行动、政策倡议、推广都离不开宣传教育，社区工作者通过对居民进行教育及传播有效的方法，可以提升居民的意识和能力，去争取自身环境的改善。

1. 目的和意义

社区宣传教育是终身教育的重要形式之一，是创建学习型社区的基本模式，是在一定区域内利用各类教育资源开展旨在提高社区全体成员素质和生活质量，服务经济建设、社会发展的一体化的教育活动与过程。社区教育的本质特征在于教育服务的社区性和全员、全面、全程性。社区教育是社区建设、社区发展的客观要求和智力支撑，是积极推进教育现代化的重要任务，也是教育改革发展的自身要求和必然趋势。通过开展社区教育形成全面推进素质教育的社会环境，不断提高社区成员的素质、生活质量和文明程度，为构建终身教育体系、形成学习型社区奠定基础。

2. 指导思想和目标

开展社区教育工作要以教育理论为指导，按照教育现代化思想，遵循终身教育原则，根据社区经济和社会发展的实际，促进社区与教育双向互动，学校教育、社会教育、家庭教育，正规教育、非正规教育、非正式教育协调发展，促进社区成员全面和可持续发展，依托社区、建设社区、服务社区。

社区宣传教育发展总体目标：促进学校教育与社会教育双向开放，统筹社区各类教育资源，促进社区内各类教育资源协调发展，最大限度满足社区发展和社区成员对教育的多样化需求，最终实现教育社会化和社会教育化，构建终身教育体系，形成学习型社区。

3. 对象及重点

从总体上说，社区教育的重点宜放在大力开展社区成人教育上，充分利用各种教育手段、方式方法、各种媒体及信息渠道，针对社区内不同群体工作、学习的特点和需求，为公众提供多样化教育服务，包括成人文化教育、成人职业培训、社区文化生活教育、社区文明教育等，以满足社区成员不同的教育文化需求和素质提高的需要。另外，还要重视社会弱势群体的教育，如转岗下岗培训、残疾人教育、老年教育等，使社区内社会弱势群体通过教育提高自身素质，建立自信理念，获得社会认可，融入社会，促进社区稳定与繁荣。

4. 宣传动员的方法

社区宣传动员的方法很多。可以印制宣传资料，张贴或发到居民手中；可以发动社区党员、居民代表、居民小组（楼道）长进行宣传；可以利用黑板报、宣传栏、标语、横幅等方式进行宣传；可以利用小区的广播、有线电视或网站的优势，将各项资料上网公布；还有组织专题宣传月、宣传周及邀请活动，扩大社区的影响。

（二）传播媒介运用

21 世纪是信息时代，善于运用传播媒介是现代社区组织的另一重要工作内容。任何组织如果想影响和教育公众都要在媒介中曝光，也都要承担媒介影响力带来的后果。通过传媒这个桥梁我们了解外面的世界，利用传播媒介去寻找更多的资源，社区也可借助传媒的优势让公众更加了解自己，支持和响应组织的号召，促成事件的改变，使组织的形象得以确立。而良好的社区媒体形象又会激励和鼓舞社区成员爱社区、建设社区的热情，凝聚大家的智慧和力量，推动社区工作的开展。

下面我们重点介绍在社区工作中媒体运作的策略及具体方法。

1. 制定媒介策略，发展媒介关系

社区媒介策略是指社区工作中如何运用传媒扩大社区的影响的一整套方针和部署。由于每个社区状况不同、工作策略和重点不同、存在的问题不同、与传媒发展的关系不同，因而也会有不同的传媒运作的策略。

(1) 要收集传媒工作者的资料。根据各自的工作内容制订一份清单，在此基础上进行初步的接触，介绍自己及其所在社区组织及职能，给人留下良好的印象。

(2) 发展与媒介的关系。关系建立因工作计划、取向和手法、阶段不同而不同。大体上有下列几方面的工作：

① 要注意和了解传媒及其作者的工作情况；

② 尽可能采用当面拜访的方式；

③ 主动介绍自己，宣传自己；

④ 表示对沟通有工作的兴趣；

⑤ 听他讲自己的工作及其感受。

其中传媒与工作者的关系可能有两种："双向—不对称"、"双向—对称"

"双向—不对称"：工作者十分明确什么样的新闻报道具备价值、会被传媒采用，因而主动做好新闻交予传媒协助刊登。

"双向—对称"：组织很少提供现成的资料给传媒，而是协助传媒挖掘组织内部具有新闻价值的人和事，请传媒进行亲自的采访报道，因而更具真实性、客观性。

以往那种将资料和信息的一相情愿地发给传媒，不考虑对方需要和刊发可能的“单向—不对称”式的关系，应特别加以避免。

2. 制造媒介事件，吸引传媒报道

自然事件对媒介的吸引固然是新闻报道的重要内容，但如果事件的一个目标便是“吸引”传媒的注意，则考虑新闻的价值所在就是首要的任务了，只有“对症下药”才能发挥奇效。通常能吸引传媒关注，具有新闻性的事件，具有以下特点：

① 事件涉及的人数众多，与大众有直接关系；

② 事情非同寻常；

③ 涉及著名人物或重要人物；

④ 有新的或权威的发现；

⑤ 事件的主题配合当前新闻的热点；

⑥ 事件具有人情味和独特性。

3. 运用传媒的途径和技巧

传媒的运用可以有多种途径。在活动中采访报道、召开记者招待会、人物专访、事件的特写等，都可以达到宣传及扩大影响的目的。下面介绍几种常用的传媒途径：新闻稿撰写、举办记者招待会及个人专访。

（1）邀请记者与撰写新闻稿

为了突出事件的重要性，扩大影响，在举办一些活动时应邀请记者出席采访。事前为了告知及吸引记者，要以口头或书面的形式联络媒体，以便于安排人员和布置设备进行采访。通常在邀请记者时应告知下列事项：

① 单位或机构名称、简况介绍（自身的历史、影响等）；

② 组织的活动名称、背景和主要内容、预期效果、独特性、重要性（即新闻价值）；

③ 活动的主要议程，要安排时间、地点（交通线路）；

④ 如有重要人物到访及有进一步的资料派发应一并说明，以吸引记者的到来；

⑤ 注明联络人、联系电话、传真、电子邮件地址等。

新闻稿撰写的要点：

① 新闻稿的结构包括标题、导语、主体、背景，结论五部分；

② 一般呈“倒三角形”结构，即：将最重要的信息放在前面写，即将人物或事件（who）、时间（when）、地点（where）、为什么（why）、做什么（what）放在第一二段，按照新闻事实的重要性，由大到小顺序依次排列，以方便编辑在版面不够时删减而不影响整体新闻价值；

③ 实例、权威统计数字、公共政策中的一些参考资料和比较放在第三、

四段;

④ 有一些生动的例子可以增加可读性、可信性和感染力;

⑤ 有关背景资料可附后以做补充之用;

⑥ 注明稿件提供单位和联络人联络方式。

(2) 记者招待会

记者招待会也称新闻发布会,是组织为公布重大新闻或解释重要方针政策,邀请新闻记者参加的一种特殊会议。是组织广泛传播各类信息,吸引新闻界客观报道,搞好媒介关系的重要手段。其信息发布的形式较正规,且有高规格的特点,有利于社会组织和新闻界之间的双向沟通,对促进双方合作发挥着重要作用。

开好记者招待会要做的准备包括:

① 会议的必要性研究;

② 确定会议主题;

③ 确定邀请记者的范围;

④ 选定时间和地点;

⑤ 选定主持人和发言人;

⑥ 根据主题准备各种材料;

⑦ 做好会务工作:发请柬、布置会场、检查设备配置、确定会议程序;

⑧ 必要时安排参观或会后举行茶会、酒会、便餐等招待活动;

⑨ 做好经费预算;

⑩ 做好会议效果的检核工作。

(3) 接受传媒访问

社区工作者为了扩大自身工作的影响范围,宣传政策或经验,可以应邀或主动设计一些新闻采访。为了保证效果,提前的准备工作很重要:

① 了解采访会在何种媒体上什么时段向受众播发,影响的时间和范围。如是电视、电台还是报刊?是专访还是新闻片断采访?播出时间、刊发版面如何?以提前做好相应准备;

② 收集有关资料。如统计数字资料、研究资料、典型案例、有关政策或官方观点等,通过收集的资料来补充自己的观点和加强说服力;

③ 选择从一二个不同的角度谈论一个问题,并引用例子说明,以使分析和论证更具体现、形象化;

④ 将观点按重要性和逻辑关系排列起来,表达要浅显易懂;

⑤ 预先构想会被问及的问题,并做一定的准备;

⑥ 可与记者协商讨论采访的内容,做好心理准备。

接受访问时,要结合谈论的问题,考虑自己的立场态度使之与内容相吻合,要考虑受众的状况，有针对性地进行表述，态度诚恳、内心平和、语言流畅、声音清晰，围绕中心进行表达，并做适当的总结。总之，要有充分的准备才会有自信，做到应变灵活、落落大方，收到最好的宣传效果。

(4) 运用社区媒体

过去人们透过口耳相传掌握自己生活环境的信息，也通过口耳相传形成生活圈的人际互助网络。今日科学技术的发展，使人们只要坐在电视机前面就可以知道发生在全世界各地的重要消息，但是生活圈人际网络却渐渐疏离，对于生活周围的事情却越来越陌生。出现知道英国查尔斯王子何时过生日，却从来不知道隔壁住了几个人的"怪事"。

"秀才不出门，能知天下事"常被用来形容大众媒介的强大功能，而主流媒体确实也能实时、快速地掌握重要的政治、经济、社会新闻，这些重要的新闻能增加人们对社会的了解，但却无法满足人们对于生活圈了解的需求、熟悉是产生感情的第一步，因此当人们不再口耳相传，"社区媒体"就显得相当重要了。

① 社区媒体的含义。社区媒体是一种小范围内传播和沟通信息的媒介。和一般媒体最大的不同在于社区媒体只针对某一特定区域及对象发行，社区媒体的内容及焦点也着重在特定区域内所发生的事情。

② 社区媒体的功能。既然是媒体当然少不了传播的功能，而社区媒体所传播的是与社区居民生活息息相关的大小事情，如停水、道路整修……。除了传播之外，社区媒体也扮演整合居民意见、传达居民感情的重要功能。社区媒体是一个开放的空间，居民通过媒体表达自己对社区的看法及情感，凝聚社区居民，而社区意识也在这样传播的过程中一点一滴传达给居民。在现代的社区内进行社区工作，这样的传播方式对于忙碌的社区居民是必要的，也是比较有效的。对于热情参与社区活动的居民，社区媒体让他们表达对社区的爱与关怀；对于无法参与社区活动的居民，社区媒体则是一个帮助联结他们与社区的有效工具。一个好的社区媒体除了传播和联结的功能外，更是记录社区历史的重要工具，是未来社区居民了解社区的重要史料，也是未来社区工作推展的重要参考。

③ 社区媒体的形式与内容。社区媒体没有固定的形式，要看社区的形态及资源而定。目前常见的社区媒体形式有社区报、社区电台、社区电视台、社区网站。

每个社区在决定社区媒体的形式时，应顾及社区内的人力、财力资源及社区居民接受信息的习惯方式。例如：虽然社区网站实时性高，但是对于计算机网络使用不普及的社区来说，功能就不如社区报来得强。当然，社区媒体也可随着社区的演变而有不同形式的呈现。

社区媒体也没有一定的内容，最重要的是能真实、生动地表达社区特色、传达社区信息、提供居民对话的阵地。

下面是一些可挖掘和利用的社区媒体资源及内容,供社区工作者参考。

◇ 社区通讯:报道社区生活信息,如停水、停电通知,低保金申领办法等居民关心的信息。

◇ 社区活动剪影:记录并报道社区活动的进展、分工及资源整合状况、活动过程精彩节录。

◇ 我爱我家:报道社区的特色、古迹采风、奇人轶事、名人追踪、老树的故事、翻开老相册等。

◇ 关怀社区:报道社区内需要居民关心的人、事、物,如需要有人浇水的路树、需要送餐服务的独居老人……,及对社区关心付出的小故事。

◇ 社区环保:介绍简易的环保方法或是发动全社区的环保活动,甚至是请居民提供各种环保小点子、家庭绿化妙方等。

◇ 社区保健:介绍健康保健常识、最新医疗信息、膳食营养,或深入报道社区附近医院的各项措施及特色。

◇ 社区商情报道:报道社区内商店的特卖活动、房屋租售信息等。

◇ 专题报道:结合不同时期的社会关注热点,及时向居民宣传介绍有关改革的政策、观念、倡导社会新风。

◇ 我有话要说:是居民表达想法的空间,这样的媒体内容在电子式的社区媒体(如 BBS)上,可以提供较及时快速的讨论。

社区媒体不一定要包含以上所有内容,可依社区当时的需要而决定,不过社区通讯及社区活动剪影是大部分社区媒体都会有的内容。随着有线电视的普及,社区媒体除了积极拓展观众知识的视野外,也可以努力搜集所在地区的新闻,通过参与社区的活动进行更具体形象的新闻报道,社区工作者可主动与当地的报纸、电台、电视台联络,争取合作的机会与管道。

④ 社区媒体的发行时间。社区媒体的发行时间要依照社区内可运用的人力及物力资源、社区当时的状况来决定,如社区报的发行,有“周刊”、“双周刊”、“月刊”、“双月刊”、“季刊”或是不定期发行等多种选择。社区内如有固定的人力能投入制作社区媒体,当然发行时间越密集对联结社区居民越有帮助,但是如果社区内没有固定的人力能投入制作社区刊物,则可以选择双月刊发行,如是针对社区活动成较密集的信息,则可采用不定期的“快报”及固定的街心宣传栏,将最新的信息传递给小区居民。

二、居民活动组织

(一) 群众发动

1. 目的

群众参与是社区工作的重要价值观念,居民参与制定影响其生活的政策和措施不仅是民主的体现,而且群众本身才是自身需要和感受的最佳和最重要的诠释者。发动居民广泛参与到社区工作中,可以提高社区居民的生活质量,促进社区居民社会和政治的参与,提升人们的参与意识和能力,增强个人的自主性;同时还能使社区成员对影响自身的社区事件和问题有更多的认识,为自己赢得更多实际经验和资源,也有利于形成一个互助关怀的社区,加强居民的归属感、满足感和安全感。

但是受沿袭下来的工作方式、方法的影响,多年来在社区管理和社区功能的发挥中,居民自觉参与的意识并不十分强烈。如今社会转型中社区功能的扩大,使人们对社区的依赖性逐渐增强,如何将这种被动的依赖和接受他人服务,转变为主动寻求或提供服务、自我服务,就成为广大社区工作者的期待和努力的方向。

学者们认为动员群众的目的不外乎下面几点:扩大群众的支持和参与,增加社区工作力量;充分挖掘和使用人才资源,促进社区问题的解决;工作者和参与者互相学习,体验成长。所以发动群众参与是社区工作的主要内容和重要任务,是社会工作者的一项基本功。

2. 步骤

准备。动员的对象是谁?在哪里及如何接触到这些对象?动员群众做什么事?用什么策略打动群众的心?如果对方抗拒,如何反应及应变?

开始接触。自我介绍,令对方信任;了解对方想法,初步建立关系:仔细聆听,使对方感到受重视;与之初步探讨社区问题,探听虚实。

鼓动群众情绪。使群众感觉社区问题中有不公平、极不合理之处;使他们意识到必须合力解决问题;与群众探讨集体行动的得失;使他们对自己的参与能力有信心。

要求群众参与。时机成熟请对方参与;对方答应后,留下联络方式,告知行动步骤和需要做的准备等;如没得到及时的回答,可给其留一定的考虑时间,等待其选择结果。

提醒群众参与。群众答应的时间和具体活动的时间若相隔太远,要在活动前一天或数天前以家访或电话联络的方式提醒;对没确定参加的居民,在活动举行前再去提醒,往往收到效果。

群众参与。表示欢迎、欣赏和支持,不要冷落他们;使参加者互相认识,使其尽快感到是团体的一分子。

3. 方法

发动群众要讲究方式、方法,收到的效果才能事半功倍。具体说来可分为直接接触和间接发动两种途径:

(1) 直接接触。有时目标对象的名字及联络方式提前就已知道,那么可采用去信通知、电话联络或登门拜访三种方式进一步宣传、说服、建立关系。如果没有具体对象及联络方法，则可以采用设立社区咨询站点、向往来的居民宣传介绍，发现目标对象或现场交换意见，建立联系；也可采用“围剿”式的方式，逐门挨户上门宣传，挖掘潜在的参加者；也可通过小区广播或流动宣传车，甚至居民大会等宣传方式进行社区鼓动宣传。

(2) 间接发动。有时工作者虽不与居民面对面进行交流，但可以利用一些间接的方法达到类似的目的。最为常用的方法便是借助大众传播媒介报道、展板和广告宣传、电视新闻稿、宣传单张、信箱广告、招贴和海报条幅等。由于人力要求不很严格，所以经常被社区工作者所采用。

对于以上这几种方法，在实际工作中需要考虑多方面的因素，各种方法互相配合使用。

首先是工作者的人力投入会决定动员的方式；其次，公众对事件不满程度的高低决定着对动员的反应。不满程度越高，反应越积极。最后，欲动员的对象是否明确，其动机如何，都要有所考虑。

在动员时还要讲究策略，注意根据对象的反应灵活应变，不做无根据的保证；不能引起居民的反感，不与对象产生争执；还要小心了解对象的真实想法，积极地宣传，耐心地等待动员效果的产生。

4. 劝服技巧

在动员居民的过程中，常会遇到许多实际情况，如何恰当地处理，下面举几个实例作以说明：

(1) 居民：“我文化水平低，没法参与。”

反应：“你认识的李嫂、张嫂都来了，你当然要来！” （策略：熟人参与）

“大家一起学习，慢慢就可以了。” （策略：互相帮助）

“XX 起初和你一样担心，但后来参加活动后真的改变了许多。” （策略：成功示范）

(2) 居民：“只有我们几个人也难成什么大事。”

反应：“最近大家加班很累，有时难免缺席。” （策略：体谅他人）

“你们下班这么累还来参与，实在让人感动！” （策略：赞赏对象）

(3) 居民：“上次都已经试过了不成功，为什么还要试验？”

反应：“上次你一人去所以不成功，我们今天大家一起去有声势、效果一定不错。” （策略：告别失意）

“一次不行不等于次次不行。” （策略：纠正以偏概全）

(4) 居民：“我没时间，看何时有空再说吧！”

反应：“下星期我会在同一时间等候你的消息！” （策略：诉诸权威）

“参与其实不太费时间,况且有事时还可临时退出。”

（策略:减少代价）

（5）居民:“没用！政府官员已习惯了这种表现,很难改变的!”

反应:“没理由只许州官放火,不许百姓点灯,政府也要讲理!”

（策略:诉诸公平）

“只要不放弃肯努力,机会也许就会来了!”　（策略:努力尝试）

总之,发动群众是社区工作中的一项重要任务,只有在民众的积极支持和参与下,社区工作才能更好地满足社区居民的需要。因而在发动过程中,要注意掌握方式方法,了解居民的心理,因人而异、因地制宜,以积极的态度和工作的技巧团结和吸引更多的有识之士,投身社区建设和发展之中,使社区工作因广大居民的参与而更加丰富、充满活力。

（二）召开居民会议

社区工作十分强调居民的集体参与,使居民聚集在一起讨论社区问题,表达自己的意见,计划行动方案,召开居民会议就是经常性的工作之一,是社区工作介入的重要步骤,是动员居民和组织社区工作中不可缺少的一部分。如果再细分还可分为一般工作会议和居民大会两种,但除规模大小不同其余程序基本一致。

1. 居民会议的作用

居民会议是民主参与的途径之一,参加者民主平等地表达与分享个人的意见和主张,学习聆听、尊重、讨论等,彼此加深认识,相互影响。所以人们非常强调居民会议的“过程”目标,即参加会议对参与者成长的促进作用。另外会议的目标还包括交流信息、分享信息、报告工作进展的情况;讨论问题作出决定:增进参与者的关系和合作;学习解决问题方法;提高民主参与的意识等(甘炳光,1997)。

2. 会议步骤

通常会议分会前准备、会中、会后促进和行动四个步骤。

会前准备:会议的目的是什么;会议内容及程序安排、资料准备;参会人员的确定及通知;场地设备的安排(座位、用具等);提前到场检查各项安排落实情况及人员联络;会前接待。

会议进行中:会场气氛把握,民主、平等、轻松;按议程进行,注意把握时间;有集中讨论、反馈时间,不能拖延时间太长;决议要经反复讨论,谨慎通过;注意观察和掌握会场气氛和与会者的反应;主持人做集中归纳和总结,突出主题及收获。

会后促进:进一步明确会议决定;着手会议决定的工作;通知未出席者有关会议的重要内容和决定;整理好会议记录,将任务落实到人。

行动:执行会议决定,必要时征求有关人员意见,做好下次会议报告行动的准备,并随时与与会者通报工作进展情况。

3. 会议主持的技巧

会议中,主持者的技巧以及所带动的场内气氛是会议成功的关键。主持者作为会议的核心要用到以下一些技巧。

聆听:要让发言者知道你在仔细听他发表的意见,要从讲话人的语言内涵和表达方式中收集更多的信息,还要同时观察到其他与会者的反应。

提问和邀请发言:要善于启发、引导和鼓励参与者发表意见,用开放式的问题给每个人均等的机会,有时也要特别邀请征求有关人员的意见或阻止滔滔不绝者的发言。

注意澄清和引导:为使发言不离主题,要适时复述成员的意见,及时核实和纠正一些观念。

综合、集中:及时综合各方的意见,作出总结分析,找出共同点、分歧点,把握会议进程。

多用赞美和鼓励:对发言和提供信息的人予以及时的鼓励和肯定,使其感到被尊重和重视,增加日后参加社区活动的积极性。

运用身体语言:主持人的目光、面部表情、身体姿态都可以辅助会议的主持。尤其目光和表情的运用,要让参加者感受到主持人对每个人同样的关注,态度开放,谦和、友善、民主。

时间运用准确,会期适中,不拖延。

4. 会议的组织要点

香港学者甘炳光指出一个成功的会议要遵守下列守则:A. 会议目的清楚;B. 认真计划会议进程;C. 邀请有关/有需要的人士参加;D. 事前向有关人士简介会议情况;E. 主持人主持会议而不是垄断会议,不要只听到你的发言声音;F. 让所有人有发言机会,互相沟通,彼此回应;G. 使参加者身心舒畅,觉得参加会议有所收获;H. 保证会议能带来行动;I. 小心会而不议、议而不决、决而不行、行而无人负责。

如果是居民大会,那么会前的宣传及动员要成为一个重点。因为会议召开的目的就是将重要的社区的问题和事件告知居民,使他们加强对问题的认识、提高关注程度。所以广泛的动员也是一种宣传推广工作,可以通过各种海报、宣传单、展览和走访,让更多的社区民众了解会议目标,关注和参加会议。

三、社区领袖的培训

社区领袖是指能够抓住团体希望和要求的实质,代表团体意愿,为团体行动提供意见和方向的核心人物。一个好的社区领袖通常都拥有以下特点:

① 热爱人群　　② 易交朋友

③ 善于聆听
④ 易与别人建立良好的人际关系
⑤ 勤奋工作
⑥ 乐于助人
⑦ 表达能力佳
⑧ 思想开放，不故步自封
⑨ 勇敢面对困难
⑩ 律己以严
⑪ 自我认同感强
⑫ 协助别人建立自信
⑬ 有广阔视野，具有历史感和前瞻性
⑭ 善于处理压力

事实上，上述条件对领袖的要求非常高，很少有社区领袖能够完全拥有。社区工作者在鼓励居民参与的同时，应积极和小心留意观察有哪些居民拥有以上的特质，并加以发掘和适当栽培，以收到事半功倍之效。此外，社区工作者应积极教导社区领袖的工作技巧包括：

① 人际关系技巧
② 开会技巧
③ 演讲技巧
④ 组织技巧
⑤ 谈判技巧
⑥ 游说技巧
⑦ 政治技巧
⑧ 与传媒接触技巧
⑨ 资源动员技巧
⑩ 沟通技巧
⑪ 管理技巧
⑫ 战略及战术技巧
⑬ 检讨技巧
⑭ 小组带领技巧

上述的技巧均可以通过学习加以改善。社区工作者可以通过训练、实习、示范、阅读文章、录音、观看影音教材、亲身体会、观察、讨论和角色扮演等方式来加强社区领袖的技巧训练。进行上述技巧培训时应遵守以下的学习要点：

① 每次学习的内容宜小不宜大，宜少不宜多；

② 每次学习宜集中学习一二种技巧，不宜过多；

③ 从经验中学习得到的技巧效果最佳，故宜把学习的技巧实践在日常的生活中；

④ 学习的课题必须是社区领袖有兴趣的；

⑤ 学习的目标是发挥其长处和减少其短处，故学习的内容应随不同的领袖而有不同的设计；

⑥ 应多向别人学习，从中取长补短，但不要照搬照抄。

当社区工作在培育社区领袖时，要慎防问题领袖的出现。这包括领袖对组员不尊重、强迫组员的参与、公私不分、把个人利益置于组织利益之上，不受组织约束、独裁专权、言而无信、工作过分集中于一身，形成超负荷状态及情绪问题，影响组织工作等等。因此，社区工作者不应自满于培育一二名居民领袖，而应该不断和尽量培训居民领袖；在组织内建立和完善民主参与和监察机制，定好权责分工，避免工作过分集中，也令居民通过分工学习新的技能，从而成为有潜质的领袖，在组织内不断灌输民主意识和观念；建立良好的沟通和互相支持的文化，以加强彼此之间的支持。只有这样才有助于把问题领袖的影响减至最低,组织的发展才更趋健全。

工作者在培育社区领袖时,应注重学习以下培训技巧:

① 鼓励参与:参与是居民通向社区领袖的重要一环,故社区工作者应主动邀请有潜质的领袖参与组织工作。

② 给予鼓励和肯定:针对居民缺乏自信、自我形象不高的特点,社区工作者应在居民领袖实践的过程中对其表现较佳的地方给予鼓励和肯定。

③ 宣传当家作主的精神:社区工作者应不断向社区领袖灌输当家作主的精神,以建立自主和自立的意识。

④ 建立民主的领导氛围和精神:居民领袖亦应受到监察和按居民的意愿和利益而为,因此社区工作者应积极向居民领袖培训民主意识。

⑤ 不断提供居民领袖学习的机会:要居民领袖独当一面,社区工作者应按照居民领袖的能力水平而给予适当的学习机会。

⑥ 建立从检讨中学习改进的习惯:居民组织和居民领袖的成长,不单是从实践中学习和吸收知识与经验,也是来自于从实践中检讨成败得失,借以发挥所长,改进不足。社会工作者应协助居民领袖培养检讨和自省的习惯。

⑦ 建立居民领袖权责分工的意识:不少居民领袖由于不懂权责分工,往往弄得其工作量集于一身,甚至分工不明,权责不清而令居民领袖间出现摩擦和令工作效率低下等。社区工作者应加强居民领袖的权责分工意识和观念。

⑧ 培养理性讨论,充分沟通和尊重少数的领导作风:许多居民领袖把民主的精神等同于大多数人的决定,而看不到民主的原则也包括充分沟通、理性讨论和尊重少数等条件在内。因此社区工作者应注重培养居民领袖对民主原则的理解和认同(甘炳光等,1997)。

四、志愿者队伍的培训

(一)志愿者工作的目的和意义

关于志愿者工作的目的,人们大都是从社会、服务对象以及自身三个角度来加以阐述的。对于社会,几乎每个人都希望志愿者的服务能够造福社会,将爱心奉献给社会,减轻社会的负担,为社会节省大量的资源,并让整个社会充满爱。对于服务对象,志愿者们觉得志愿者工作应当给服务对象送去关怀,送去快乐,送去温暖,帮助弱势群体,使其生活更加美好。此外,志愿者们都认识到,通过参加志愿者工作,更加的增强了社会责任感。提高了自己,锻炼了自己,提升了自身的价值,体验了成长。

总的来说,志愿者工作应当具有以下的意义:

① 表达爱心,关怀、分享的积极行动;

② 体现互助互爱,互相学习的精神;

③ 人人平等参与,互相引发潜能,共同贡献社会;

④ 增进人与人之间的接触,协助反映社会问题及服务对象的需要;

⑤ 提供、丰富人力资源,协助、加强及改善服务的素质;

⑥ 志愿者可做桥梁,协助加强福利机构与社区的沟通;

⑦ 丰富个人的生活体验;

⑧ 发挥所长及学习新知识和技能;

⑨ 尽公民责任,贡献及回馈社会。

志愿工作对社会的价值体现在:(1)建立关怀互助的社会:帮助志愿者加深对社会的了解;将他们的爱心献给服务使用者,这不但可以促进人际间的互助关怀,更能促进社会各阶层的融洽相处;唤起市民大众对推动社会进步所应肩负的责任,培养对社会的归属感。(2)善用人力资源:志愿者将他们个人的能力、时间、知识及经验投入志愿者工作中令社会上有需要的人士得到帮助,使社会资源更充沛。

志愿工作对志愿者个人的价值体现在:(1)志愿者服务提供不同的学习机会,帮助个人认识自我,丰富生活经验,培养正确的价值观。(2)发展人际关系,培养领导才能。(3)使人们善用余闲,发展潜能。

(二) 志愿者招募

志愿者招募能为有志参与志愿工作的人士提供一个贡献他们能力的途径;而机构或志愿者小组亦能吸纳新资源来帮助有需要的人士,以实现互惠互利的双赢效果。

1. 目的

(1) 填补人手:部分志愿者在参与服务一段时间后会因个人理由,例如工作时间改变等原因而逐渐退出,因此人手流失对机构或志愿者小组是一个自然的现象。定期招募新的志愿者可以培养新的接班人,使志愿者工作能够持续发展。

(2) 扩展服务:随着机构或志愿者小组服务的经验累积,志愿者对服务的质素及期望自然提高。招揽新人手对服务扩展的重要性,则更见凸显。

(3) 备用资源:机构或志愿者小组若能在志愿者登记册内维持一定数量的志愿者名单,在需要时就能动员大量人手提供服务。

(4) 志愿者人数准则:志愿者人数多能丰富小组的人力资源;但如果人数太多,则可能延误小组的决策及引起管理问题等。如果志愿者人数太少,则难于持续提供服务。所以小组在决定招募志愿者人数时,必须在“精”及“多”中间做一个平衡。

(5) 保持小组活力:新的志愿者可以向有经验的组员学习,而后者亦得到新人及新思维的冲击,更能使志愿者小组保持活力。

2. 招募志愿者的方法

(1) 志愿者介绍:志愿者可以与他们身边的亲友分享宝贵的服务经验,这样更能树立典范,鼓励更多的人投身于志愿者工作的行列。

(2) 举办志愿者训练课程:有关机构可透过举办各种形式的个人及团体训练计划,引导及鼓励不同年龄人士,包括青少年、青年、成人及长者参与志愿者工作。

(3) 活动推广:安排在会堂、职员聚会及学校演讲等活动中,介绍志愿者工作,并配合一些宣传单、幻灯片、服务机会的宣传单及有关机构的通讯,派发给参加者作参考用。这样有助于确认志愿者工作的价值和志愿者的贡献,从而吸引更多的人士参与志愿者的服务。

(4) 对外宣传:利用大众传播媒介(包括电视、电台、广播、报纸、刊物、杂志)、海报、展览及巴士车身广告等各类形式,广泛推广志愿者工作及宣传志愿者招募的讯息。

(5) 举办志愿者招募周:在地区层面举办定期的志愿者招募活动,并配合对外宣传工作,在街上设立志愿者招募站,派发宣传招募单,为有兴趣参加志愿工作的市民及时办理志愿者登记手续。

(6) 印制志愿者服务资料册:内容简介包括志愿者工作意义、志愿者的权利、角色和责任,以及现有的志愿者服务机会及机构名单,并附设志愿者登记申请表,提供简易登记手续让有意参与志愿工作的市民及时填写。

(7) 运用互联网及电子邮件:在互联网上提供志愿者工作的网页,详列服务性质、一般服务机会、福利团体、机构资料等各项信息,并鼓励志愿者及有兴趣参与志愿者服务的人士在网页上交流,总结做志愿者的心得。

3. 甄选志愿者的技巧

(1) 甄选会面前的准备事项

① 事前先要清楚考虑机构需要及服务的要求,以便勾画理想的志愿者人选,包括兴趣、技能及经验等等。

② 甄选会面应由机构职员与资深志愿者共同进行。这样的组合有助于平衡观点,更有利于日后安排工作及进行督导。

③ 设计一张详尽的志愿者登记表,以便记录有关资料。建议内容包括:教育程度、宗教信仰、技能等,其他内容包括参加志愿者的动机、原因、期望及可服务的时间。这些资料有助于了解志愿者的背景,但机构必须小心存放及使用志愿者个人资料,不得滥用。

④ 可考虑应用一些简单的测验,帮助准志愿者了解自己的需要。

⑤ 要懂得因才善用,衡量应征者的体质、能力及心理状况,以配合担任不同的志愿者岗位。

⑥ 有系统地安排志愿者先认识他们将会负责的服务内容。让志愿者清楚

机构/小组对他们的期望，并使他们有所选择。

⑦ 接见志愿者的地点及时间要做适当的安排，以示对他们的尊重，这也有助于他们对机构及职员留下好印象，有利于建立良好的合作关系。

(2) 甄选会面时的注意事项

① 详细解释志愿者工作的性质及要求。志愿者的权力职责、机构的服务宗旨、服务对象类型等。

② 说明机构提供志愿者一定的适应期，以确定所委派的工作是否适合志愿者的志趣，好让他们决定是否继续服务或调配到另一工作岗位。

③ 坦诚告诉志愿者将会遇到的挑战，令他们做好心理准备及增加满足感。

④ 尽量提供多种工作的选择。

⑤ 说明志愿者必须参加有关训练课程，以增加对志愿者工作的兴趣及了解。

⑥ 机构可于甄选会面后，安排资深的志愿者从旁以“过来人”身份，分享志愿者的乐趣和经验，从而培养新志愿者的投入感。

(3) 如何增进招募效果

如果志愿者小组经常受到人手短缺以及组员流失率高等问题的困扰，这会影响志愿者服务计划的推行。以下是给工作者的一些建议，以加强招募的效果。

① 加强培训和发展——若组员因缺乏持续参与志愿者服务活动的兴趣，继而导致人员流失，机构负责人应经常检讨小组运作情况及加强小组吸引力，例如定期的培训，以保留组员人数。

② 评估招募的途径——小组负责人要重视大众传媒的影响力，特别是广告宣传，整个广告的设计和耗资能影响机构的形象，但过分花巧的设计可能影响对广告的信任。

(4) 评估及回馈

志愿者负责人必须定期评估整个招募程序，尽量收集意见，目的在于收集更多的资料，衡量招募策略上可改善的地方。有些机构甚至在招募表格上询问参加者获知机构招募志愿者的资料来源，其目的是评估宣传渠道的效用。此外，工作者也可作简短的问卷调查或面谈，研究新志愿者加入小组的原因。如：受广告吸引、与工作者面谈时获得良好的印象等，这些资料为小组工作者检讨整个招募程序提供参考。

(三) 训练

1. 训练的目的

“训练”是知识、技能及态度三方面的灌输与交流。其主要目的是：

(1) 了解志愿者工作：使志愿者明白义务工作的意义，并了解社区的目标及理想使命；促进志愿者的个人目标与社区的目标达到一致。

(2) 实务工作训练:根据工作岗位的要求,志愿者需要掌握所需要的知识、技能及态度。通过实务工作训练,确保服务质量达到应有的水平。

(3) 志愿者个人发展需要:训练能令志愿者对工作更具信心,帮助他们发掘潜能,促进个人发展。

2. 策划志愿者训练

机构在策划志愿者训练活动时,应先考虑学员所属工作岗位的工作要求,从而帮助他们掌握应有的知识,学员工作技能及培养服务态度。简单来说,志愿者训练工作的策划及管理步骤可参考图9-2。

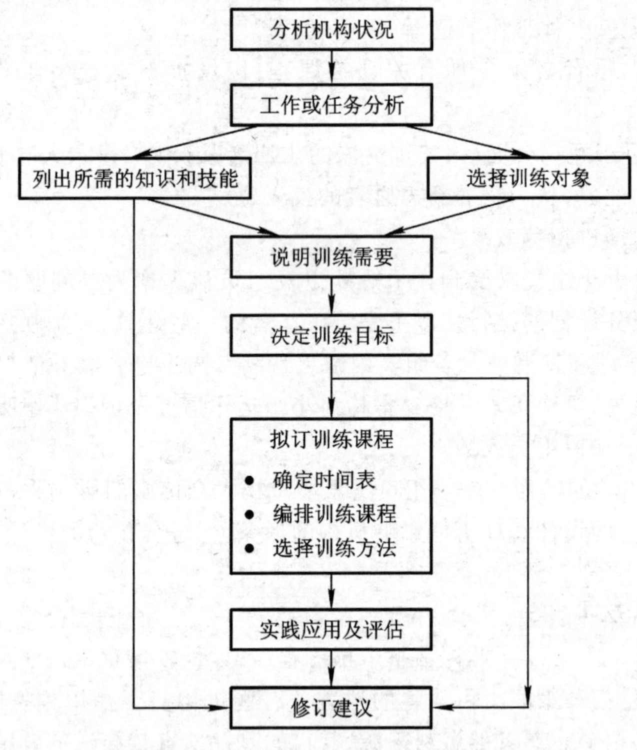

图9-2 志愿者训练工作策划步骤

3. 训练的安排

成功的训练计划应充分考虑以下事项:

(1) 通知参与训练的志愿者——内容包括:① 训练计划简介;② 举行训练活动的地点;③ 训练内容和预先准备的教材;④ 提示学员准备自己的资料,作为上课时讨论的材料,例如以往的工作问题等;⑤ 简短的问卷,以了解志愿者的经验、兴趣和对训练课程的期望等。

(2) 时间安排——把训练课程分成单元,循序渐进、由浅入深地将单元部分,分几个阶段授课。除了效果更好外,亦较易观察到学员的学习进度、是否跟得上课程要求等。此外,时间的编排还须考虑教材内容的多少、训练方式和成本等因素。

(3) 学员人数——预计学员人数是与训练的设备、地点、活动事件及方式等有关的。如果学员人数太多,导师会难以兼顾,无法知道是否每位学员都明白训练内容。遇上这种情况,便要考虑分班,或安排助教帮忙。至于人数较少的训练班,则可让学员进行活动式的训练,令学员更容易明白课程的内容。

(4) 课程讲义——派发讲义可帮助学员重温课程内容。讲义的内容最好包括一些练习活动、评估表、作业和参考书目等,让学员有机会思考及找寻更深入的学习资料。

(5) 视听器材——在课程上应用视听教材,能增强学员的吸收能力。例如加入电脑投影片或幻灯片以表达图像和数据,或者播放与训练课程有关的录影带,都有助于增加学习趣味,提高吸收能力,使学员更容易理解。

(6) 上课地点——良好的学习环境应包括一些条件:良好的通风系统;足够的电插座;要使用视听器材,必须有窗帘遮光;足够的桌子,让每名学员有书写的地方;足够放置教材的讲桌;黑板/白板及各种颜色的粉笔/笔;备有投影机及银幕;备有学员所需的文件夹、笔和白纸等。

4. 训练的策略

训练活动的设计应考虑按志愿者不同阶段的发展需要为基本原则。简单说来,志愿者训练策略应具有三个持续发展的阶段:

(1) 基础训练

对象:刚投入志愿者工作行列的志愿者。

活动:迎新课程。

内容:志愿者工作的概念/须知;了解机构及志愿者小组对志愿者工作的目标与期望;志愿者应掌握的基本技巧,如人际沟通、活动程序设计等。

(2) 专题训练

对象:已委派工作岗位的志愿者。

活动:专门技巧训练。

内容:了解服务对象的特征、需要及期望;特别技能训练,如探访技巧、急救知识、摊位设计等。

(3) 进深训练

对象:资深志愿者。

活动:领袖训练。

内容:领袖才能、服务策划及评估、团队合作技巧、资源管理。

5. 志愿者训练管理实务

(1) 设计训练活动必须配合工作要求

策划及进行训练时必须考虑以下因素:

① 志愿者参与——让志愿者参与训练活动的策划,这能加深他们对训练的了解,以增强他们对训练计划的兴趣和认同感。

② 使用者参与——使志愿者服务机构、社区等更能清楚说明志愿者应具备的条件与能力。他们的参与及支持对训练活动的成效起着重要的作用。

③ 成本控制——训练活动必须考虑机构/小组的资源限制。有些活动设计得可能很理想却需要昂贵的经费,这并不是每个机构能负担的。

④ 时间配合——志愿者训练活动的时间编排,应做到志愿者在投入服务前已经接受足够的训练,这样更能确保服务质量。

(2) 训练内容

志愿者训练内容可归纳为两个范畴:一是基础理论;二是技巧训练。每项训练活动需平衡两者的比重,避免训练活动流于表面化。

第一,基础理论内容。

① 志愿者工作概念:a. 志愿者工作概念及服务须知;b. 了解社区对志愿者工作的期望及目标。

② 服务对象:a. 掌握社区的需要及资源;b. 了解服务对象的特征与需要。

第二,技巧训练。

① 志愿者工作技巧:a. 人际沟通;b. 自我认识;c. 活动程序设计。

② 特别技能训练:a. 探访技巧;b. 与其他服务提供者的合作技巧;c. 急救训练;d. 带领游戏技巧;e. 小组工作技巧。

③ 管理技巧训练:a. 服务策划课程;b. 领袖才能训练;c. 资源管理。

五、社区资源整合

(一) 资源共享精神是社区建设的真谛

资源共享是解决不同社区资源分布不均的有效途径,它不仅能增强社区成员对社区建设的认同感,也能增强社区工作的凝聚力。从某种程度上说,资源共享精神是社区建设的真谛。

第一,资源共享可以增强社区的服务功能,提高居民群众的生活质量。通过抓好资源的基础性工作,拓展了社区活动场所,社区服务有了很好的舞台,在服务内容、服务质量和服务手段上比以前有了很大提高,满足了社区居民日益增长的物质和文化需求,使居民得到看得见、摸得着的实际利益。

第二,资源共享可以增强社区的凝聚力。资源共享使社区内各单位、组织与居民的关系得到了强化。各单位更加重视参与社区的各项活动,积极建立和完善与社区的关系,单位的知名度和信誉度在居民心中逐步建立:社区也努力为单位提供后勤保障等服务,居民群众的社区认同感亦空前提高。

第三,资源共享可以丰富社区文体生活。文化资源的开放从不同角度丰富了社区群众的文化生活,营造了广大市民积极参与、社区组织自发组织、街道社区大力举办的丰富多彩的文化氛围。

（二）有效开发和利用社区政治资源

社区政治资源是指在我国城市社区内任何具有政治交换价值,可资维持城市基层政治稳定、推动政治发展的物质或非物质因素。主要包括组织资源(如社区内的党员、各级领导、人大代表)、社团资源(如各类协会、团体和社区中介组织)、理论资源(如社区建设和发展知识与理论、维护社区政治稳定的意识形态)、传媒资源(如社区广播、板报、社区集会)和法定行为资源(如社区选举、居民代表议事)等等。

积极开发和利用社区政治资源,不仅能充分发挥社区政治资源的作用,而且会促使社区政治资源在使用中逐渐增值。比如,驻在一个社区中的团体,如果注意挖掘并不断开发其政治资源的功能,这个团体就会重视其自身在社区中的地位和价值,同时也会关注社区的建设和发展,并在其中发挥越来越大的作用。另外,作为城市居民自治组织的社区,有着极大的容量,无论是单个居民家庭、外来务工人员,还是社区团体、协会,或者是党政机构,都驻在某一社区中。因此,社区政治资源非常丰富,只要用心挖掘,合理使用,政治资源将可以发挥巨大能量。“开发”这些资源的过程,也是梳理和调节各种资源关系的过程。只要理顺关系,科学配置,就能综合发挥各项政治资源的最大效能。

综上所述,社区资源共享是指整合社区内的资源,由社区居民共建共享,使闲置的资源得以开发利用,使社区资源得以调整优化,最大幅度提高资源效益。它是城市基层管理体制改革,利益重组的过程。在当前推进社区资源共享中,必须树立“四种意识”:

第一,“资源”意识。凡是社区内能够用来为社区居民提供生活服务的资源都是开发利用的对象,既包括街居自有资源,也包括社区单位资源;既包括服务设施资源,也包括人力、科技和信息资源;既包括现有资源,也包括潜在资源;既包括非经营性资源,也包括经营性资源。只有认识到社区资源的全面性、多样性,才能够充分发掘和最大限度地使用社区资源。

第二,“经营”意识。社区资源的多样化和差异性决定社区资源运作没有固定模式。对于“社区老年福利服务星光计划”项目等政府扶持的福利性服务设施,要推广老年人“自管自用”的经验,也可采取政府与民间资本相结合的方式,坚持以市场为导向,盘活原有的公共设施资源。对于能够市场化运作的(如社区卫生服务站),可采取向社会公开招标的方式解决。总之,要坚持社会效益和经济效益、福利性和经营性并举的原则。

第三,"效益"意识。社区资源的高效益,表现在不仅使社区资源得到了充分利用,而且使居民能够以最低的价格获得服务。这就要求对社区资源不单是传统性使用,还是创造性盘活。一是对社区服务场所的调整、置换。社区规模调整与社区办公,服务用房和文体活动场所的整合结合起来,统筹考虑。如机关、企业事业单位闲置的场所可以调整作为社区活动场所。分散的场所通过置换可以集中使用。二是挖潜。对于简陋的、功能不齐全的场所,可以通过注入资金,改造成活动场所。三是优化组合。比如,开展图书联动,把所有图书馆(室)的图书整合起来,在各社区建立图书室进行流动。

第四,"前瞻"意识。新区开发和旧城改造时,社区服务设施要纳入规划,注意综合平衡,留有足够的空间,社区单位在进行场馆建设和场地建设时,要考虑对社区开放的可能性,大门和通道尽量和工作区或教学区分开。

建立政府主导、社区居委会主办、社会力量支持、社区居民广泛参与的运行机制是社区资源共享得以实现的途径。在这个过程中,要注意调动各方的积极性,发挥以下四个方面的作用。

1. 发挥政府的主导作用

城市基层政府具有运用行政资源,协调社区各种力量,控制社区发展方向的职能,发挥其主导作用,要注意以下几点:一是宣传引导。推广社区资源共享带来利益"双赢",提高对社区资源共享重要意义的认识,使"社区是我家,建设靠大家"的观念深入人心。二是完善政策法规,强化扶持措施。靠"感情"共享难以持久,应创造条件,逐步完善行政规章或制定地方法规。三是通过社区建设工作和协调机构,对社区资源共享遇到的困难和问题进行协调。四是下放权力,按照"小政府、大社会"的思路,搞好向社区"放权、转权、还权"的工作。五是政府对闲置的办公场所,国有企业关闭、外迁等腾出的场所,交付社区使用;对财政拨款的机关事业单位,像中小学,首先开放。六是建立完善社区资源共享的激励补偿机制。如企业从事公益性社区服务,无偿或低偿向社区提供活动场所、文体设施及人才、信息科技资源,应当以购买服务的形式给予一定的经济补偿。同时,还应对社区资源共享中作出突出贡献的单位给予表彰。

2. 发挥社区居委会的主体作用

通过社区居委会的统一管理,将分散的社区资源整合起来,形成层次分明、覆盖量大的社区服务网络。调查本社区的资源情况,研究资源利用的可能性,制定长远的规划和近期的安排,明确社区资源共享的重点、目标、责任,分步骤实施。管理上要扩大民主,推行自治。发挥社区成员代表大会、社区共建协调理事会、社区议事监督委员会的作用,实行民主决策、民主管理,组织居民对各单位资源共享情况进行评议监督。积极培育和鼓励发展老年协会、体育协会、艺术团体、社区志愿者等公益性、服务性的社会团体和社区服务中心等民办非企业单位,依托它们对社区资源进行管理使用。

3. 发挥社区单位的协同作用

社区单位和社区居民的参与是资源共享的生命力之所在。对辖区单位来说,共驻共建、责任共担是义务,资源共享、利益共享是权利。对经营性资源在考虑自身利益的基础上,要有相应的对居民开放设施、时间、收费标准和管理办法;对非经营性资源,比如澡堂、食堂等生活服务设施和礼堂、图书馆、培训教室等教育文化娱乐设施,强调必须对社区开放。所在社区居委会应与辖区单位成立协调机构,应就有关事项签订协议书。非经营性项目坚持公益性原则,以社会效益为目的,以经济效益为手段,对烈军属、孤寡老人、残疾人、孤儿、低保对象实行无偿服务。在开放过程中,充分考虑单位的切身利益,维护其正常的工作秩序和管理秩序。

4. 发挥信息技术的整合作用

当前,要建立全市统一的社区服务呼叫中心平台,建立全市统一域名、统一标识的社区服务门户网站。整合各街道社区服务的项目资源和服务队伍资源,创建社区服务信息的品牌。建设智能化社区,通过一个高度集成的通讯和计算机网络,把社区的安防、物业、服务及公共设施连接起来,实现智能化和最优化管理。社区信息化建设的任务是接入“一个网络”(宽带主干与接入信息网络)、建设“两个系统”(社区管理与社区服务系统),使用“三个终端”(计算机、电话、城市信息服务终端系统),整合“三支队伍”(社区服务专职队伍、技术支持队伍、配送与服务队伍)。社区管理信息网络要实现市、区与街道内部网络的互联和信息交换与共享。社区服务信息网络要接入千家万户,逐步提高社区服务信息化的水平。

第四节　社区项目的评估

评估是对项目计划落实情况的一种交代,也是改善服务质量的一种途径,是社区工作中必不可少的环节。本节我们将讨论评估的目的和过程,介绍一些用于开展社区项目评估的方法,这些方法对改善社区工作计划和管理是十分有益的。

一、评估目的

一般而言,评估是一种回应一般问题的活动,比如我们做得怎样?是否完成了工作所预期的目标?从一个更为技术的角度看,评估可视为一种系统的资料收集和分析活动,目的是检查评估有关程序如何实现它的目标,或者程序的效能是否如我们所期望的那样。通过评估活动可以:(1)容许工作者监测有关程序的实施和进行;(2)提供资料去帮助了解程序所面对的问题和困难,并从中找出可以改善的地方;(3)检查程序的表现,从而选择对参加者更有效果的服务和计划。

当然,对于社区工作者,我们也有需要向政府及一般公众交代我们工作的成效和表现,这是一个资助交代。我们不能单说我们的工作对受助人有帮助,必须通过实际的评估来看工作是否有成效。因此,工作者必须对自己的工作进行适当的监督和评估,以证实工作的效能,服务才可得到公众的赞许和支持。

二、评估过程及步骤

评估过程可以分为五个步骤:

1. 确定程序目标

没有清楚界定目标,我们是很难去评测项目是否取得了预期目标。在确定项目目标的时候,工作者应该留意以下几点:

(1) 项目评估不能脱离项目计划而单独考虑,评估的目标应与机构对项目的期望相联系。

(2) 在一个可以评估的项目中,通常会存在有许多方面的成果变化。因此,我们所评测的成果必须是我们认为适当的。由于社区工作项目经常会涉及不同方面的目标对象的改变,因此在订立目标时,我们应该明确指出项目的预期对象,即因这工作而受益的个人、团体、组织或社团。只有清楚界定项目的目标对象,我们才可以知道会期望哪些成果改变。

(3) 我们会经常倾向于用一些模糊和空泛的字眼去界定社区工作的目标,如“促进社区参与”和“改善社区生活质量”等。要实施程序评估,项目的目标描述必须清楚和明确。所谓清楚就是指工作者应该知道自己想要怎样的效果。所谓明确是指目标是可以落实到操作层面的。因此,“促进社区参与”是一个较空泛和难以测度的目标。但若目标改为“参与社区普法行动”则较为清楚和具体。很多时候,为了使目标更清楚和明确,我们会在一些空泛的一般目标下,再制定下一层次的次目标,以帮助我们设立更清楚、精确和可度量的项目目标。

(4) 不同的人对项目的成功与否有不同的看法。因此,为了避免将来各说各的,工作者之间应该就项目目标互相认可,以免将来引起争论。

2. 建立成果量度准则

确立项目目标后,我们应该考虑怎样去测评它们。将项目目标的表达转变为可以观察和量度的指标叫做操作化。在进行评估中,成果测量的操作化是十分重要的步骤。操作化过程有如下注意事项:

(1) 操作性指标必须是具体及可供量度的,这样才有助于我们去寻找那些可以用作测评程序目标的成果资料。

(2) 测量指标应该是有效的测评标准。换言之,它们应该量度它们该量度的。例如,社区的报案数量较低,你可能会认为社区的犯罪水平较低。但报案率是否可以真的反映社区的犯罪情况呢? 可能不是,因为有些居民可能没有向警方报案。

(3) 一个项目的成功。很多时候并不能靠单一的成果量度指标便能充分地评估一个项目。在大多数情况下,对目标的成果评估往往涉及多个指标或标准。

3. 选择适当的研究设计

在社区工作中我们往往难以分辨到底我们的工作是否带来问题,问题得到改善的主要原因又是什么。所以为了弄清这个项目是否有实际效果,我们可以运用两种经常使用的研究策略来加强这方面的解释。

(1) 运用比较和控制组的方法。即以一个接受服务的组别和另一个没有接受服务的组别作比较。例如,我们可以将参加培训的一组人和另外一组没有参加培训的作比较,然后看他们的差别。

(2) 运用时间序列测量。即测量和比较不同时段的成果转化。例如,我们可以将参加者对培训班前后的状况做一下比较,以观察不同时间阶段是否有差别。

4. 选择适合的资料收集方法

在选定了测量指标及研究方法之后,我们要决定怎样去收集资料。收集资料的方法有很多种,这包括:

(1) 问卷调查:通过结构性的问卷问题去收集有关服务对象的态度和行为资料。

(2) 面谈访问:与人深入的讨论,但对人数要有一定的限制。

(3) 观察方法:记录所见所闻,及没有一定标准的问题和答案。

(4) 现存资料:利用已有的机构记录、报告及服务统计等量度服务的成果。

5. 评估项目的有效性

当收集完有关资料后,我们需要对这些资料进行分析,以评估项目是否能够达到预期的目标,以及这当中出现的差距和原因。如果资料是一些数量化的资料,我们便需要进行定量的分析,包括:

(1) 单变项分析:这主要是涉及单一变项的描述;

(2) 双变项分析:找出变项与变项之间的联系;

(3) 多变项分析:找出两变项以外其他变项的影响,从而找出其他影响成果转化的原因和解释。

我们采用哪种定量分析方法则视个别程序评估的设计和需要而定。如果资料是一些非量化的资料，我们可以采用定性分析方法，根据指标所收集到的资料作分类和整理，然后作出描述。

三、评估设计

要构思设计一个完整的项目评估方案，工作者必须清楚回答和评估研究有关的相关问题。下面六个问题是我们必须处理的：

(1) 项目评估的主要评估问题和项目达到的标准是什么？项目评估的开始，工作者必须清楚界定什么是我们要检讨的项目问题和评估准则，才可以知道要看些什么，评估些什么。

(2) 评估的自变项和干预变项是什么？项目评估的建立是为了要检讨程序的目标能否达到，以及达到的程度。因此，要确立项目成果的成因，我们必须界定哪些是引至项目成果出现的解释因素，这些因素就是评估中的自变项和干预变项。

(3) 哪些对象会被包括在评估当中？它包括哪些人选和排除准则是什么？评估对象应该是因项目实施而直接受益的人，因此，工作者必须清楚哪些是评估所要针对的人，哪些不是。我们不应把并不合理的评估对象包括在内，而应针对会受项目影响的服务对象作出测量。

(4) 是否包括控制组？严格的项目评估设计会设有实验组和控制组。

(5) 什么时候进行测量？不同时段的测量可以帮助我们较准确地评估所推行的程序在不同时间段给服务对象所带来的成果和改变。

(6) 测量的频率如何？主要的考虑取决于程序的性质。实施的时间以及项目预期的成果和变化需要多少时间才可以看到。

总之，评估对于社区工作来说至关重要。从事评估是社区工作者对服务对象、对自己的专业工作以及机构的一种责任。

四、评估方法

评估可以分为三种：

(1) 过程评估。目的在于评价有关达成项目的活动质量。评估的重点主要涉及对有关程序提供一个基本的描述，包括服务的使用情况、服务使用者的特征和背景、投进服务的资源和人员配备等。取得这些资料可以帮助我们了解整个程序的进程和基本状况，而我们也可以利用这些资料去检讨服务的优劣及服务优先次序还有员工工作分配等。

(2) 成果评估。此类评估亦称为效能评估。主要检讨程序的成果是否合乎当初订立的目标。我们需要知道的问题有：我们的工作成果是否有效地达到了预期目标？现在工作的成果是否是由于其他的因素而达成的？我们的工作是否有一些额外的成果?

(3) 效益评估。此类评估主要着重程序的成本效益,即在一定的成本下提供服务的成果是什么。由于效益评估主要针对达成程序目标的资源成本,所以收集的资料可以帮助决策者评价不同程序的财政机制,从而作出效益比较。

总的来说,项目评估的方法有很多种,不同评估方法的采用往往取决于评估的目的,以及想解决的是哪种问题。我们想知道我们的工作能否使受助人或社区获得改善?如果有,什么程度?有哪些做不到?什么原因?知道这些问题的信息可以帮助我们对进行的项目作出检讨,从而使所提供的服务得以改善。

主要参考文献

1. 冯伟华:《社区动力分析》,见甘炳光等著《社会工作技巧》,香港中文大学出版社 1997 年版。

2. 朱昌熙:《程序计划及设计》,见甘炳光、梁祖彬等著《社区工作技巧》,香港中文大学 1997 年版。

3. 胡文龙:《与群众初步接触》,见甘炳光、梁祖彬等著《社区工作技巧》,香港中文大学 1997 年版。

4. 甘炳光等著:《社会工作技巧》,香港中文大学出版社 1997 年版。

5. 莫庆联:《开展社区工作计划须知》,见甘炳光、梁祖彬等著《社区工作技巧》,香港中文大学 1997 年版。

6. 甘炳光:《居民会议》,见甘炳光、梁祖彬等著《社区工作技巧》,香港中文大学 1997 年版。

第十章

社区工作政策及政策分析

本章主要从国家与社会关系的分析框架出发,全面剖析国家与社区关系,说明社区政策功能与作用,介绍欧美国家、联合国和发展中国家的社区政策,并且描述与分析中国有关社区的政策。

第一节　国家与社区关系模式

一、民族国家与市民社会

国家是社会体系中最重要的社会组织,而且在世界各国的社会生活中扮演着核心性的角色。社会是由一群享有共同地域范围和共同文化传统的相互作用的人所组成的人类生活共同体。人类社会发展趋势是由低到高,由简单到复杂,由愚昧到文明,由传统到现代,社会结构与社会文化日趋复杂多样。按照社会结构特征、社会经济发展水平、社会文化取向和绝大多数社会成员的谋生之道,人类社会至少可以划分为狩猎和采集社会、游牧社会、园艺社会、农业社会、工业社会和后工业社会六种类型。一般来说,社会是个最宽泛的概念,包括所有社会关系和社会组织。从政治学的角度看,社会涵盖政治,政治包括国家,国家包含政府,社会是个最大的概念(莱斯利·里普森,2001)。人类社会生活丰富多彩,社会状况瞬息万变,社会关系复杂多样,社会制度千差万别,其主要决定因素是社会结构的差异性与社会制度的多样性。社会结构是指某一社会制度的基本成分之间有组织的关系网络。社会结构最重要的组成部分是地位、角色、群体和制度。群体就是一群地位和角色相互关联的人所组成的社会利益共同体。每个人都生活和归属于某个特定的社会群体。社会群体主要分为首属群体和次属群体两大类,次属群体一般都是正规的社会组织。按照美国著名社会学家帕森斯的看法,社会组织就是致力于实现某些特定目标的复杂社会单位(Etzioni, 1975)。国家政权和政府机构既是最重要的正规社会组织,又是典型的复杂官僚机构。

自阶级社会产生以来,国家始终在政治、经济、社会和文化生活中扮演举足轻重的角色。近代民族国家产生以来,国家在社会经济生活中发挥越来越大的作用,并扮演主导性角色。

国家与社区的关系是国家与社会关系的重要组成部分,其实质是民族国家与市民社会的关系。在错综复杂和千变万化的社会关系中,其中国家与社会关系是最重要的社会关系。国家与社会关系纷繁复杂,划分角度多种多样,这主要取决于特定时空处境下社会结构与社会群体的主要组成与基本特征。从国家与社会关系性质角度看,长期以来存在多元主义和一元主义的争论(莱斯利·里普森,2001)。从国家与社会关系的构成角度看,国家与社会关系是由国家与社会体系中所有组成部分的关系组成的。具体来说,国家与个人、国家与家庭、国家与组织、国家与地域社区、国家与市场、国家与民族、国家与政治的关系,构成了国家与社会关系的最主要组成部分。这些关系可以按照不同的标准分类,从层次角度看,可以分为微观取向的个人与家庭层次,宏观取向的组织与社区层次。从关系内容的角度看,可以分为政治关系、经济关系和社会关系三大类。无论从何种角度看,国家与社区关系都是国家与社会关系的基础部分。国家与社区关系上接宏观取向的社会关系,下连微观取向的社会关系,是社会关系的中间部分,处于纵横交织的中心和四通八达社会关系的联结点。更为重要的是,国家与社区关系是工业化和社会现代化产物,是社会关系中较晚出现的一种。在前工业化社会,家庭生活、工作场所与地域社区完全重叠在一起。英国工业革命以来,农民脱离土地流向城市,成为靠出卖劳动力而赚取生活来源的无产阶级。他们在现代工厂中凭劳动领取工资就业,而且工厂和他们家庭生活所在地常常是完全分开的。这样就业场所与家庭生活首次在近代社会中发生地理空间的分离(Pahl,1988)。与此同时,在英美社会中,社区是民间社会最主要的组成部分。社区代表与国家分庭抗礼的社会力量,代表自然秩序与传统生活方式。因此,英美社会国家与社区关系实质是近代民族国家与新兴市民社会之间的关系(邓正来,2002)。这种关系反映国家与社会之间的对应性结构关系。

二、国家与社区关系理论

国家与社区关系实质是国家与社会关系,一元主义、二元主义和有机统一整体是最主要的理论体系。国家与社会关系是西方政治社会学的核心问题之一,它关注国家与社会之间相互对应性的关系结构,探讨权利的界定、分化、平衡和规范秩序的社会法则的变化(张静,1998)。国家与社区是现代社会关系重要组成部分,是国家与社会关系的自然延伸。长期以来,对于社会群体,例如国家与社会之间关系存在两种截然相反的观点。在政治学理论中,多元主义者认为社会是由截然不同的部分组成的,每个部分都是独立、自由、平等和相互依赖的。

在社会学理论中,多元主义社会观实际是一种个人主义的社会观,即社会是若干独立个人的简单相加的总和。与此相反,一元主义社会观认为,社会各部分之间是相互关联的,每个部分承担相应的职能,各个部分为实现共同目标而发挥相应的作用,因此秩序、和谐、单一目标、团结与美德成为一元主义社会观的代名词(里普森,2001)。美国著名社会学家帕森斯的模式维持理论典型反映这种一元主义社会观。在社会学理论中,一元主义社会观接近社会结构主义的社会观,即社会的各个部分是相互依赖和相互作用的。民族国家与市民社会关系形成以来,国家与社会关系发生实质性变化,国家与社会是有机统一整体的理论应运而生。这种理论的关键是如何重建民族国家与现代社会间的关系模式。这种理论吸收一元主义和多元主义的优点,认为民族国家与市民社会既是相互独立的主体,又是相互依赖的部分,二者关系既是伙伴关系,又是竞争关系,共同组成统一和整合的社会。

国家与社区工作关系反映为国家与民间社会关系,说明国家对社会干预的范围与程度,说明国家对民间社会的控制与管理。长期以来,欧美国家社会文化的基本传统是,自由市场与民间社会都是独立于国家之外的社会力量,它们具有独特的活动领域、服务对象与运行机制。19 世纪末期,伴随费边社会主义和马克思主义思想日趋流行,"市场失败"理论兴起和"社区崩溃"现象触目惊心,社会责任、集体主义价值观和社会干预理念应运而生。社会干预理念的基本假设是,国家原来是作为一种外在于自由市场和民间社会力量存在的。当市场机制无法有效运行,社区出现大量社区问题时,国家应放弃自由放任和不干预政策,积极干预经济生活与社区生活。在这种背景下,社会工作与其他社会服务专业应运而生。国家与社区关系也演变为国家与社区工作关系。总体来说,国家与社区工作关系可以分为保守主义和激进主义两大类型。保守主义的社区工作者认为,社区工作对象是低收入和剥夺的地域社区,解决社区问题的基本方法是提供社区服务,社区工作者对国家的态度是友善的,社区理论基础是社会病理学,社区变迁策略是渐进主义和妥协协调的。与此相反,激进主义者认为,社区工作对象既包括低收入社区,又包括一般社区,解决社区问题的基本方法是社会改革与制度变迁,社区工作者对国家的态度是敌视的,社区理论基础是社会冲突与马克思主义的,社区变迁策略是革命性和激进主义的。激进主义和马克思主义理论出现于 20 世纪 60 年代。在激进主义和马克思主义社区工作者看来,社区工作的发展是国家社会控制活动的扩张。"社区工作者"和"坦克"成为资本主义社会中两个最主要的社会控制工具(Craig, Derricourt & Loney)。换言之,社区工作发展状况反映国家对社会干预的范围与程度,反映国家控制和管理社会的基本方式,反映国家与社会互动关系模式。

三、社区问题与国家干预

国家干预社会，介入社区的基本理由是社会运行失序，社区解组，社区面临诸多问题，社区自身难以满足变迁中的社区需要，迫切需要国家干预，以解决社区问题，满足变迁中社会需要，重建正常社会经济秩序。从欧美国家社会历史发展进程看，国家与社区关系的产生，也是传统社会与传统社区解组与解体之时。在传统社会中，不仅传统社区与传统社会是基本重叠在一起的，而且传统社区是地域社区、家庭与工作场所三者的高度统一，其主要表现形态是传统的农村社区。按照德国著名学者滕尼斯的看法，人类群体生活的两种基本形态是共同体与社会。共同体与社会形成和区分是国家与社区关系形成的理论反映。共同体就是传统的农村社区，社会是指工业化革命以来产生的现代社会。与现代社会相比，农村社区是古老的；农村社区主要是在建立在自然基础上的群体（家庭与宗族）中实现的；血缘共同体、地缘共同体和宗教共同体是共同体的基本形式，共同体是一种持久和真正的共同生活；共同体中的社会关系主要是初属关系。与此相反，现代社会是新生的；现代社会是一种目的的联合体，社会是机械的聚合和人工制品；社会的基础是个人，个人思想和意志，业缘关系是社会关系的基础；社会已不是生活共同体，而是独立个人的聚合体；社会中社会关系主要是次属关系（滕尼斯，1999）。在工业化、都市化与社会现代化处境下，传统社区迅速土崩瓦解，社区解组与解体现象比比皆是，新型的社会应运而生。这种新旧交替和社会结构变迁过程充满痛苦，并以社区崩溃、社区解组和社区问题形态出现的。例如，竞争性劳动市场给现代社会生活和现代人带来的第一个烦恼和“社会问题”便是失业和贫困。因为在农村社区中并不存在“就业问题”，自然也不存在“失业问题”和“贫困问题”。就业和失业成为现代社会的基本象征和重要组成部分（Pahl，1988）。与此同时，还有不少人因为天灾人祸、疾病和各种原因而处于朝不保夕和度日如年的贫困生活处境中，他们迫切需要来自国家和社会的救助（江亮演，1989）。国家对社会干预便应运而生。

社区干预是国家社会干预的重要形式，社区是国家社会干预不可或缺的重要领域之一。国家的社会干预形式多种多样，主要分为积极干预与消极干预两大类。消极干预主要是指国家在社会生活中基本采取不行动或不作为方式，基本目的是实现无为而治和自由放任的目标。无为而治可能有两种情况，一是有意识、有目的的无为而治，二是真正的自由放任。积极干预是指国家有意识、有目的、有计划、有步骤和积极主动干预社会经济生活的活动。一般来说，国家行为可以分为国家意志的表达功能与国家意志的执行功能，前者主要表现为国家的立法职能和制定政策的活动，后者主要表现为政府机关的行政管理职能与组织体系（古德诺，1987）。这就是孟德斯鸠率先区分的政府的立法、行政和司法权力，以及著名的三权分立理论。政治与政策或国家意志的表达相关，行政则与执行这些政策密切相关。国家意志主要是通过政府机关的执行功能反映出来的，表达方式多样。一是社会立法与制定法律；二是制定政策和实施政策；三是利用价格、习俗等社会工具实施社会管理与控制；四是通过提供社会救济、教育、医疗、住房和公共福利事业实现社会干预与社会管理功能。与此同时，国家社会干预的领域由少到多，范围不断扩大。一般来说，首先，国家的社会干预通常由政治领域开始，公民身份确定、公民权利与义务的界定、国家与公民关系是典型例证。其次是经济领域，国家主要通过干预自由市场运作来降低或消除市场失败的负面社会影响（Marshall & Bottomore，1992）。国家对经济领域的干预是与对以地域社区和功能社区为主社会领域的干预同时进行。在某种意义上说，与民族国家几乎同时产生的社区一诞生便处于国家管理之下。国家社会干预的最后领域是典型私人生活空间的婚姻与家庭，这意味人类性爱与生育活动也是国家干预重要领域。换言之，人类生活的所有领域都属国家干预范围。

四、社区政策与社区整合

国家干预社会与社区的最主要途径是制定和实施政策，社区政策是国家政策的重要组成部分，其主要政策目标是及时回应社区问题，有效满足变迁的社区需要，实现社会整合。政策是充满争议与歧义的核心概念。长期以来，欧美国家盛行的观点是，政策是政府机关行政过程与管理活动的结果，制定政策的主体和实施政策的主体通常仅仅局限于政府机关。20 世纪 70 年代以来，政策概念涵盖的范围有所扩大。目前，组织、非政府组织和市场也能产生政策（帕顿，2001）。这样，国家政策体系有可能由经济政策、社会政策、城市政策和社区政策等不同类型政策组成。无论何种类型的政策，其核心目标都是改变现有制度性安排。从这种意义上说，“政策”一词具有鲜明的行动取向与问题取向，是政府对人民“普遍意愿”的积极回应和采取的理性行动（蒂特马斯，1991）。一般来说，社会政策与经济政策的总体目标是及时回应社会问题，通过解决社区问题与社会问题有效满足变迁中的社会需要，建立法治与社会秩序，创造良好的社会环境，以实现消除贫困、充分就业、经济发展、社会平等、福利最大化和社会稳定等政策目标，最终建立正常的社会秩序与实现社会整合，确保社会经济协调发展与良性互动（Marshall，1975）。需要特别指出的是，一方面，政策追求的目标与政策实施的后果之间常常出现矛盾、冲突的现象。另一方面并非所有政策都必然是行善施福，或者是以福利为本的，即使是再分配取向的政策（蒂特马斯，1991）。简言之，国家主要通过政策实现社会干预的目标，社区政策的核心目标是实现社区整合。

第二节　社区政策的国际经验

一、欧美国家的社区政策

欧美国家的社区工作是工业化革命的产物,社区政策则是社会政策的重要组成部分,社区与社区政策在社会生活中扮演举足轻重的角色。欧美国家既是工业化革命的发源地,又是世界上首批实现社会现代化的国家,社会经济发展基本是采取内源性和原生型的模式,社区工作与社区政策也颇具典型示范意义和世界意义。文献回顾表明,欧美特别是英美的社区工作产生在19世纪后期的工业化城市,当时英国城市社区到处存在着贫困、疾病、污染、失业问题,大批老弱病残孤、精神病人、长期病患者、流浪乞讨、生活困难的人群和天灾人祸的受害者充斥着城市,严重影响社会经济的持续健康发展,威胁正常社会秩序。在这种情况下,英国基督宗教会组织、上流社会的家庭妇女和年轻大学生开始为贫困人群和有需要人士提供慈善福利服务,英国的社会工作与社区工作应运而生。具体来说,英国社区工作起源于两种相互矛盾和截然不同的力量:一是反映在殖民地办公室的活动和慈善组织会社开展的安置所运动中的慷慨仁慈的父权主义传统。二是体现在诸如格拉斯哥租户的罢工、失业工人的运动、鼓吹妇女参政的女权主义和殖民地为争取民族国家独立的斗争等集体性社区行动中(Popple,1995)。在这种历史背景与社会环境下,社区工作成为当时新兴社会工作的重要组成部分,社区政策也自然成为当时新兴社会政策的重要组成部分。20世纪30年代资本主义世界经济危机,60年代欧美国家重新“发现”贫困,70年代欧美国家重新“发现”社区,积极倡导回归社区和社区照顾模式日趋流行,均从不同侧面表明社区与社区工作在欧美国家社会生活中扮演举足轻重的角色,发挥不可替代的重要作用。

欧美国家与社区关系发生重大变化,社区政策也经历重大变化,社区政策发展趋势日趋多样化。从历史发展顺序角度看,20世纪60年代是欧美国家与社区关系的重要分水岭。欧美国家普遍实施的反贫困项目、社区发展项目,特别是社会福利制度功能与组织结构的调整,既极大改变了国家与社区的关系,激进、批判和西方马克思主义的社区工作方法与理论异军突起,又将社区政策置于社会政策与经济政策的中心位置,成为决策者与社区工作者关注的焦点。社区既成为与国家分庭抗礼的力量,又是实现社区发展与社会稳定的重要途径(Loney,1983)。社区政策不是要取代经济政策、社会政策、法律与秩序政策,而是广泛适用于所有社会领域的决策和提供服务的一种新方法。社区政策代表确定和思考政策目标的一种新方式,反映对传统决策方式和实施政策方式的重大变革,说明政策体系日趋完善成熟,国家社会干预的范围日趋扩大(Butcher, Glen, Henderson & Smith,1993)。概括来说,欧美国家社区政策的变化主要反映在政策目标与社区工作方法上。社区政策目标由救助穷人、社区发展转变为社区动员、重建地方社会生活共同体。社区工作方法和实务由社区组织、动员转变为社区行动、社区照顾(Popple,1995)。社区政策发展趋势日趋多元化。

二、联合国及其社区政策

联合国及其附属机构在世界各国社区发展中扮演重要角色,在协调、促进和倡导世界各国社区发展中发挥独特重要作用。为实现多边主义和国际合作,防止战争悲剧再次发生,确保世界和平,解决人类社会面临的问题,尊重人权,确保社会公平,鼓励不同文化间交流合作,援助那些需要帮助的人,谋求社会发展与世界和平,1945 年 6 月 26 日,51 个国家在旧金山签署《联合国宪章》10 月 24 日,《联合国宪章》正式生效,联合国诞生了。联合国的工作分为维护国际和平与安全,促进经济和社会发展,宣传推广人权,推动非殖民地化和编纂国际法等五大领域,其中经济和社会发展占有举足轻重的地位,成为联合国的主要工作。联合国组织将 80% 的财力和人力投入经济与社会发展计划。第二次世界大战之后,亚非拉各国纷纷实现民族解放与国家独立,摆脱殖民统治,建立独立自主的民族国家与主权国家。当时发展中国家饱受战争创伤,经济发展缓慢,贫困、饥饿、愚昧和疾病肆虐。如何解决这些社会问题,推动发展中国家发展成为世界各国面临的当务之急。1948 年,联合国提出"以社区为基础的社会发展"方案。1951 年通过 390D 号议案,决定通过建立社区福利中心来推动发展中国家的经济发展与社会进步,后来又以"社区发展计划"代替了"社区福利中心计划"。1954 年联合国成立社会发展局社会发展组,在亚非拉各国推动社区发展运动。1955 年联合国通过了《通过社区发展促进社会进步》的报告,全面推动和促进社区发展工作。1969 年联合国大会通过《社会进步与发展宣言》,强调社会发展与进步目的是通过实现一系列主要目标来提高全体社会成员的生活水平,改善他们的福利状况。与此同时,联合国自 20 世纪 60 年代开始制定世界性发展行动计划,将 60 年代、70 年代、80 年代确定为三个联合国发展十年(联合国,1987)。简言之,联合国在倡导、协调、促进和推动世界各国社会发展与社区发展中扮演重要角色。

联合国社会发展服务范围不断扩大,社区发展政策经历重大变化。联合国社区发展计划范围包括经济发展与充分就业、人类住区与环境保护、儿童、青年、妇女、老年人、残疾人和难民福利、救灾救济和预防犯罪等,范围覆盖社会发展所有领域。更为重要的是,20 世纪 50 年代以来,联合国社区发展计划与社区政策发生重大变化:社区发展政策目标由狭义的社会福利与社区福利为主转为综合性的社会发展与国家发展；由注重发展中国家的国别发展转变为注重改变不合理的国际经济秩序，重建新的国际经济与政治秩序，为发展、创造国际环境；社区发展政策与计划由以地区和国家性方案为主转为世界性行动计划或战略，联合国三个发展十年计划是典型例证；社区发展政策范围由以经济发展和促进生产性就业为主，转为以经济发展与社会发展协调并进，消除饥饿、营养不良和贫困，保证公平合理的收入分配，实现最高健康水平，扫除文盲，保证享受免费初级义务教育的权利，为所有人提供充足的住房和社区服务也成为社区发展计划的重要组成部分（联合国，1986）；社区发展政策与服务重心由以早期的社区发展、住房和城镇规划、家庭和儿童福利方面的训练、政策和管理以及使残疾人恢复正常生活，扩大到人口增长、城市化和住房短缺，影响生活水平的条件，青年在社会经济发展方面的作用和需要；社区发展政策性质由以注重补救性行动转为更加注重预防和发展行动，制定可以使最贫困者参与经济活动的社会福利方案，制定社会福利方面辅助人员的培训政策和方案，农村地区计划生育服务与社会福利相结合，鼓励自助和公民参与项目等典型反映了这种发展趋势（联合国，1981）；社区发展观念由以物质福利和服务设施为中心的发展转变为以人为中心的全面发展，因此 70 年代以来，联合国越来越注意生活质量问题，例如保健、食品与营养、工作条件、就业、社会保险、住房和教育；社会发展与社区发展政策模式由以经济政策与社会政策相互分离，转变为将社会政策与实践同经济政策和规划结合起来，采取整合式政策模式（联合国，1988）。简言之，联合国社区发展实践与政策是人类社会社区发展的重要组成部分。

三、发展中国家社区政策

发展中国家社区实践与政策是与民族解放和国家独立密切相关的，具有许多共同特征。发展中国家大多是第二次世界大战后新兴的民族国家，地理空间上主要位于亚非拉洲和南方。总体来说，发展中国家的社区发展实践与国家发展、经济发展与社会发展相互交织在一起，民族国家与地方社会生活共同体同时诞生。国家与社区、国家与市场关系的分野模糊不清。地域社区与功能社区的发育、分化程度偏低，缺乏市民社会基础，社区发展成为国家发展的重要组成部分，社区发展与民族国家发展面临相似的社会经济问题。与此同时，发展中国家社区工作具有许多截然不同欧美国家的共同性特征。第一，发展中国家内部、国家之间在历史、文化和政治制度上的差异性与多样性远远大于欧美国家；第二，发展中国家的社区工作始于宗教团体特别是基督教会的开拓性工作，但是早期社区工作与社会福利发展深受殖民政策与实践的影响；第三，慈善救济福利服务、教育服务、医疗卫生服务是发展中国家社区工作与社会福利制度的主要领域；第四，发展中国家社区工作历史起源于 19 世纪中叶解放奴隶、兴办工业学校、建立模范农业学校与师范学校、创造作为社区中心的村庄学校和适应性教育概念、20 世纪 30 年代英国殖民地办公室发展的综合性和集中性乡村改善项目以及平民教育和乡村建设运动,50 年代民族解放与国家独立后,如何促进人民群众的创造性和首创性,通过社区发展谋求国家发展与社会发展成为社区工作的优先领域;第五,农村社区工作与社区福利服务是社区发展工作的重点,扫除文盲和成人教育、初级健康照顾、促进合作社和信用合作社建设,建立自助互助组织、社区中心和社区会馆,将社区实务与社区福利和社区发展密切联系在一起;第六,社会工作专业与社区工作者在社区发展实践中扮演边缘角色,发挥有限的作用(Chau & Hodge,1985)。简言之,发展中国家独特的社会发展进程与制度安排导致发展中国家社区实践与政策模式的独特性。

发展中国家社区实践环境不断变化,社区服务实践与政策模式独具特征,反映了发展中国家社会结构特征与社会文化传统。一般来说,发展中国家社区实践强调两个相互关联的特征,一是大众参与和依靠人民的首创性;二是在社区层面提供服务以便鼓励自助和互助。需要特别指出的是,发展中国家社区实践的环境截然不同于欧美国家,社区实践与政策采取较为宽泛的观点,社区发展政策目标在性质上是政治性的,强调社区整合、社会稳定和负责任的公民权。国家发展战略目标是在社区实践中促进政府与志愿部门的合作,特别强调社区取向的社区服务提供,以克服崩溃的社会关系、不足的社会服务和传统社区的瓦解。概括来说,发展中国家社区实践与政策模式可分为两大类型:一是侧重于提供服务和设施,二是侧重于发展人民保护自己的能力。发展中国家社区实践模式主要有四类:一是侧重于经济目标的实务模式,主要是实现经济上的自给自足;二是侧重于社会目标的实务模式,主要是改善社会关系和增强社会责任感;三是服务取向的实务模式,主要是改善社会服务和社区设施;四是侧重于社会整合和社会稳定的实务模式,主要是促进社区整合与社会稳定(Chau & Hodge,1985)。这与欧美国家盛行的社区组织、社会规划与社区行动模式迥然不同,而且社区控制与社区管理模式在发展中国家表现的最为典型(Stevens,1978)。发展中国家社区实务的永恒主题和优先领域是经济发展,尽管经济发展观念已由单纯的经济增长转变为经济社会协调发展,由以物质福利为主转变为以全人发展为中心,由单纯提供服务为主转变为培养社区居民自我服务和自我发展能力上。这种取向的社区实务集中反映在亚非拉各国的社区经济发展模式与社会发展取向的福利制度上(Midgley, 1995)。值得注意的是,20 世纪 70 年代以来,由于欧美国家经济发展速度趋缓,失业率居高不下,社区经济发展也成为英美国家社区工作与社区实务模式的重要组成部分(Fasenfest, 1993)。简言之,发展中国家的社区工作、实务模式与政策模式均具有自身的独特特征。

四、社区政策的国际经验

欧美国家、联合国和发展中国家社区实务与政策实践的历史,积累的经验教训,为中国社区发展与社会发展指明发展方向和提供可资借鉴的国际经验。综观世界各国社区工作发展历程、政策目标与价值基础,以及社区实务内容与社区政策模式,我们可以概括出若干值得注意的国际经验。首先,社区与社区工作的产生是工业化、都市化和社会现代化的必然产物,是社会结构分化与社会关系转变的社会后果;其次,社区工作目标有可能与国家发展目标吻合一致,也有可能与国家发展目标存在一定差距,这主要取决于社区工作与社区政策的宏观环境;第三,社区实务与社区政策普遍具有浓厚价值基础与理论假设,这意味着理解社区实务的文化环境及其依赖的流行价值观是理解社区实务与政策模式的基础;第四,社区实务范围随社会经济发展水平提高而不断扩大,服务内容不断增多,服务对象由弱势群体、劣势群体扩大到普遍社区居民;第五,社区实务与政策模式通常由社区福利与社区服务领域开始,然后扩大到经济发展、政治参与、社会整合和社区精神文化建设;第六,社区实务与社区实务模式是特定时空处境下国家与社区关系互动的结果,反映社会结构特征与历史文化传统;第七,社区工作与社区政策是社会工作与社会政策的发源地,社区工作者在世界各国社区发展与社会发展中扮演截然不同的角色,发挥不同的作用;第八,社区实务与社区政策是观察、分析和理解特定时空处境下社会结构特征与文化价值取向的最佳视角,是描述国家与社会、国家与市场、国家与个人关系的最适合社会领域。

第三节　中国的社区政策及其特征

一、计划经济与社区政策

当代中国社区政策发展可以分为截然不同的四个历史发展阶段与政策模式,改革开放以前社区政策模式是辅助性与依赖性的,国家与社区关系在社会结构关系上处于微不足道的地位。1949 年中华人民共和国成立至今的 50 多年间,社会发展与社会结构变迁以改革开放为分界线区分为两大历史发展阶段。具体来说,从国家与社会关系的角度看,当代中国社区政策可细分为四个历史阶段。首先是改革开放前的计划经济时代。1954 年一届全国人大常委会第四次会议通过《城市街道办事处组织条例》和《城市居民委员会组织条例》,街道和居委会组织体系正式形成。在计划经济时代,地域社区范围主要是城市街道办事处与居民委员会行政管辖范围。地域社区的社区居民主要是由那些无法进入各式各样工作单位的弱势群体,例如老弱病残孤,以及劣势群体,例如地富反坏右和坏分子、家庭妇女、待业青年、两劳释放人员、社会闲散人员和因各种原因被单位、学校开除者等组成。当时,国家机关、国营企业、事业单位和人民团体是人人向往和羡慕的好工作单位,集体企业特别是街道层面组织兴办的小集体企业是劣势群体就业的主要场所。在单位式中国社会中,工作单位的所有制性质、拥有的权力与资源、组织规模与行政级别、职能范围与工作任务等因素决定单位的社会地位。无论从何种角度看,街道和居委会为主的地域社区均在国家的政治、经济与社会生活中处于次要地位,国家机关、国营企业和事业单位在社会生活中扮演主要角色,处于优势和支配性地位。街道与居委会不过是国家政权机关行政过程的"腿脚"和"过渡性质"的社会组织,是一种与单位制相配合的辅助性社区组织,其作用似乎是拾单位之遗、补单位之缺。城市街道和居委会组织的辅助性、依赖性与边缘性是十分明显的(王思斌,2001)。总体来说,在计划经济时代,国家与社区关系是不均衡的,社区完全依附在国家羽翼之下,社区缺乏自主空间,国家的社区政策意识也含糊不清。

二、经济改革与社区政策

改革开放以来,中国社会的国家与社区关系发生结构性变化,地域社区与社区政策在社会生活中扮演越来越重要的角色,发挥越来越大的作用,国家与社区关系由边缘转为主流。中共十一届三中全会揭开当代中国历史新纪元,中国社会发生史无前例和翻天覆地的结构性变迁,国家与社区关系,社区结构与社区政策领域中的变迁成为结构性社会变迁过程的重要组成部分。在改革开放处境下,国家改革传统计划经济体制,市场机制在经济生产、社会生活与社会福利发展中发挥越来越大的作用,社会主义市场经济体制日趋成熟。这突出反映在政企分开、企业转变职能,企事业单位组织结构与社会功能发生重大变化,原本不应由企业承担的社会职能特别是社会福利与社会服务职能逐渐分离出来,并开始向社区转移;国家适时倡导社会福利社会化政策,推动国家、市场、工作单位、社区、家庭和个人共同承担福利责任,社区成为社会福利社会化的最主要组织载体与场所(民政部,1999)。与此同时,随着农村经济体制改革不断深入和城市开放程度不断提高,社会流动速度越来越快,社会分层现象日趋普及,社会结构与社会阶级结构发生前所未有的结构性变迁。更为重要的是,伴随权力下放与社会管理重心下移、城乡社区人口构成变化和基层社区民主政治迅猛发展,社区在政治、社会、经济和文化生活中扮演越来越重要角色。社区成为中国社会改革、稳定与发展的基础,社区在社会关系与社会结构中的地位显著提高,社区逐渐摆脱对国家的依赖与服从地位,开始具有相当大的自主活动空间与自我发展能力。国家与社区关系由边缘转变为主流,社区政策成为国家社会经济政策议程的优先领域与核心议题。国家的社区政策意识日趋清晰,有关国家与社区关系的社区政策声明与政策体系日趋完善,其中社区服务活动与政策,社区建设运动与政策典型代表和反映了中国社区政策的基本特征。

三、社区服务与社区政策

20 世纪 80 年代中期兴起的社区服务催生了中国的社区政策,标志着国家与社区关系的根本转变,反映了社区福利与社区经济发展取向政策模式的诞生。80 年代中期,伴随企业劳动、工资和社会保险制度改革,特别是城市综合改革不断深入,居民价值观念与生活方式的转变,收入水平提高和社会需要的变化,城市社区服务与政策模式应运而生。社区服务业是在政府倡导下,为满足社会成员多种需要,以街道、镇、居委会和社区组织为依托,具有社会福利性的居民服务业。社区服务业由社区福利服务业、便民利民服务业和职工社会保险管理服务业组成,是社会福利和社会化服务体系的重要组成部分(民政部,1995)。1987 年 9 月,民政部在武汉召开全国城市社区服务座谈会,拉开了中国社区服务与社区政策发展的序幕。由于社区服务能及时回应和适应社区需要,有效解决社区问题,满足社区居民基本生活需要,因而社区服务发展迅猛。到 90 年代初期,全国社区服务范围、内容不断扩大,设施不断增多,社区服务队伍发展壮大,社会互助活动广泛开展,社区服务管理不断加强,逐渐向产业化、实体化方向发展,社区服务工作得到各级党政领导的高度重视,社区服务开始列入当地经济社会发展规划,社区服务理论研究不断深入,政策法规日趋成熟,其主要标志是 1993 年民政部等 14 部委联合签发的《关于加快发展社区服务业的意见》。需要特别指出的是,这是中国政府首个系统、明确和全面的社区社会政策(民政部,1994)。总体来说,中国城市社区服务政策模式的基本特征是社区福利与社区经济发展相结合。社区福利取向主要反映在社区服务对象以老年人、残疾人、儿童、精神病人和优抚对象为主,服务范围与内容以满足衣食住行等基本生活需要为主,服务性质主要以无偿服务为主,低偿服务和有偿服务为辅(白益华、吴忠泽,1996)。社区经济发展主要表现为街居经济发展,它既是社区服务的重要组成部分,又为社区服务发展奠定坚实的经济基础(叶金生,1997)。简言之,社区服务,特别是社区福利与社区经济发展相结合,是中国社区服务政策模式的基本特征。

四、社区建设与社区政策

20 世纪 90 年代兴起的社区建设运动改变了社区政策的模式,社区服务政策逐步转为社区建设政策。社区建设政策的基本特征是社区政治发展、社区环境与生活质量相结合的综合建构取向。90 年代以来,伴随社会主义市场经济的发展,社会成员单位属性逐渐减弱,大量“单位人”转变为“社会人”,企业下岗待业人员增加与城市贫困问题形成,人民群众生活水平提高和就业、养老、医疗、住房和社会参与的需要越来越强烈,城市基层政权建设与群众自治组织发展已不适应市场经济发展,社会不稳定因素增加,社区管理体制与手段严重滞后,单纯、局部的社区服务政策向综合、全面的社区建设政策转移理所应当,势所难免(多吉才让,2001)。1991 年民政部提出社区建设的思路并在部分地区开展实验,1996 年全国各地开始形成不同社区建设模式,2000 年 11 月国办、中办转发《民政部关于在全国推进城市社区建设的意见》,标志社区建设政策模式正式诞生(民政部,2001)。社区建设是指在党和政府的领导下,依靠社区力量,利用社区资源,强化社区功能,解决社区问题,促进社区政治、经济、文化、环境和健康发展,不断提高社区成员生活水平和生活质量的过程(多吉才让,2001)。社区建设政策是社区服务政策的发展与延续,是中国政府第二个系统、明确和全面的社区社会政策声明,在中国社区政策体系中占据重要位置。总体来说,社区建设政策的基本特征是社区政治发展、社区环境与生活质量相结合的综合建构取向。社区政治发展主要表现在社区建设政策出现的动因、任务目标、工作组织和工作方法都与基层民主政治发展密切相关,与社会稳定、安定团结与扩大统治的社会基础密切相关,社区建设成为政治发展与国家动员的重要手段,而非已往的社区服务与社区福利。优化社区环境主要反映在社区建设重点是建立良好社会经济秩序与优美和谐的社区生活环境,加强社区治安与综合治理,以创立环境优美、治安良好、人际关系和谐的现代社区。改善生活质量与提高福利水平主要反映在社区建设基本内容是拓展社区服务、发展社区卫生、繁荣社区文化、美化社区环境,以人为本,服务居民,大力发展社区福利与服务事业。简言之,社区建设政策的综合性建构色彩浓厚,其核心目标是建立新型的、现代化的社区。

第四节 社区政策体系与分析

一、政策过程与政策体系

政策的经验研究、选择制定、贯彻实施和评估反馈是个完整的政策过程,缺一不可,其核心目标是及时回应社会问题,有效解决社会问题,制定更好的政策,增进人类的福利。政策科学是第二次世界大战后欧美国家新兴的学术领域,是与欧美"福利国家"的兴起与发展密切相关的。政策研究成为独立于理论研究之外的应用性社会科学领域。顾名思义,政策科学就是研究政策的学问,是研究如何将科学知识运用到社会现实生活,并解决实际社会问题的社会过程。政策过程是典型政治活动过程,是权力角逐、资源分配、利益协调和建立政治秩序的过程。一般来说,政策过程主要分为制定过程、实施过程和评估反馈过程。政策过程的出发点是现实的社会问题与社会需要。几位美国学者认为,社会福利政策发展过程可以分为规划过程、决策过程和社会政策发展过程三部分。具体来说,政策形成过程可以分为确定问题、问题分析、知会公众、发展政策目标、建立公共支持和合法性、项目设计、实施、评估和评价八个环节;与此同时,专业人员分别担任相应的直接服务、研究、社区组织、规划、社区组织、规划、管理和直接服务、研究和直接服务的角色(Gilbert, Specht & Terrell,1993)。为及时回应社会问题,有效满足变迁中的社会需要,改善现有政策与服务体系,便需要进行以经验为基础的政策研究。政策研究的目的不是验证理论、澄清概念和创造理论,而是提出可供选择的政策建议与方案供决策者选择。决策者在权衡利弊和考虑影响政策制定的各种因素后,选择最佳的方案,并将之付诸实施。政策实施是政策过程的重要组成部分,政策实施过程深受多种因素影响,政策环境、政策实施者和政策收益者间的活动模式常常决定政策的成功、好坏与否。政策过程的最后环节是政策评估与反馈,以及时调整和改进政策,力争实现既定政策目标。总体来说,社会政策核心目标是追求社会平等与公平,解决社会问题,改善人类生活状况与质量,提高人类的福利水平。

政策体系主要分为社会政策与经济政策两大领域,二者相互交织,社区政策属于社会政策领域,并在社会生活中扮演重要角色,发挥重要作用。政策体系的划分角度多种多样,时代、国家、社会性质、政策领域和功能都是区分政策体系的重要标准,其中社会政策与经济政策的区分是最常见的分类方式。经济政策主要负责经济生产领域的活动,政策目标是效率。社会政策主要负责社会消费领域的活动,政策目标是公平。但是,经济政策与社会政策并非截然对立,而是相互交织与影响。社会福利政策与社区政策属于社会政策的范畴,主要政策目标是实现社会平等与社会公平。总体来说,社会政策分类角度多种多样:从问题领域角度看,有家庭暴力、无家可归、失业、贫困和老龄化等;从社会政策的目标群体角度看,有儿童、青少年、妇女、残疾人、老年人和失业者等;从政策领域角度看,政府的社会政策领域广泛,范围包括社区、家庭、非政府组织和个人;从社会政策服务领域看,政策领域覆盖社会救济、社会保险、教育、医疗、住房和就业服务等;从政策层次结构看,政策可以分为国际性政策、中央政府政策、地方政府政策、社区政策和最微观的组织政策;从政策的性质角度看,可以分为积极性政策与消极性政策、鼓励性政策与禁止性政策等多种类型(Gilbert, Specht & Terrell, 1993);从决策方式角度看,可以区分为渐进决策、理性决策、民主决策和科学决策等(林布隆,1988)。简言之,政策结构与体系错综复杂,社区政策是社会政策重要组成部分,并且在社会生活中扮演举足轻重的角色,发挥不可或缺的作用,对改善人类生活状况和提高福利水平产生重要的社会影响。

二、政策分析方法与框架

政策分析是政策研究的核心组成部分,政策分析具有各式各样的研究方法,有助于我们准确地理解社会现实。“政策分析”概念、思想是美国政策学家林布隆(Charles E Lindblom)率先倡导和提出的。他批评传统的政策分析方法,提出渐进分析方法,并将渐进分析分为简单、断续的渐进分析和战略分析三个层次。他认为政策分析贯穿政策过程与政策研究的所有环节,无处不在,以至形成职业的“政策分析人员”。在欧美国家社会环境中,政策分析至少包括政策制定中的分析、党派分析、政策过程分析和政策效果分析等领域(林布隆,1988)。欧美国家政策研究领域中的社会政策分析历史悠久,积累了丰富的经验,形成许多著名的政策分析方法。总体来说,政策分析方法是相互交织与相互影响的,主要可以分为政策过程研究、政策产品研究和政策表现研究的“3P”方法。政策过程研究是指政策研究主要集中在政策形成的发生学领域,特别关注有关政策形成的社会政治和技术方法的变量,主要目的是探寻福利规划资料是如何输入,政治、政府和其他组织的相互关系、如何互动以及如何影响政策形成。政治科学与历史是政策过程研究依托的两个主要学科,主要涉及专业人员的福利规划角色。政策产品研究是指政策研究主要集中在福利服务项目的形成与实施环节领域,主要目的是了解福利项目是如何形成和如何实施的,关注点是社会福利组织的结构、功能与运作机制,主要涉及专业人员的福利行政角色。政策表现研究是指对政策选择结果的描述与项目评估,主要目的是了解服务项目是如何实施的,以及实施后果和社会影响,关注点是政策输出环节与结果,主要涉及专业人员的研究角色(Gilbert, Specht & Terrell,1993)。简言之,政策研究既涉及政策过程,又涉及政策产品和结果。欧美国家流行的政策分析方法是过程取向的政策形成、实施和结果的方法。这种过程取向的分析方法同样适用于社区政策。

社会政策分析框架多种多样,为描述社会福利领域,解释福利制度功能提供分析工具。社会政策分析框架的分类标准不一,分析框架可以分为不同的取向。几位美国学者认为,现存社会福利政策分析框架有四种,一是制度性取向的分析框架,它主要关注什么是社会福利政策和界定社会福利政策的范围;二是理论取向的分析框架,它主要关注社会福利为什么和如何演化的;三是分析性取向的分析框架,它主要关注分析不同取向之间的异同之处和政策知识对社会工作实践的相关性;四是发展取向的分析框架,它主要关注社会政策的形成和实施过程,以及专业人员的相关角色。在此基础上,他们提出自己的分析框架,他们的分析框架主要由四个层面(或问题)组成:社会分配的基础是什么?社会服务的类型是什么?提供社会服务的战略是什么?社会服务的财务资助方式是什么(Gilbert, Specht & Terrell,1993)。在全球化处境下,社会政策分析框架有了新的发展。概括来说,社会政策的分析框架有五种:宏观与微观层面相互补充、政治经济或社会经济、阶级分析、全球化分析框架、比较意识形态分析(Iatridis,1994)。虽然政策分析框架多种多样,但关键问题是政策研究的目的与问题是什么,这是决定运用何种分析框架的主要决定因素。同样道理,这些分析框架完全可以适用于社区问题与社区福利议题的分析,为我们观察、理解社区问题与社区福利,研究社区理论与社区实务提供坚实理论基础与有用的分析工具。

三、社区政策分析与评估

社区政策分析是社会政策分析的重要组成部分,社区政策分析核心是国家与社区关系、社区结构与社区实务模式,目标是及时回应社区问题,有效满足社区需要,发展社区福利。总体来说,欧美国家的社区政策分析是个新兴的领域。长期以来,作为独立研究领域的社区政策分析是不发达的,社区政策分析通常融合在社会政策分析中,缺乏独立的分析框架。目前,欧美国家的社区政策分析框架主要表现为社区实务模式的分析框架,因为社区实务直接典型反映国家与社区的关系,说明社区结构与社区实务模式,反映社区政策基本特征。例如,美国著名学者罗斯曼将划分不同社区实务模式的具体标准或层面称为实务变量(practice variables)。他认为这些实务变量是社区行动的目标类型、关于社区结构和问题状况的假设、基本的变迁战略、变迁策略和技术的特点、社区实务工作者的主要角色、变迁的媒介、对待权力结构的取向、社区服务对象或组成人员的范围、关于社区亚部分利益的假设、服务对象人群或组成人员的概念,以及服务对象角色的概念(Rothman & Tropman, 1987)。1985 年,美加等国专家学者主要从十个层面分析社区实务模式:(1)模式的基本特点;(2)主要的历史发展;(3)有关社会和变迁过程性质的假设;(4)政治、社会、经济和行为科学的基础;(5)总体目标和具体目标;(6)参与群体和个人的招募与选择;(7)过程和结构;(8)原则、方法和技术;(9)社区实务与个人和群体的联系;(10)尚未解决的问题(Taylor & Robcrts,1985)。1995 年,英国社区问题专家波普尔划分社区实务模式的主要标准有四个:社区工作战略、社区工作者的主要角色和称号、工作机构类型和活动,以及代表性人物与著作(Popple,1995)。1996 年,美国学者魏尔(Weil)界定社区实务模式的五个主要实务变量是:期望的结果、系统的目标或变迁的目标、社区的主要组成人员、关注的领域、社会工作的角色(Weil,1996)。显而易见,社区政策及其分析框架远比社会政策及其分析框架更为具体,更为微观取向和实务取向,分析层面的操作化特征十分明显。需要特别指出的是,虽然这些分析层面与分析框架主要是以欧美国家的社区环境、文化传统与社区实务为基础的,但某些分析层面是所有社区政策分析框架共同的组成部分。例如社区政策目标、社区结构与社区环境、社区问题与社区需要、社区人口与目标群体、变迁策略与战略、社区工作者构成与扮演角色等。毫无疑问,通过对这些分析层面的分析,我们可以准确把握社区问题与社区需要的性质,认识社区结构与人口构成的特点,确定社区服务范围与内容,分析社区工作者的角色,间接和全面地理解社区政策及其基本特征。

四、中国社区政策的分析

中国的社区政策分析既是一项充满挑战的工作,也是一项充满希望和大有发展潜力的政策分析领域。严格说来,西方学者眼中的社会政策、社会福利、社区政策与政策分析概念,是20世纪90年代末期才出现在中国社会的学术话语与公共话语之中的,各种类型的政策分析完全是一种新兴的社会现象(刘继同,2003)。这意味着中国社会政策研究与分析缺乏基础,缺乏政策研究经验、相关知识积累和专业人员及研究机构,社会政策与社区政策分析是充满挑战的工作。与此同时,80年代中期以来,城市社区服务与社区建设运动既是社会工作实务与社区实务中最活跃的领域,为社会工作者和社区工作者提供了施展身手的场所,又是推动中国社会工作专业发展与社会政策体系形成的最主要动力源泉,成为社会福利社会化与单位人向社会人转变过渡的主要组织载体。更为重要的是,在经济改革不断深化的处境下,社区环境、社区就业、社区福利与社区管理等政策议题成为目前中国社会政策与经济政策议程中的核心议题,处于政策研究的优先领域。而且这种发展趋势越来越清晰、明显,社区政策与社区政策分析自然将成为中国社会政策与社会政策分析大发展的最佳突破口,社区政策分析将成为一项充满希望和最具发展潜力的政策分析领域,催人奋进,令人振奋。

中国社区政策的社会建构化色彩浓厚,社区工作主题与社区政策核心目标是积极建构地域社区与功能社区相结合的新型社会单位,为社会结构转型与社会现代化奠定社会基础。改革开放以前,虽然中国政府的社区政策意识薄弱,政府并未出台系统、完整的社区政策,但是国家试图重构政府与社区关系的意图一目了然,始终未变,那就是国家试图建构全新的社区,以便服务于社会主义建设事业和实现社会现代化的宏伟战略目标。这突出反映在政府通过建立严密的社会组织体系,通过工作单位的人身依赖和福利依赖实现网络化控制,通过社会主义意识形态、户籍制度、思想教育和培养社会主义新人,改变传统社区结构与人口结构,重构社会主义的社区组织体系与社区结构,通过社区经济发展与产业结构调整,建立计划经济体制和公有制为主体的所有制结构。这些努力和政策的核心目标是建设新中国,建设新社会。改革开放以来,不仅政府社区政策意识与政策目标日趋清晰,开始出台系统、完整和综合性的社区政策,而且社区服务政策与社区建设政策的社会建构色彩更加浓厚。这种社会建构化政策特征典型反映在社区建设政策声明与体系中。例如,社区建设政策主要目标是加强社区党的组织和社区居民自治组织建设，构建新的社区组织体系，努力建设管理有序、服务完善、环境优美、治安良好、生活便利、人际关系和谐的新型现代化社区；社区建设政策的基本原则是资源共享、共驻共建，营造共驻社区、共建社区的良好氛围；社区建设政策领域与服务范围不仅包括推展社区服务、发展社区卫生、繁荣社区文化、美化社区环境，加强社区治安，而且特别强调因地制宜地确定城市社区建设的内容；贯彻实施社区建设政策的基本途径与组织保障是加强社区党组织建设，加强社区居民自治组织建设，逐步建立社区工作者队伍。简言之，中国社区政策的突出特征是社会建构色彩浓厚，社区社会建构政策的核心目标是在改造旧有的地域社区组织（主要是街道、居委会）和工作单位组织的基础上，重新建构整合地域社区与功能社区功能的新型社区组织体系，以抗拒社会现代化处境下社区解体与社区崩溃的危险，服务国家发展的最高目标。

主要参考文献

1. 王思斌主编：《转型中的城市基层社区组织——北京市基层社区组织与社区发展研究》，北京大学出版社 2001 年版。

2. 邓正来：《市民社会理论的研究》，中国政法大学出版社 2002 年版。

3. 叶金生：《社区经济发论》，企业管理出版社 1997 年版。

4. 白益华、吴忠泽主编：《社会福利》，中国社会出版社 1996 年版。

5. 张静主编：《国家与社会》，浙江人民出版社 1998 年版。

6. 多吉才让主编：《城市社区建设读本》，中国社会出版社 2001 年版。

7. 江亮演：《社会救助的理论与实务》，（台北）桂冠图书股份有限公司 1989 年版。

8. 民政部法规办编：《民政工作文件选编 2000 年》，中国民主法制出版社 2001 年版。

9. 民政部政策法规司编：《民政工作文件选编 1993 年》，中国社会出版社 1994 年版。

10. 民政部社会福利与社会事务司编：《社会福利社会化工作资料汇编》，民政部 1999 年版。

11. 民政部社会福利编：《全国社区服务经验交流会议文件汇编》，民政部福利司 1995 年版。

12. 刘继同：《生活质量与需要满足：50 年来中国社会福利研究概述》，云南社会科学出版社 2003 年版。

13. 联合国编，二编室译：《联合国手册（第九版）》，中国对外翻译出版公司 1981 年版。

14. 联合国编，张家珠等译：《联合国手册（第十版）》，中国对外翻译出版公司 1988 年版。

15. 联合国编，华晓峰等译：《联合国概况（1985 年版）》，中国对外翻译出版公司 1986 年版。

16. ［美］F. J. 古德诺著，王元译：《政治与行政》，华夏出版社 1987 年版。

17. ［英］R. 蒂特马斯著，江绍康译：《社会政策 10 讲》，商务印书馆 1991 年版。

18. ［德］F. 滕尼斯著，林荣远译：《共同体与社区》，商务印书馆 1999 年版。

19. ［美］查尔斯·E. 林布隆著，朱国斌译：《政策制定过程》，华夏出版社 1988 年版。

20. ［美］莱斯利·里普森著，刘晓等译：《政治学的重大问题》，华夏出版社 2001 年版。

21. [美]卡尔・帕顿等著,孙兰芝等译:《政策分析和规划的初步方法》,华夏出版社2001年版。

22. Butcher. H., Glen, A., Henderson, P. & Smith, J. 1993. *Community and Public Policy.* London: Pluto Press.

23. Chau, K. L. & Hodge, P. 1985. "The Practice of Community Society Work in Third World Countries." In Taylor, S. H. & Roberts, R. W.. *Theory and Practice of Community Social Work.* New York: Columbia University Press.

24. Craig, G., Derricourt, N. & Loney, M. 1982. *Community Work and the State.* London: Routledge & Kegan Paul.

25. Etzioni, A. 1975. *A Comparative Analysis of Complex Organization: On Power, Involvement, and Their Correlates.* New York: The Free Press.

26. Fasenfest, D. ed., 1993. *Community Economic Development: Policy Formation in the US and UK.* London: Macmillan press.

27. Gilbert, N., Specht, H. & Terrell, P. 1993. *Dimensions of Social Welfare Policy.* New Jersey: Prentice-Hall.

28. Iatridis, D. 1994. *Social Policy: Institutional Context of Social Development and Human Services.* California: Brooks/Cole Publishing Company.

29. Loney, M. 1983. *Community Against Government: The British Community Development Project 1968—1978.* London: Heinemann Educational Books.

30. Marshall, T. H. & Bottomore, T. 1992. *Citizenship and Social Class.* London: Pluto Press.

31. Marshall, T. H. 1975. *Social Policy in the Twentieth Century.* London: Hutchinson.

32. Midgley, J. 1995. *Social Development: The Developmental Perspective in Social Welfare.* London: Sage.

33. Pahl, R. E. ed., 1988. *On Work: Histoical, Comparative and Theoretical Approaches.* Oxford: Basil Blackwell.

34. Popple, K. 1995. *Analysing Community Work: its Theory and Practice.* Buckingham: Open University Press.

35. Rothman, J. & Tropman, J. E. 1987. "Models of Community Organization and Macro Practice Perspectives: Their Mixing and Phasing." In Rothman, . J, Erlick, J. L. & Tropman, J. E. *Strategies Community Intervention.* New York: Peacock.

36. Steven, B. 1978. "A Fourth Model of Community Work." *Community Development Journal.* Vol. 13(2): 86-94.

37. Taylor, S. H. & Roberts, R. W. 1985. *Theory and Practice of Community Social Work.* New York: Columbia University Press.

38. Weil, M. 1996. "Model Development in Community Practice: An Historical Perspective." *Journal of Community Practice.* Vol. (3/4): pp. 5-67.

第十一章

社区工作前瞻与发展趋势

本章从社区工作的地位与作用、价值基础与理论假设、政策目标与工作任务、理论取向与思想流派、社区实务范围与内容、实务模式与概念模式、工作方法与行动策略、工作者角色与作用的分析层面，全面描述、分析和预测欧美发达国家与中国社区工作的发展趋势。

第一节 西方社区工作发展趋势(上)

一、重新发现社区与回归社区

20世纪70年代以来，欧美国家重新"发现"社区，回归社区和谋求社区发展成为社会时尚，社区工作在经济社会发展中扮演主导性角色，发挥基础性的重要作用。70年代是西方国家历史发展进程中的重要分水岭，政治、经济、社会与文化生活领域均发生历史性重要转折。政治上，英美国家极右势力纷纷上台执政，右倾与保守主义成为欧美国家政治文化的主流；经济上，海湾石油危机导致世界经济动荡不定，开启世界经济相互依赖和经济全球化进程；社会上，福利国家财政危机与福利改革成为右派的社会宪章，福利多元主义政策应运而生；文化上，后工业社会来临带来后现代理论思潮的兴旺发达，个性化、地方化和文化多样性盛行。正是在这样适宜的时代背景与社会环境下，多种多样的推动力量促使欧美国家重新"发现"社区，政治上的分权化趋势、经济上的地方性经济问题、社会上的社区福利模式和文化上的个性价值等因素，从不同角度共同催生西方国家社区时代的降临。20世纪50年代"福利国家"诞生以来，西方国家逐渐建立由"摇篮到墓地"的福利制度，国家几乎承担全部社会福利责任。社区合作和邻里互助，个人责任与公民义务似乎销声匿迹，社区完全掩盖在国家羽翼之下。这种状况自然导致重新"发现"社区的可能性与历史必然性。更为重要的是，西方国家的社会结构变迁趋势与社会现实状况不约而同地将社区议题推向社会经济政策议程的中心位置，社区参与和民主政治、社区就业与社区经济发展、社区福利与社区照顾、社区文化与社区归属感等社区议题,迅速成为风靡西方国家社会经济政策议程和政治争论的核心议题。回归社区和谋求社区发展已成为西方国家的社会时尚,社区理论与社区研究重新兴旺起来。与此同时,社区工作在经济社会发展中的地位与作用也随之发生重要变化,由已往的边缘性角色转为主导性角色,由已往无足轻重变为举足轻重,在社会经济发展中发挥基础作用。这是我们观察、理解、分析和预测西方国家社区工作发展趋势的基本出发点和总体性判断。

二、价值基础与社群主义思潮

20 世纪 70 年代社区工作复兴以来,欧美国家社区工作价值基础发生重大变化,基本趋势是具有保守主义倾向的社群主义(Communitarianism)的兴起。社群主义是 20 世纪 90 年代产生于英美工党内部的新意识形态,发展势头迅猛,其基本特征是融合自由主义和保守主义思想,试图创造超越自由主义和保守主义思想的第三种社会价值观,以重构市民社会的社区基础。社群主义是第三条道路思潮在社区价值观领域的具体表现,反映欧美国家社会环境的特征。社群主义的核心主张是,既强调公民的各种权利,更加强调公民权利对应的责任与义务,以对抗福利国家的"福利依赖"和无工作动机问题;重建社会道德、良心和建构新的行为规范,强调家庭在社会生活中的重要作用,呼吁学校重视道德教育,建立符合时代要求的社区精神,以约束随心所欲的极端个人主义。社群主义的基本特征是融合自由主义和保守主义的思想,试图弥补左派与右派之间越来越大的鸿沟,极力倡导复兴介于强权国家和极端个人主义之间的第三种社会力量:社群,以发展和巩固市民社会的社区基础(罗斯金,2001)。这意味欧美国家社区工作的价值基础发生重大变化,由已往强调社区合作、互助互济和地域社区,转为重新强调社区义务、道德约束、公民责任与群体性社区。

三、增权理念与个人能力建设

欧美国家社区政策核心目标由发展福利服务与社区救助、启迪心智与意识提升、有计划社会变迁,转变为提高服务对象的权力、能力与自主意识,更加注重个人能力培养建设。欧美国家社区工作是工业化、都市化和社会现代化的产物,首先产生于 19 世纪中后期英国。英国社区工作起源于反映慷慨仁慈父权主义取向的殖民地办公室和社区睦邻运动,起源于反映集体社区行动取向的格拉斯哥租户罢工、失业工人的运动、女权主义和争取民族独立的殖民地斗争,1869 年成立的慈善组织会社标志英国社区工作的正式诞生(Popple,1995)。从此以后,努力发展社区福利事业,为有需要的社区人士提供福利服务和社会救助成为社区工作主要目标。20 世纪 20 年代以来,一方面欧美国家社区社会学研究兴旺发达,以芝加哥学派为标志的城市社会学应运而生。另一方面,社区工作理念与方法传入发展中国家,社区发展实务模式萌芽,并在联合国的鼓励、倡导和支持下于60年代开始迅猛发展起来。社区发展政策的主要目标是启迪心智,提高社区居民的社会意识,让他们认识到自身问题与需要,并通过社区互助互济与社区合作等方法,独立自主解决自身问题,改善生活质量。与此同时,60年代欧美国家重新"发现"贫困,反贫困的社区发展项目多种多样,盛行一时。60年代的社区发展项目与19世纪后期慈善组织会社反贫困服务的最大区别在于:欧美国家决策者已经具有十分清晰的有计划的社会变迁思想,通过社区规划解决社会问题,满足不断变迁中的需要,以维持资本主义社会秩序的政策目标处于优先领域。有鉴于此,有计划的社会变迁成为欧美国家社会思想与社区政策模式的重要组成部分。自60年代开始,欧美国家城市规划、城市更新改造和社区规划模式日趋流行是典型例证。简言之,欧美国家社区政策目标的演变反映了社会环境与社区问题性质的变化,说明社区需要的变化和社区工作主题的变迁,预示社区福利服务重点由微观物质福利、精神福祉转为宏观的社区环境。

20世纪70年代以来,社区工作政策目标转向社区能力建设,特别是社区服务对象的个人能力建设,增权理念日趋流行,能力取向工作目标成为欧美国家未来发展的主流趋势。长期以来,社区工作的目标主要是及时回应社区需要,有效解决社区问题,发展社区福利。但是欧美国家60年代反贫困项目和发展中国家扶贫服务的经验证明,单纯物质福利与服务并不能解决目标群体的问题,关键是改变他们自暴自弃与玩世不恭的反社会心态和依赖的贫困亚文化,改变他们的观念,培养他们的参与意识,提高他们控制自己命运和生活机会的能力。在这种社会背景下,能力建设取向的社区增权理念应运而生。增权(empowerment)是指提高服务对象的权力感、能力感和自信心,培养他们的参与、权利、发展和自主意识,增加他们对自身命运和生活机会的控制能力,以实现改善社区环境与提高福利水平目标的过程与活动(Craig & Mayo)。更为重要的是,增权理念与能力建设不仅是欧美国家社区工作的发展趋势,而且成为一种风行世界的社会思潮,多种理论"不约而同"地指向社区增权与能力建设。首先,印度著名经济学家森从"权利方法"入手,全面分析贫困和饥荒现象,提出著名的权利理论与分析框架。他认为权利关系主要由以贸易为基础的权利、以生产为基础的权利、自己劳动的权利、继承和转移权利四部分组成;交换权利失败是导致饥荒和贫困发生的基本原因;交换权利主要由市场交换与国家再分配组成;消除饥荒与贫困问题的基本策略是确保穷人的所有权与各种权利关系,避免交换权利失败(森,2001);其次,北欧福利模式的目标取向是关注人们的需要满足,而不是聚焦人们资源多寡。这反映北欧福利模式主要取向是从个人对货币、财产、知识、精神和物质能源、社会关系和保障等资源的控制,通过这种控制个人可以有意识控制他们的生活状况(Allardt,1993)。这意味北欧福利模式本质特征是以个人对满足需要所需资源的控制能力为基础,而非单纯被动的需要概念,标志福利政策目标由以资源为主转为以人对资源的控制能力为主。

四、社区理论多元化发展趋势

20世纪70年代以来,欧美国家社区研究复兴导致社区理论呈现多元化发展趋势,各种理论流派争奇斗妍,社区理论发展进入繁荣时期。60年代欧美国家风起云涌的新社会运动,声势浩大的反贫困之战与形式多样的社区发展项目,导致社区研究与社区理论研究的复兴。社区理论分为三个层次,最微观层次是工作经验与助人技巧,位居其上的中观层次是实务理论与实务模式,最宏观层次是有关社会与社区、国家与社区关系的一般社会理论。本文的社区理论主要是指一般性社会理论与福利意识形态。长期以来,英美国家社区理论深受社会福利理论与社会思潮的影响,社区理论成为观察福利理论与社会思潮发展趋势的窗口。按照英国学者的分析,目前欧美国家最流行的社会福利理论体系有反集体主义(新保守主义)、勉强的集体主义(中间道路)、费边社会主义、马克思主义、女性主义和绿色主义六种福利意识形态(George & Wilding)。此外还有政治多元主义、社区民主主义等思潮。在社区实践中,地区发展模式具有新保守主义色彩。社群主义反映中间道路的思想主张。社会规划与社会行动模式均具有政治多元主义的影子。将社区组织与工运组织连结起来,共同争取利益的方法是受马克思主义主义的影响。费边社会主义的影响随处可见。社区民主主义又称社区社会主义、激进自由主义或无政府主义,是传统社区工作的思想渊源与理论基础。社区工作与社区照顾同女性主义理论息息相关(甘炳光、梁祖彬等,1994)。显而易见,欧美国家社会福利思想与社会理论空前活跃,宏观取向社区理论同样呈现多元化发展趋势。

第二节 西方社区工作发展趋势(下)

一、社区实务与社区经济发展

欧美国家社区工作服务对象以劣势群体和普通社区居民为主,实务范围不断扩大,服务领域不断增多,社区工作突破传统福利服务范畴,社区经济发展成为社区实务核心议题。欧美国家社区工作起源于服务老弱病残孤穷的慈善服务,社区工作范围局限于发展社区福利事业。20世纪60年代以来,在社会结构中长期处于不利社会地位的劣势群体成为社区工作服务对象。更为重要的是,伴随声势浩大的反贫困之战和70年代以来欧美国家就业形势日趋严峻,如何在地方社区层面上创造更多、更好的就业岗位成为社区工作面临的最大问题。在这种历史背景与社会环境下,原来盛行于发展中国家的社区经济发展模式流入欧美国家,并且在欧美国家取得长足发展,社区就业、社区企业、社区经济发展成为社区实务的主体(OECD,1984)。社区经济发展的主要内容是在地方社区的层面上,通过社区商业、社区为基础的各种合作社、社区投资、职业技术培训、地域社区中大企业吸纳一定比例的劣势群体,兴办各式各样的小型企业而为社区中劣势群体提供就业机会,并通过社区就业的方式将劣势群体重新整合进正常的社区生活之中,以实现缓解贫困、降低社会排挤、提高社会整合程度、谋求社会融合与社会团结的多重社会政策目标(Fasenfest,1993)。社区经济发展成为社区社会发展的基本途径。需要特别指出的是,社区就业与社区经济发展模式形成具有多方面的专业性涵义。首先,它打破了社区工作主要内容是组织社区居民与发展社区福利事业的传统看法,将社区实务范围由社区福利服务扩大到社区经济发展领域,有助于建立经济社会整合的社区政策;其次,改变了社区福利单纯由福利服务、服务设施和社区互助互济所组成的传统福利观念,树立了就业保障是最大福利,社区就业与社区经济发展是社区福利不可或缺的主体的新观念。再次,地方社区经济发展与社区实务经济化发展趋势对社区工作者提出更高的要求与条件:社区工作者不仅应具备社区组织与动员的能力,而且应具备创造就业机会与发展社区经济的能力,这意味着社区工作者应兼备社会组织者、社会活动家与企业家的才能(OECD,1999)。简言之,社区经济发展是最具发展潜力的社区实务领域。

二、社区照顾与社区实务模式

欧美国家社区照顾模式占据主导地位,社区实务模式日趋多样化、专门化与综合化。社区实务模式是中观层次社区理论的主要内容,在宏观社会理论与微观实务技巧中发挥承上启下的作用。欧美学者对社区实务模式的理论探索可以回溯到20世纪50年代中期,并以加拿大人罗斯的著作为代表。60年代末期,美国学者罗斯曼提出地区发展、社会规划与社会行动三大经典模式,标志社区理论与社区实务模式研究进入黄金时期(Rothman & Tropman, 1987)。70年代以来,在政治环境明显右转、福利国家改革和福利多元主义兴起的处境下,一方面社会思潮争奇斗妍,理论流派纷呈,另一方面,社区实务范围不断扩大,社区服务领域不断拓宽,倡导正规福利与非正规福利相结合的社区照顾应运而生,并成为风行欧美的主导性实务模式(夏学銮,1996)。与此同时,欧美社区环境变化导致社区实务模式出现多样化、专门化与综合化的发展趋势。1985年,美国、加拿大和香港三地学者提出社区发展、政治行动方法:多元主义和参与、项目发展与协调、社会计划和社区联系的五种社区实务模式(Taylor & Roberts,1985),突破了罗斯曼三大经典实务模式的理论框架。1995 年,英国学者波普尔出版他的《分析社区工作:其历史与实务》一书,将社区实务模式细分为社区照顾、社区组织、社区发展、社会/社区规划、社区教育、社区行动、女性主义社区工作、黑人和反种族主义社区工作八种模式(Popple,1995)。1996 年,美国学者魏尔在美国权威的《社区实务杂志》上发表《社区实务中的模式发展:一个历史性视角》的长篇专论,系统提出新型的社区实务模式分类。他认为,目前社区实务可以分为邻里和社区组织、组织功能性社区、社区社会发展和经济发展、社会规划、项目发展和社区联系、政治行动和社会行动、联合、社会运动八个模式(Weil,1996)。简言之,欧美国家社区实务模式多元化、专门化与综合化发展趋势,既反映宏观取向社会理论的多元化发展趋势,又反映社区实务蓬勃发展和社区工作多样化的现实状况,还说明社区理论研究日趋兴旺发达。

三、宏观实务与整合工作方法

社区工作方法日趋宏观取向,特别强调宏观取向与微观取向工作方法的整合,这是欧美国家社区工作方法最主要的发展趋势。社区工作方法泛指开展社区实务的具体方式和社区工作者助人技巧的总和。从欧美国家社会工作历史发展进程看,1844 年乔治·威廉姆斯爵士创立基督教青年会,1884 年英国人巴涅特等创建汤恩比馆,小组和社区工作相结合的混合性方法率先产生(吴梦珍,1992)。20 世纪 10 年代以来,以弗洛伊德心理学为基础的个案工作方法在美国形成气候,并成为长期主宰以临床治疗、社会诊断和实务取向为主的美国社会工作界。1939 年,美国学者罗伯特·兰尼受美国社会工作教育协会委托所做的关于社区工作与社会工作专业方法之间关系的专题研究报告公开发表。这标志作为独立的社会工作专业方法之一的社区工作在美国正式形成(Lane,1938)。20 年之后,由于深受美国社会工作方法分类与全美社会工作教育协会的影响,1959 年英国扬哈斯本(Younghusband)报告也将社会工作方法分为个案、小组和社区工作三大方法(Jone,1981)。与此同时,在社会工作专业与三大专业方法发展进程中,长期存在的核心争论之一便是:社会工作专业应以微观治疗取向的方法为主,还是以宏观改革取向的方法为主。但是,在欧美国家社会工作专业实践中,长期以来占据主导地位的是心理学与社会治疗色彩浓厚的个案工作方法。70 年代以来,由于社会结构转型、社会问题错综复杂和社会影响越来越多样化,欧美国家重新发现和回归社区,以地域社区和功能社区(组织)为主要干预领域,社会政策、社会行政管理和社会规划为主要内容的宏观社会工作实务模式日趋流行,风行一时(Netting, Kettner & McMurtry)。这意味着宏观取向和微观与宏观整合取向方法成为最具发展前途的方法,意味社会工作专业的关注点由干预个人和家庭转向干预更大的社会体系。

四、综合能力与多面手工作者

欧美国家社区工作对社区工作者的能力要求越来越趋向综合性能力要求，合格和优秀社区工作者理应是一个多面手。社区工作者是社区工作的灵魂，是社区工作中最能动、最活跃的因素。因此，社区工作的好坏在相当大的程度上取决于社区工作者的综合素质与工作能力。这种要求的基本原因是社区工作者就业的领域越来越宽广，他们的就业场所涉及各种行业，范围覆盖政治组织、志愿团体、工会组织、宗教团体、政府机关和各式各样的非正式组织。社区工作者从事的工作不仅是单纯的服务提供，而且他们还是组织者、规划者、行政者和管理者。他们的服务领域包括教育、住房、社会服务、城市规划、健康服务、社区发展和其他社会组织(Boyle,1973)。与此同时，欧美国家社会结构与社会问题越来越复杂多样，日益错综复杂的社会使我们面临越来越多的难以解决的政策问题。一般来说，现代社会问题通常没有得到很好的界定，它们很少是纯技术性或政治性的，解决办法通常在应用之前不能被证明是正确的，没有什么解决办法总能保证获得预期的结果，解决办法很少是效果最好而又成本最小，解决办法的适当性常常难以靠公共物品的概念来测量，解决办法的公正性无法得到客观测评(帕顿,2001)。这种社会状况自然要对社区工作者提出更高的要求与标准。这意味着在当今和未来的世界中，除非社区工作者能够与矛盾冲突和结构性紧张为伍，除非他们能够处理和解决权力政治的问题，除非他们有能力收集资料和快速、准确地分析信息，除非他们与各式各样的人物、群体和组织建立与维持良好的关系，否则社区工作者是难以成功和做得更好的(Younghusband,1968)。更为重要的是，社区工作者需要同时扮演多种角色，他们既应是事实收集与分析者、项目实施者、促进者，又应是使能者和催化剂、协调者、解决问题技术和伦理道德的教师，还应是积极的倡导者、鼓动者、中间人、谈判者和亲密同伴。这意味只有将自己变为多面手，社区工作者才能完全胜任本职工作。

第三节　中国社区工作发展趋势(上)

一、回归主流与社区核心地位

中国社区在社会生活中的地位由边缘化转向中心，国家与社区关系形成并成为社会结构中举足轻重的社会关系，社区与社区工作将回归主流，并且处于一种核心性地位。改革开放以前，由于“左”倾意识形态、工作单位的社会组织体系、社区人口构成与社会阶级结构，以街道、居委会为主的地域社区在社会生活中处于边缘和次要地位(王振耀、白益华,1996)。而且社区严重缺乏独立自主的社会空间，处于国家控制之下，国家与社区关系几乎销声匿迹，国家与社会关系表现为只见国家，不见社会。改革开放以来，伴随企业改革与社会福利职能转移到社区，社区服务的兴起与蓬勃发展、社区建设运动与政策方兴未艾，城市规划、新区建设与旧城改造，社会主义市场经济体系日趋成熟，民间组织与非政府组织如雨后春笋般大量涌现，以及社会科学研究、社区研究与市民社会研究兴旺发达，社区概念逐渐进入普通百姓日常生活，社区、社区服务与社区工作成为公共话语和专业话语中的流行概念。与此同时，国家与社区关系也在史无前例的社会结构转型与政治、经济与社会、文化力量的共同推动下逐渐形成，并且在社会经济政策议程中处于中心位置，地域社区与功能社区成为观察和分析中国社会结构变迁的最佳视角。需要特别指出的是，社区与社区工作地位的这种历史性变化是正常的现象，说明中国社会发展进程与社会结构变迁重新回归到正常的发展道路上。更为重要的是，由于社会结构分化程度提高，国家职能转变与分权化趋势加剧，社会管理重心下移，社区建设政策与运动不断深入，国家、市场与社区关系结构日趋成熟，社区与社区工作既是中国社会工作发展的突破口，又必将长期处于社会经济政策议程的中心位置。

二、民主参与和以人为本理念

中国社区工作的价值基础正在发生根本性转变，自由、民主、权利、参与、社区互助与合作、发展和以人为本理念将成为社区工作的价值基础，社区价值基础明显趋向现代化。传统中国社会是伦理本位社会，社会价值观以伦理道德、尊卑等级、义务责任和家庭为主，结果是社会发展和社区发展道路与欧美国家截然不同。改革开放以来，伴随中国国内外社会环境转变、社会结构变迁与社会现代化进程不断深化，中国人的价值观念与生活方式也发生翻天覆地的革命性变化。这种变化自然也会反映在社区工作与社区价值观念层面之上。由于社会流动与社会分层速度加快，社会自由度与自由空间迅速扩大，中国人将倍加珍视自由、平等的理念。与此同时，中国城乡社区基层民主政治发展与实践已取得丰硕成果，社区居民的民主、权利和参与意识显著提高，并且已成为他们努力追求的生活目标。更为重要的是，在城市贫困问题的存在与扶贫济困送温暖活动蓬勃发展，下岗失业人员增加，社区就业成为国家社会经济政策议程核心议题的处境下，邻里互助、社区互助与社区合作已成为社区工作的核心价值基础。20世纪80年代中期以来，伴随社会发展观念日益普及，相关的经济社会协调发展、可持续发展、均衡发展、全面发展和综合发展概念深入人心，其中人的价值、人的尊严、人的需要满足和以人为本的理念更是日趋流行。人的发展状况成为衡量社会经济发展程度的最佳指标，社会现代化的核心便是人的现代化。这些变化预示中国社会观念与社区工作价值基础日趋现代趋向。

三、社区整合与社区综合发展

中国社区政策的核心目标是社区整合与社区综合发展,目的是为安定团结与社会稳定局面创造良好的社会环境与社会基础。长期以来,中国的地域社区与功能社区概念、福利性与互助性社区服务理念、福利性与产业化的社区服务实践(夏学銮,2001),以及社区控制与社区发展政策目标之间的二元趋向特征明显,明显缺乏清晰与整合性的社区概念。这种边缘化与分隔化的社区政策是社区地位边缘化,功能社区与地域社区相互分离现实的真实写照,反映了改革开放前中国社会结构与社区结构的制度性安排特征。改革开放特别是80年代中期以来,企业改革、社会福利社会化政策、城市社区服务与社区建设政策议程的共同目标是在国家、企业与市场之外,建构一个新的社会组织与生活空间,以承接企业分离出来的社会福利职能,并且将地域社区与功能社区融合在一起,重建新型社区空间。这意味中国社区工作与社区政策的整合目标是多种涵义的,既有社区概念与社区组织整合,又有社区功能与社区角色整合。更为重要的是,中国社区工作与社区政策目标由单纯组织发展、社区经济发展和社区政治发展,转变为社区民主政治、社区经济、社区福利与社区文化的全面、综合发展,这种综合发展趋向的政策目标清晰反映在社区建设政策目标体系之中。社区建设政策目标既包括适应城市现代化的要求,建立以地域为特征、以认同感为纽带的新型社区,又包括以拓展社区服务为龙头,努力提高社区居民生活质量;既包括加强社区管理,建立与社会主义市场经济体制相适应的社区管理体制与运行机制,又包括坚持政府指导和社会共同参与相结合,努力建设管理有序、服务完善、环境优美、治安良好、生活便利、人际关系和谐的现代化社区(多吉才让,2001)。显而易见,中国社区建设政策目标将社区组织建设、发展社区福利事业、建立新型社区管理体制和优化社区环境目标整合在一起,以谋求社区综合发展。不言而喻,社区政策目标的社区整合与社区综合发展趋向不仅是由中国社会现实状况决定的,而且社区政策深受社会历史文化遗产的影响,具有不可抗拒的历史必然性。需要特别指出的是,社会主义意识形态与有计划变迁的传统,中国社会经济发展的惨痛教训与世界各国社会发展、社区发展的宝贵经验,从不同角度推动中国社区政策迈向整合性与综合性发展目标,迈向社区发展与国家发展的协调一致。

四、社区理论与市民社会理论

中国的社区理论主要是社区社会学理论,有关国家与社区的一般性社会理论多种多样。中国社区理论是伴随社会学的恢复与重建开始起步的,是社会结构转型与经济改革的产物。因此社区研究是在理论准备不足,社会要求十分强烈的背景下起步的。社会理论的欠缺与密切结合中国实际成为社区研究的两个突出特点,有关社区的一般社会理论比较分散落后(王颉,1989)。与此同时,改革开放和社会学恢复重建以来,社会学视角和城市中心主义的社区研究主导中国的社区研究,社会工作专业与农村社区的社区研究刚刚起步。这种状况导致有关社区的一般性社会理论主要是真正意义上的社会理论,严重缺乏相对应的社会工作专业视角的社会福利理论与福利意识形态。更为重要的是,由于中国社会学与社会工作专业中断近30年,专门回应现实问题的政策研究比较落后,社会科学研究环境与研究队伍建设不尽如人意,社会正处于结构性转型时期,中国特色的社会理论与社会福利意识形态尚不多见,现有社会理论与思想流派尚需不断改进完善,并未最后定型。尽管如此,目前中国学术界已经提出和发展的有关国家与社区的一般性社会理论多种多样。需要特别指出的是,中国特色社会理论体系的抽象化、系统化、专门化与理论化程度不高,所谓中国特色社会理论主要是指一系列相关理论观点与理论假设的松散组合体及混合物。这些理论既是社区研究兴旺发达与蓬勃发展的结果,又为社区研究深入发展奠定理论基础。

中国一般性社会理论是从城乡关系与城乡社区研究起步的,城市化发展道路与城乡一体化理论是20世纪80年代影响较大的社会理论。中国社区研究是从小城镇研究和城乡社区调查开始的,理论关注点是城乡社会结构与社区结构现状调查,理论目标是认识中国社会现实,建立中国特色的社会发展理论与社区理论,探索中国社会城乡关系与农村城市化发展道路。二元社会结构理论、小城镇理论与二元城市体系理论是这种理论取向的主要组成部分。80年代流行的第二种社会理论是社会流动与边区开发,理论关注点是大规模的城乡人口流动、迁移、移民和边疆地区社会发展,理论目标是探索边少穷地区社会结构变迁与社会发展动因、过程与运作机制,解释大规模城乡人口的社会流动与边少穷地区的贫困现象(王颉,1989)。90年代初期,中国社会经济环境发生重大变化,宏观层面是社会经济协调发展的社会要求十分迫切,迫切需要经济体制改革和制度性创新以便回应社会的结构性变迁。微观层面是社区概念、社区类型、社区代表性、特色社区、社区组织与社区结构、社区发展问题成为社区研究的主要议题,社区研究重心由宏观取向的社会议题转向中观的社区议题,由城乡关系转向城市社区,由社区的外部环境转向社区的内部结构,由此带动中国社会理论发生重大变化。宏观取向的经济社会协调发展理论与中观取向的新型中介社区理论是典型例证。新型中介社区的特点主要是亦城亦乡、非城非乡性,处于标准城乡社区的中间位置,它与城乡社区间存在紧密的联系性,有助于消除城乡二元结构的隔绝状态,促进城乡向一体化与融合方向发展(王颖,1992)。90年代中期以来,伴随社会结构转型速度加快与社会发展议题重要性显著提高,社会结构与制度性问题处于社会理论研究的中心位置,国家与社会、国家与社区、社区与市场等结构性问题成为理论工作者关注的焦点。在此背景下,市民社会理论应运而生,并且成为十分流行和颇具发展潜力的社会理论体系。市民社会概念与理论是欧美国家产物,但它也适合经济改革与社会结构转型的中国社会。市民社会理论关注点是国家与社会的关系,现代取向与科学合理的社会结构与制度性安排,理论目标是将国家与社会的分析框架引入中国社会科学研究,并据此建构中国的市民社会,以期改变中国社会与国家高度重叠、统一的传统社会结构,实现社会现代化(邓正来,2002)。简言之,中国社会理论发展演变轨迹清楚地反映社会结构变迁轨迹与社区发展脉络。总体来说,描述、分析城乡社区工作的社会理论由外在的城乡关系转为内在的市民社会。

第四节　中国社区工作发展趋势(下)

一、城市社区服务与社区建设

中国社会缺乏社区实务概念,社区实务范围主要局限于面对面与具体细微的社区性服务与设施服务活动。社区、社区实务与社区工作概念起源于欧美国家,反映西方国家社会结构特征与文化价值取向。一般来说,实务(practice)或译为实践,是社会工作专业服务的核心概念,具有丰富多彩的内涵、外延。实务概念是相对理论概念而言的。在社会工作专业领域中,"社会工作实务"泛指社会工作者在各种处境中帮助各类服务对象和从事管理工作的活动总称(Coulshed,1988)。社区工作实务就是社区工作者在社区处境下开展服务活动的总称,通常简称为"社区实务"。社区工作实务内容多样,范围广泛,涉及地域社区和功能社区层面上所有服务活动。按照美国社区专家魏尔的界定,社区实务包括组织、规划、发展和变迁的过程、方法和实践技巧。"组织"是为了更好的社会环境和为了社会公平将人们组织起来。"规划"实务是从短期、中期和长期角度设计人类服务。"发展"实务是指社会、经济和可持续的发展以便改善生活状况和保护环境。"社会变迁"实务是指从教育运动到旨在强化服务的联合,或者是由改变政策到社会运动,以解决社会不公正的一系列社会行动和社会变迁战略(Weil,1996)。这意味欧美国家社区实务是个十分宽泛的概念,既包括在社区层面上提供的直接服务,又包括为社区利益的间接活动;既包括微观取向的面对面的直接服务,又包括宏观取向的社区组织、社会政策和行政管理活动;既包括面对社区居民的福利服务,又包括以各类社会组织为目标的组织性服务活动;既包括各式各样的社区工作过程,又包括千姿百态、变化多端和具体而微的社区工作任务。因此社区实务是个无所不包的概念,泛指社区工作者在地域社区与功能社区里开展的一切活动。总体来说,欧美国家的社区实务模式基本是以这种宽泛取向的“社区实务”概念为基础的。显而易见，中国社会缺乏社区实务的概念，社区实务范围主要局限于面对面的服务活动与设施服务。

中国社区实务范围不断扩大，社区实务主体是社区发展取向的社区建设，社区实务主题是社区经济发展与社区综合发展。中国的社区概念、社区实务与社区工作始于20世纪80年代中期兴起的社区服务，社区服务范围是老弱病残孤穷和优抚对象的生活服务与设施服务，虽然社区服务对象由弱势群体扩大到普通社区成员，但是服务范围与内容并无根本性改变（张德江，1991）。90年代以来，伴随经济体制改革不断深入和企业失业下岗人员增多，城市贫困问题又有了新变化，社区经济发展以不同于80年代的新形式、新内容和新面貌出现。大力发展第三产业，广开就业门路，特别是通过社区服务为失业下岗人员创造更多就业机会是社区经济发展工作的核心，社区就业成为社区实务的主题（劳动与社会保障部，2002）。与此同时，民政部开始社区建设试点工作，并于2000年11月出台《民政部关于在全国推进城市社区建设的意见》，在全国贯彻实施社区建设政策，实质是谋求社区综合发展。从社区实务角度看，社区建设的范围远远大于社区服务的范围，社区建设概念的范畴接近欧美国家的社区实务与社区发展。按照社区建设政策声明的界定，社区建设实务范围至少包括社区服务、社区卫生、社区文化、社区环境、社区治安、社区教育、社区法律、社区科技和社区经济发展，不仅社区建设实务范围基本覆盖社区政治、经济与社会、文化所有领域，而且更加强调社会经济的协调发展，社区政策目标是努力谋求物质文明、精神文明与政治文明和谐一致（多吉才让，2001）。显而易见，社区建设实务范围与政策目标的社区综合发展趋势十分明显，这既是社区建设政策高于社区服务政策的优胜之处，又是社区服务向社区建设转变过渡的内在动力源泉，完全符合中国社会发展与社会结构变迁逻辑。更为重要的是，城市社区建设实务范围的综合性趋势决定了社区发展的综合性发展趋势。

二、街居工作与建构社区模式

中国社区实务主要反映为城区工作，社区实务模式主要是建构社区。长期以来，中国社会的社区工作典型表现在城市社区，社区实务主要是指街道办事处与社区居委会的工作。1949年新中国成立后，为了建设社会主义新中国，动员一切可以利用的社会力量，加强社会管理与重建社会秩序，1954年第一届全国人大常委会第四次会议通过《城市街道办事处组织条例》和《城市居民委员会组织条例》，正式设立街道办事处与居民委员会的社区组织体系（上海市社会学学会，1985）。自此以后，城市街居工作成为社会结构与社会组织体系的重要组成部分。总体来说，中国社区实务模式及其发展趋势是建构一个新型的社区。这种实务模式的形成是由中国社会独特的政治、经济与社会、文化环境决定的，完全符合中国社会发展与结构性变迁的总体趋势。新中国建立后,虽然当时决策者与社会管理者并不知晓欧美国家的社会建构理论,但是他们实际上是按照社会建构理论的假设与原则设计政策目标与社会组织体系的。毫无疑问,在城市社区建构新型基层组织与管理体系是这种整体性社会建构努力的重要组成部分。改革开放以来,中国社会环境与社会结构发生重大变化,但是建设社会主义现代化国家的核心目标并未发生变化,而且这种建设新社会的意识更加清晰明确,建构色彩更加浓厚,建构政策体系更加系统,城市社区建设政策是典型例证(多吉才让,2001)。在社会结构转型与社会现代化处境下,中国社区实务模式与社区政策核心目标是:努力建设管理有序、服务完善、环境优美、治安良好、生活便利、人际关系和谐的新型现代社区。

三、组织动员与社会运动策略

中国社区工作运用截然不同于欧美国家的方法,组织性动员与社会运动策略是社区工作重要方法。中国历史文化传统、社会环境、社会结构与制度安排、政策模式均有别于欧美国家,社区工作与社区工作方法同样如此。总体来说,中国社会结构与社会组织体系的基本特征是单位制度,形形色色的工作单位成为中国社会组织体系结构中最基本的社会单元。工作单位不仅是经济生产场所,而且是最基础的政治单元,还是一种社会福利制度安排,每个人的工资收入水平、政治地位、社会身份与生老病死均取决于单位的性质、规模和拥有资源的状况。这意味工作单位与人们的工作和生活状况密切相关,存在千丝万缕的关系。在这种意义上说,中国社会是个"单位社会",工作单位则是典型的社会与经济组织(路风,1989)。在城市社区层面上,街道办事处与居委会是最主要的社区组织,其主要职能是负责组织、动员和管理那些因为各式各样原因而无法进入国家机关、企业、事业单位和人民团体的劣势群体。这样,所有中国人都身处于特定的社会组织结构与网络关系之中,这种组织体系与社会结构关系自然决定所有社会组织工作方法的组织基础与组织性取向,即所有工作与工作方法都要从组织的角度考虑问题。组织既是开展工作的基础与出发点,又是贯彻实施国家政策方针的主要场所与最后归宿。在这种社会背景下,国家发展战略与政策模式自然决定和影响社区组织的基本工作方法及其发展方向。综观当代中国社会历史发展进程,将所有人组织起来,动员一切可以利用的力量,建设社会主义新中国是所有工作方法的灵魂。更为重要的是,与欧美国家各式各样的社区组织活动相比,中国社区组织活动性质、范围与内容主要是组织、动员两个领域。组织与动员是两个相互依赖和相互交织的工作方法,组织主要是指把社区中所有社区成员与社会资源组织起来;动员主要是指利用社会组织网络,将所有社会力量发动起来。这意味组织性动员是基本的社区工作方法。

社会运动与群众路线是中国社区工作的重要工作方法,并与组织性动员方法密切相关。1949年以来,中国社会经济呈现出波浪式和跳跃式发展的显著特征。50多年来,政治经济与社会文化运动此起彼伏,连续不断,成为描述和分析中国社会结构变迁方向的主要事件。社会运动是由社会中某个阶级、阶层和社会集团参加的,有意识、有组织和有目的的促进或阻碍社会变迁的集体性社会活动。社会运动普遍存在于世界各国社会生活中,在当代中国社会发展历史中占据特殊而重要的地位。改革开放以来,社会运动形式与内容发生重大变化,但是社会运动依然是社区工作的重要方法。而且在社区服务与社区建设政策框架中,社区政策更加强调"社区互动情境与社区微观动员情境"的重要性,强调社区组织在社会运动过程中组织动员与意义建构的重要性,说明社会运动与社区组织动员之间的密切关系,反映微观层面的社区互动处境(莫里斯,2002)。更为重要的是,在社区研究不断深化与社区议题处于社会政策议程中心的背景下,社区建构行动与微观动员情境具有越来越重要的社会意义。显而易见,社会运动与组织性动员方法密切相关,相互交织。与此同时,群众路线也成为中国社区工作重要方法。群众路线是指发动、组织和利用群众解决问题的工作方法。群众路线是中国特色的组织策略与社区工作方法,直接根源于地域社区与功能社区最基层的组织活动,具有深厚的历史传统与社会文化基础。需要特别指出的是,在市场经济处境下,中国的社会运动与群众路线的动力机制将由政治性和意识形态因素为主,转向以经济性和社会利益因素为主。简言之,社会运动与群众路线是既有中国社会传统的社区工作方法,又是颇具发展潜力与发展前途的工作方法。

四、社区工作与专业工作队伍

中国社区工作者队伍建设的基本发展趋势是专业化与职业化,社区工作者专业化与职业化发展趋势成为中国社会工作者专业化与职业化发展进程的最佳突破口。社会工作观念在中国社会的传播与社会工作专业发展历程是由社区工作开始的。具体来说,20世纪80年代中期兴起的社区服务不仅传播了社区和社会工作等观念,而且锻炼培养了首批中国社会工作者。社会成员不仅通过社区服务认识理解社区与社会工作概念,而且极大促进了社区福利事业的发展。比较而言,中国社区工作者在两个方面明显不同于欧美国家社区工作者。首先,中国的社区工作者不是专业社会工作者,他们的身份是国家干部与社区管理者,而且通常没有社会工作专业的训练,是非专业和半专业的社会工作者与社区工作者(王思斌,1995)。其次,中国社区工作者既是常住社区的社区居民,又是永久牌的社区工作者。他们不会遇到欧美国家社区工作者面临的进入社区与离开社区的难题,并且与社区居民拥有频繁的互动关系。更为重要的是,欧美国家社会工作专业发展历程是由微观取向的个案工作方法开始,经由小组工作,最后到达社区工作。中国社会工作专业发展历程的发展顺序恰恰相反,首先由社区工作开始,然后促进小组与个案工作方法的发展。90年代以来,伴随社区建设政策出台,这种由宏观转向微观的发展趋势越来越明显。中国社会工作专业方法的发展顺序具有重要的专业涵义:社区工作不仅是社会工作专业化与职业化最早的专业服务领域,而且社区工作者将是社会工作者队伍中最早实现专业化与职业化的人员。这意味社区工作发展方向预示社会工作专业发展方向,意味社区工作者专业化与职业化程度反映中国社会工作者专业化与职业化程度,意味社区工作者专业化与职业化发展趋势成为中国社会工作者专业化与职业化发展进程的最佳突破口。令人高兴的是,在社区建设政策推动与理论框架影响下,一方面全国各地社区建设工作方兴未艾,蓬勃发展,另一方面许多地方社区工作者专业化与职业化发展已迈出决定性的一步,开展社区工作者的职业资格考试,并明确规定某些岗位必须是由专业社会工作者承担。毫无疑问,在社会结构快速转型与社区建设如火如荼的背景下,中国社区工作者专业化与职业化发展速度也将显著提高,前景一片光明。

主要参考文献

1. 上海市社会学学会编:《解放以来我国城市管理法令法规选编》,上海社会学会1985年版。

2. 王颉:《社区研究十年》,载《社会学研究》,1989年3月。

3. 王颖:《演化中的三维社区结构》,载《社会学研究》1992年5月。

4. 王思斌:《中国社会工作的经验与发展》,载《中国社会科学》,1995年2月。

5. 王振耀、白益华主编:《街道工作与居委会建设》,中国社会出版社1996年版。

6. 邓正来:《市民社会理论的研究》,中国政法大学出版社2002年版。

7. 甘炳光、梁祖彬等:《社区工作:理论与实践》,香港中文大学出版社1994年版。

8. 多吉才让主编:《城市社区建设读本》,中国社会出版社2001年版。

9. 吴梦珍主编:《小组工作》,香港社会工作人员协会1992年版。

10. 张德江主编:《社区服务工作文集》,中国社会出版社1991年版。

11. 路风:《单位:一种特殊的社会组织形式》,载《中国社会科学》1989年1月。

12. 劳动与社会保障部编:《社区就业工作指南》,中国劳动社会保障出版社2002年版。

13. 夏学銮主编:《中国城市社区建设》,中国文联出版社2001年版。

14. 夏学銮主编:《社区照顾的理论、政策与实践》,北京大学出版社1996年版。

15. [美]迈克尔·罗斯金等著,林震等译:《政治科学》,华夏出版社2001年版。

16. [印度]阿马蒂亚·森著,王宇、王文玉译:《贫困与剥夺:论权利与剥夺》,商务印书馆2001年版。

17. [美]艾尔东·莫里斯主编,刘能译:《社会运动理论的前沿领域》,北京大学出版社 2002 年版。

18. [美]卡尔·帕顿等著,孙兰芝等译:《政策分析和规划的初步方法》,华夏出版社 2001 年版。

19. Allardt, E. 1993. "Having, Loving, Being: An Alternative to the Swedish Model of Welfare Research." In *The Quality of Life: A Study Prepared for the World Institute for Development Economics Research (WIDER) of the United Nations University.* Edited by Nussbaum, M. & Sen, A. Oxford: Clarendon Press.

20. Boyle, L. H. 1973. *Current Issues in Community Work: A Study by the Community Work Group.* London: Routledge & Kegan Paul.

21. Coulshed, V. 1988. *Social Work Practice: An Introduction.* London: Macmillan.

22. Craig, G. & Mayo, M. 1995. *Community Empowerment: A Reader in Participation and Development.* London: Zed Books.

23. Fasenfest, D. ed., 1993. *Community Economic Development: Policy Formation in the US and UK.* London: Macmillan press.

24. George, V. & Wilding, P. 1994. *Welfare and Ideology.* New York: Harvester Wheatsheaf.

25. Lane, R. 1938. "The Field of Community Organisation." In *National Conference of Social Work Proceedings.* New York: National Conference of Social Work.

26. Netting, F. E., Kettner, P. M. & McMurtry, S. L. 1998. *Social Work Macro Practice.* NY: Longman.

27. OECD. 1999. *Social Enterprises. Paris: OECD.*

28. OECD. 1984. *Community Business Ventures and Job Creation.* Paris: OECD.

29. Popple, K. 1995. *Analysing Community Work: Its History and Practice.* Buckingham: Open University Press.

30. Ross, M. & Lappin, B. W. 1967. *Community Organization: Theory, Principles and Practice.* New York: Harper & Row.

31. Rothman, J. & Tropman, J. E. 1987. "Models of Community Organization and Macro Practice Perspectives: Their Mixing and Phasing." In Rothman, . J, Erlick, J. L. & Tropman, J. E. *Strategies Community Intervention.* New York: Peacock.

32. Taylor, S. H. & Roberts, R. W. 1985. *Theory and Practice of Community Social Work.* New York: Columbia University Press.

33. Weil, M. 1996. "Model Development in Community Practice: An Historical Perspective." *Journal of Community Practice.* Vol. (3/4): pp. 5 - 67.

34. Younghusband, D. E. 1968. *Community Work and Social Change: The Report of a Study Group on Training Set up by The Calouste Gulbenkian Foundation.* London: Longmans.

后　记

“社区工作”是教育部社会学专业教学指导委员会和中国社会工作教育协会确定的社会工作专业主干课程之一。

在中国社会工作教育协会和高等教育出版社的组织下，2003 年 5 月，来自国内 20 多所高校社会学系、社会工作系或社会工作专业的教师聚会北京，专题讨论了《社区工作》教材的编写原则和大纲。之后，接受编写任务的教师又通过电子邮件等形式进一步拟定本教材的内容和纲要。经过长达一年的辛苦写作，本书终告完成。

担任本书写作任务的作者分别是（按章节目录为序）：导言，华东理工大学社会工作系　徐永祥；第一章，华东理工大学社会工作系　徐永祥　刘东；第二章，郑州大学社会工作系　张明锁；第三章，山东大学社会学系　高鉴国；第四章、第五章，民政部管理干部学院社会工作系　郭伟和；第六章、第八章，中国青年政治学院社会工作与管理系　孙莹；第七章，北京工业大学社会工作系　田玉荣；第九章，南开大学社会学系　陈钟林；第十章、第十一章，北京大学社会学系　刘继同。

需要说明的是，社区社会工作的实务理论及经验基本上来自发达国家和地区。本书在编写过程中免不了借鉴、介绍外来的理论和方法。因此，其中有些理论和方法对应于我国的社区建设和社区工作实际，可能会给人以隔靴搔痒之感。当然，本书也尽可能总结我国社区建设和社区工作的实践经验。但由于我国专业化、职业化的社区工作开展不久，经验的积累还相当缺乏，故本书还有着明显的不足。这些都是读者需要认真对待的。我们相信，随着我国社会工作制度化建设和社区工作职业化、专业化的发展，本书今后的修订将会获得本土化的大量经验型材料。

我们一并致谢教育部高教司、教育部社会学专业教学指导委员会和中国社会工作教育协会的有关领导和专家。由于他们的努力，本书才得以列入“面向 21 世纪课程教材”。我们要特别感谢高等教育出版社的王方宪、于健航、干咏昕和责任编辑李征给予的大力支持，在此深表谢意。

徐永祥

2004 年 7 月于上海

郑重声明